本书出版得到

国家自然科学基金面上项目"城镇化进程中的能源消耗：影响机理、中国实证与管理策略"(71373240)

教育部人文社会科学研究规划基金项目"城市发展影响创新溢出的理论机理及应用研究"(13YJA630012)

国家自然科学基金面上项目"城市化进程中的非正规部门形成与动态演化"(71173190)

浙江省高校人文社科重点研究基地(统计学)重大项目

浙江省哲学社会科学规划"之江青年课题"(13ZJQN005YB)

浙江工商大学现代商贸流通体系建设协同创新中心、教育部人文社会科学重点研究基地浙江工商大学现代商贸研究中心

联合资助

长三角城市体系特征测度与演进解析

程开明　庄燕杰 著

浙江工商大学出版社
ZHEJIANG GONGSHANG UNIVERSITY PRESS

图书在版编目(CIP)数据

长三角城市体系特征测度与演进解析 / 程开明,庄
燕杰著. —杭州:浙江工商大学出版社,2015.6
　ISBN 978-7-5178-0768-1

　Ⅰ. ①长… Ⅱ. ①程… ②庄… Ⅲ. ①长江三角洲－
城市经济－经济发展－研究 Ⅳ. ①F299.275

　中国版本图书馆 CIP 数据核字(2014)第 303004 号

长三角城市体系特征测度与演进解析

程开明　庄燕杰 著

责任编辑	吴岳婷　刘　韵	
责任校对	何小玲	
封面设计	王妤驰	
责任印制	包建辉	
出版发行	浙江工商大学出版社	
	(杭州市教工路 198 号　邮政编码 310012)	
	(E-mail:zjgsupress@163.com)	
	(网址:http://www.zjgsupress.com)	
	电话:0571－88904980,88831806(传真)	
排　　版	杭州朝曦图文设计有限公司	
印　　刷	浙江云广印业有限公司	
开　　本	710mm×1000mm　1/16	
印　　张	13	
字　　数	227 千	
版 印 次	2015 年 6 月第 1 版　2015 年 6 月第 1 次印刷	
书　　号	ISBN 978-7-5178-0768-1	
定　　价	36.00 元	

目　　录

第一章 绪 论

城市体系是一组地域邻近、功能各有分工、规模上形成等级分布的城市群体。城市间通过物资、人员、资金和信息的内部流动及与外界的开放联系,维持着城市的正常运作及城市结构的有序性。描述一国或地区城市体系分布结构,测度城市之间的空间联系,解析城市体系的演进机制及未来发展趋向,对于科学确定城市发展定位、战略目标,引导城市体系合理分布具有重要的现实意义。

第一节 选题背景及意义

一、选题背景

城市作为社会生产力和科学文化发展的产物,不仅为人类提供赖以聚集的场所,更是人类社会文明发展的历史见证。经济全球化的今天,广泛的功能联系构筑起城市网络化的框架,使得城市由单一体向区域化、集群化方向发展。人们毫不讳言:21 世纪是经济全球化的世纪,更是城市的世纪;未来的国际竞争不仅是科技的竞争,也是区域城市群体的角力。

改革开放以来,中国城市发展日新月异,城市化进程快速推进,造就一批以北京和上海等为代表的国际性大都市。伴随着城市化进程加快,以大都市为核心、聚集许多不同规模和功能城市的城市群逐渐形成,深刻地改变着中国区域经济发展的空间格局。为进一步推进城市群战略的实施、提升城市的国际竞争力,国家在"十一五"规划纲要中明确提出把城市群作为新时期推进城镇化的主体形式,国家"十二五"规划纲要也强调遵循城市客观发展规律,以大城市为依托,以中小城市为重点,逐步形成辐射作用大的城市群,以促进大中小城市和小城镇的协调发展。由此可以看出:区域一体化及城市群战略已然列入国家发展的重要议事日程,促进城市体系的一体化发展成为共识。

作为世界六大城市群之一,长三角城市群正与珠三角城市群、京津冀城市群一起成为主导中国经济的重要增长极。以上海为核心、南京和杭州为两翼的长三角都市连绵区正成长为国内外市场的重要接轨点,成为国家级城市群发展战略的重要支点。通过多年的发展积累,长三角地区已经具备强大的综合实力和生产规模,产业的扩散效应、规模经济外溢效应逐渐凸显,城市群辐射能力不断增强、辐射范围日益扩大。为了更好地发挥长三角城市群辐射带动作用,党中央、国务院推出一系列举措,对长三角地区的改革与创新提出新要求,明确指出长三角地区要"坚持率先发展,加强与周边地区和长江中上游地区的联合与协作,强化服务和辐射功能,带动中西部地区发展;坚持一体化发展,统筹区域内基础设施建设,形成统一开放的市场体系,促进生产要素合理流动和优化配置"。由此可见,长三角地区经济发展的重点在于城市群辐射作用的发挥和一体化战略的实现。

随着城乡一体化发展和产业布局的调整,城市群规模效应的嬗变将给长三角城市群发展战略的实施带来新的考验。目前,长三角地区经济已进入工业化发展后期阶段,而城市化仍然处于高速推进时期,区域一体化进程中也出现了诸多问题——区域产业同构与无序竞争、耕地资源过度占用、环境污染日益严重和行政区划条块分割等,这些问题严重制约了长三角城市体系的进一步发展和整体辐射功能的实现。与美国东北部大西洋沿岸城市群、伦敦城市群等国际性城市群相比,长三角城市群的首位城市作用偏弱,城市群内各城市功能定位不明晰,城市之间的功能联系不够紧密,日益成为长三角城市群发展壮大的瓶颈。

当前,在全球化和区域一体化机遇面前,长三角城市群如何应对挑战、整合城市规模结构,从而形成一个更加合理、具有强大合力的城市体系,对于其提升国际竞争力和发挥辐射带动效应具有十分重要的意义。基于此,本书采用多种测度指标和分析方法,从不同角度对长三角城市体系的现实特征及演进规律进行探讨,以加深人们对长三角城市体系的认识,为优化城市体系布局,提升城市竞争力提供有益启示。

二、选题意义

所谓城市体系,是指城市之间由于密切的经济联系而逐渐形成的一种相互依赖、职能各有分工、规模上形成等级分布的城市群体。城市体系分布特征及演化规律的定量分析作为城市研究的一项基础性工作,也是贯穿城市地理学、城市规划学、新经济地理学和空间经济学等学科发展的重要议题。本研究通过开展长三角城市体系的特征测度及演进解析,理论上的意义主要体现于:

1. 提供探讨城市体系中城市个体规模演变路径的新方法,开拓城市体系规模分布演变的研究思路。目前学术界对城市体系规模结构时空演化的研究多从城市体系总体规模分布角度出发,考察城市体系规模分布状况随时间变动的趋势,而城市体系内个体城市规模类型变动和个体城市规模—位序时变特征的相关探讨较少,书中借鉴国内外运用时间离散的 Markov 链及"等级钟"方法开展实证分析,提供了开展相关研究的新视角。

2. 认识到城市体系内部空间溢出效应的重要性。以往对城市体系规模分布的研究往往忽略城市之间的外溢性,现实中城市之间时刻进行着物质、能量、信息的交换,彼此之间的溢出效应影响着城市体系的规模分布及创新扩散;书中运用空间统计方法,重新检验城市体系的"位序—规模法则",测度城市体系中创新空间溢出效应,能够在一定程度上引起人们对于城市体系规模分布演变中的空间依赖性以及创新扩散过程中空间溢出效应的重视。

3. 认清区域城市体系演进的内在自组织机制以及呈现出的网络化发展趋向。当前中国,由政府发起和推动的自上而下声势浩大的快速城市化运动中,各级政府相当程度上扮演着城市化的投资者和组织者角色,人们普遍重视城市发展中的他组织干预,而相对忽视城市系统演化的自组织机制。本书通过对城市体系演进的自组织模型及机制解析,有利于人们认识到遵从城市自身发展规律的重要性;对于城市网络形成机理及特征表现的分析,也有利于人们明晰城市体系的未来发展趋势。

对于长三角城市体系的特征测度及演进规律解析,实践上能够为政府管理部门开展城市体系发展规划、布局和调控提供依据,也为确定区域内城市的发展方向和职能定位等提供参考。借助研究结论,深化对长三角城市体系的规模分布、空间联系、创新溢出等特征及演变规律与趋势的认识,辅以合理的政策措施干预,有利于促使长三角城市体系内部形成良性的协调发展态势,提升长三角城市群的国际竞争力。

第二节　主要内容及框架

一、研究内容

本书以城市地理学、新经济地理学和空间经济学的理论为基础,借助有关城市体系特征的测度指标,运用多种统计分析方法、计量模型,遵循规范分析与实证分析相结合的思路,对长三角城市体系的规模分布、空间联系、创新溢出等特征进行测度,进而解析城市体系演化的自组织机制及未来发展趋向。主要内容包括:

第一章,绪论。介绍选题背景及意义,给出全书的主要内容及研究框架,提出可能的创新点。

第二章,城市化与城市体系形成。以世界城市化进程为背景,解析中国城市化的动态阶段特征及有关城市化速度的争论,以城市体系的三种形成理论为依据,开展中国城市体系的演化特征分析,介绍中国的主要城市群,并对长三角城市体系的特征进行概括。

第三章,城市体系规模分布特征。依据城市体系分布的理论基础,给出城市体系总体分布的首位度指数、变异系数、基尼系数、齐夫指数、Hurst指数等测度方法和城市体系个体规模—位序的 Markov 链分析、等级钟等方法,并利用多种方法开展长三角城市体系总体分布特征、个体位序—规模特征的具体测度。

第四章,城市体系空间关联表现。以反映城市体系空间关联性的全局空间自相关、局部空间自相关和空间计量模型等为基础,开展长三角城市体系全局和局部空间关联特征测度,引入空间计量模型进行城市体系位序—规模特征的比较分析,进而利用城市流强度模型、断裂点模型和经济联系强度模型开展长三角城市体系的空间功能联系测算。

第五章,城市体系创新空间溢出。立足于技术创新的非竞争性和非排他性,解析创新溢出效应的存在必然性,而这种溢出效应表现为企业间、产业间、区域间、国际间等不同的空间尺度;模拟分析显示城市体系中的创新扩散不仅取决于城市间的空间距离,还取决于它们在区域中的地位,空间计量模型分析表明长三角城市体系的技术创新呈现出显著的空间溢出特征和一定的空间收敛性。

第六章,城市体系自组织演进机理。首先分析自组织理论对于城市系统的适用性,结合城市系统自组织判定依据,解析城市系统的自组织特征,进而给出城市体系演进的几类自组织模型,结合长三角城市体系的演化表现,探析其表现出的自组织机制与他组织机制,两者共同决定着长三角城市体系的发展、演化。

第七章,城市体系分布演化的 R/S 预测。以城市体系演化的自组织规律为基础,借助分形理论的 R/S 分析方法并加以改进,对反映长三角城市体系规模分布特征的首位度指数序列、城市规模基尼系数序列和齐夫指数序列开展非线性预测,探寻长三角城市体系规模分布的未来发展态势。

第八章,城市体系演化趋向:城市网络。全球化和地方化的推进,使得城市体系由传统层级结构转向网络结构,城市网络日益浮现;城市网络崛起的内在动力在于信息技术发展和企业空间组织变化,进而引起城市之间空间联系的类型及具体特征发生变动;生产性服务业等要素的快速发展,促使长三角城市体系的网络化趋势日益增强,城市网络逐步形成。

第九章,结论与启示。概括城市体系特征测度和演进解析得到的主要结论,结合实际给出若干政策启示,并对未来的研究方向进行展望。

二、总体框架

本书的九章内容大致可分为四大部分:基本背景、特征测度、演进解析和结论启示。"基本背景"为第一、二章,给出城市体系特征测度及演化解析的总体背景;"特征测度"包括第三、四、五章,以城市体系的空间特征为内涵,具体开展城市体系的规模分布、空间联系、创新溢出三方面特征的测度;"演进解析"包括第六、七、八章,从自组织机制、趋势预测和未来趋向三个方向,详细地解析长三角城市体系的演化规律。"结论启示"为第九章,给出研究的主要结论、政策启示和未来展望。

整体框架如图 1-1 所示:

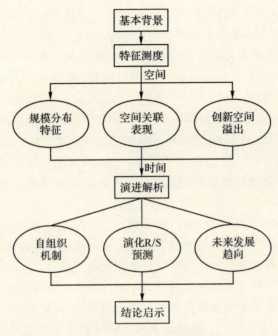

图 1-1 本书的内容框架

第三节 可能的创新点

本研究可能的创新点体现于以下几方面：

第一，从空间溢出的角度，把空间统计方法引入城市体系规模分布的探讨，运用空间计量模型对"位序—规模法则"加以检验，弥补城市体系规模分布测度中忽略城市之间依赖性的缺陷，更为客观地呈现长三角城市体系规模分布的时空演变特征。

第二，运用 Markov 链和"等级钟"等方法对长三角城市体系中个体城市规模变动及"位序—规模"随时间演变特征进行分析，为城市体系规模分布的研究提供了新视角，丰富了城市规模分布演进的研究层次。

第三，通过对 R/S 分析法（重标极差分析法）进行改进，并在长三角城市体系规模总体分布变动的短期预测中加以运用，为城市体系规模分布演变趋势的预测增添新的工具，延伸了原有研究的时间跨度。

第二章　城市化与城市体系形成

城市化（urbanization），又称城镇化，是现代经济社会发展中最重要的现象之一。各国学者对城市化进行了广泛而深入的研究，但对城市化还没有形成一个完整的定义，不同学科对城市化的解释各不相同。经济学家认为城市化是经济要素由乡村向城市聚集的过程，地理学家认为城市化是居民聚落和经济布局的空间区位再分布和日益集中化的过程，社会学家认为城市化是人类生活方式由乡村生活方式逐步向城市生活方式过渡的过程，建筑学家则强调城市化是城市景观不断替代乡村景观的过程。

第一节　世界城市化进程

城市化已成为衡量一个国家或地区经济发展和社会进步程度的重要标志。城市的产生虽已有数千年的历史，但直到工业革命后，城市化才成为世界性的现象。工业革命使经济活动克服了土地和动力能源的束缚，城市里大工厂、大企业等新生产组织形式出现，传统的商业中心成为生产中心。城市由于具有巨大的聚集经济，吸引着成千上万的人从农村迁入城市，从而推动城市数量的增加和城市规模的扩大，世界城市化水平不断提高。世界范围的城市化历程，大致分为三个阶段：

1. 1760年至1851年：城市化的兴起阶段。英国最早发生工业革命，当然也最先踏上城市化道路，1851年其成为世界上第一个城市化水平超过50％的国家，基本实现了城市化（成德宁，2004）；但从世界范围来看，当时整体生产力水平还很低下，农业仍是经济的主导部门，农村人口依旧占有绝对优势，城市人口增长缓慢，城市化水平也不高，1851年世界城市化水平仅为6.5％。

2. 1851年至1950年：城市化的普及阶段。随着工业化在欧洲和北美的展开，城市化进程也很快扩展到欧洲其他地区和北美地区。欧美发达国家的工业化逐渐普及,工业规模不断壮大并成为主导产业部门,引发劳动者大规模地从农业向工业转换,由乡村向城市集中,促使发达国家城市化迅速推进。发达地区城市化快速发展的同时,欠发达地区的城市化也逐步开始,但水平仍较低。1950 年,世界城市化水平为 29.6%,发达地区已超过 50%,欠发达地区仅为 17.6%,最不发达地区还不到 10%。

表 2-1　世界人口、城市人口及城市化水平

年份	总人口 (百万人)	城市人口 (百万人)	世界城市化 水平(%)	年份	总人口 (百万人)	城市人口 (百万人)	世界城市 化水平(%)
1800	97	50	5.1	1990	5320.82	2285.03	42.9
1825	1100	60	5.4	1995	5741.82	2568.06	44.7
1850	1262	80	6.3	2000	6127.70	2856.13	46.6
1875	1420	125	8.8	2005	6514.10	3199.01	49.1
1900	1650	220	13.3	2010	6916.18	3571.27	51.6
1925	1950	400	20.5	2015	7324.78	3957.29	54.0
1950	2525.78	746.48	29.6	2020	7716.75	4338.02	56.2
1955	2761.65	872.13	31.6	2025	8083.41	4705.77	58.2
1960	3026.00	1019.50	33.7	2030	8424.94	5058.16	60.0
1965	3329.12	1183.91	35.6	2035	8743.45	5394.24	61.7
1970	3691.17	1350.28	36.6	2040	9038.69	5715.41	63.2
1975	4071.02	1534.72	37.7	2045	9308.44	6030.92	64.8
1980	4449.05	1749.54	39.3	2050	9550.95	6338.61	66.4
1985	4863.60	2003.05	41.2				

资源来源:1800—1925 年的数据引自 Graumah J. V. Orders of magnitude of world's urban population in history[J]. UN population Bulletin, 1976,(8):32; 1950—2050 年的数据引自 United Nations. World Urbanization Prospects: The 2014 Revision[M]. New York: United Nations, 2014.

　　3. 1950 年至今:城市化的全面发展阶段。随着工业化在世界范围内展开,人口聚集和城市化现象也向全世界蔓延,首先是拉美,其次是亚洲和非洲。世界城市化速度大大加快,在发达国家城市化继续稳步推进的同时,城市化的重心逐渐转移到发展中国家,发展中国家的城市化进程加快。同时,城市化本身也出现集中趋势,全球范围内的人口和财富进一步向大城市集中,大城市居于现代社会的支配地位。当前,世界城市化水平超过50%,发达国家已达 70% 以上。

表 2-2　世界不同地区的城市化水平

年份	全世界	发达地区	欠发达地区	最不发达国家	非洲	亚洲	欧洲	拉美与加勒比海地区	北美洲	大洋洲
1950	29.6	54.6	17.6	7.5	14.0	17.5	51.5	41.3	63.9	62.4
1955	31.6	57.8	19.7	8.5	16.1	19.3	54.3	45.2	67.0	64.8
1960	33.7	61.0	21.9	9.6	18.6	21.1	57.2	49.3	69.9	67.1
1965	35.6	64.0	24.0	11.0	20.6	22.9	60.2	53.3	72.0	69.1
1970	36.6	66.7	25.3	12.8	22.6	23.7	63.0	57.1	73.8	71.3
1975	37.7	68.8	26.9	14.5	24.7	25.0	65.4	60.7	73.8	71.9
1980	39.3	70.2	29.4	17.0	26.7	27.1	67.4	64.3	73.9	71.3
1985	41.2	71.4	32.2	19.0	28.9	29.8	68.8	67.6	74.7	70.7
1990	42.9	72.4	34.8	21.1	31.3	32.3	70.0	70.5	75.4	70.7
1995	44.7	73.3	37.4	22.9	33.1	34.8	70.5	73.0	77.3	70.6
2000	46.6	74.2	39.9	24.4	34.5	37.5	70.9	75.3	79.1	70.5
2005	49.1	75.8	43.0	26.5	36.3	41.1	71.7	76.9	80.0	70.5
2010	51.6	77.1	46.1	28.9	38.3	44.8	72.7	78.4	80.8	70.7
2015	54.0	78.3	49.0	31.4	40.4	48.2	73.6	79.8	81.6	70.8
2020	56.2	79.3	51.6	34.0	42.6	51.2	74.7	81.0	82.5	70.9
2025	58.2	80.4	54.0	36.6	44.9	53.9	75.8	82.1	83.4	71.1
2030	60.0	81.5	56.2	39.3	47.1	56.3	77.0	83.0	84.2	71.3
2035	61.7	82.5	58.1	41.8	49.3	58.4	78.3	83.9	85.1	71.7
2040	63.2	83.5	59.8	44.4	51.5	60.3	79.5	84.7	85.9	72.2
2045	64.8	84.5	61.6	46.9	53.7	62.3	80.8	85.4	86.7	72.8
2050	66.4	85.4	63.4	49.5	55.9	64.2	82.0	86.2	87.4	73.5

资料来源：World Urbanization Prospects：The 2014 Revision，http：//esa. un. org/unpd/wup/CD-ROM/Default. aspx.

　　从世界各大洲的城市化进程来看，有几个现象值得注意。非洲目前虽说城市化水平低于世界平均水平，但作为多数最不发达国家的集中地，其城市化水平提升较快，1950 年至 2010 年年均上升 0.49 个百分点，高于世界平均速度。拉美与加勒比海地区的城市化水平也是迅速上升，年均提高 0.74 个百分点，远超过世界平均水平，其中南美洲的城市化水平甚至超过北美洲和欧洲的城市化水平，成为世界之最，显然与其经济发展水平并不相称。

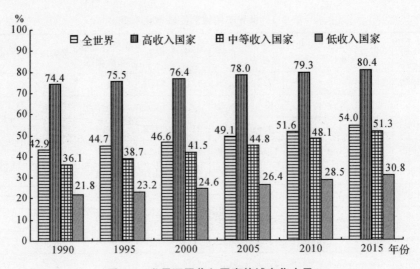

图 2-1　世界不同收入国家的城市化水平

资料来源:http://esa.un.org/unpd/wup/CD-ROM/Default.aspx.

从世界范围来看,城市化水平与国家的经济发展水平及收入水平密切相关,高收入国家的城市化水平明显高于中等收入国家,中等收入国家的城市化水平又明显高于低收入国家,其中中等收入国家的城市化水平提升速度最快。总体上,在不同发展水平的国家和地区,出现了郊区化、逆城市化、再城市化、过度城市化、反城市化、乡村城市化等多种不同的城市化阶段性特征。

可以预见,接下来的世界城市化进程中,发展中国家将继续保持快速增长态势,在城市化现象中担当越来越重要的角色。

第二节　中国城市化进程及特征

改革开放以来,我国城市化快速推进,城市化水平从 1978 年的17.92%提高到 2013 年的 53.73%,年均上升 1 个百分点。① 城市在社会经济中的作用日益重要,2012 年我国地级及以上城市(市辖区)地区生产总值达 327381.92 亿元,占全国 GDP 的 63.1%,地方财政预算内收入 34544.83 亿元,占全国地方财政收入的 56.6%。同时,城市资源、环境、交通、贫困等问题也接踵而至,给城市发展带来巨大挑战。

---

①数据不含台湾及香港、澳门两个特别行政区,下同。

一、中国城市化的动态阶段特征[①]

中国城市化经历改革开放前的曲折发展后,1978 年以来城市化水平稳步提高,近 10 多年快速上升。为认清当前我国城市化的阶段特征,下文利用 S 曲线模型和城镇人口增长系数对城市化的时间轨迹特征进行描述性分析。

(一)S 形曲线特征

诺瑟姆(Northam,1975)将不同国家和地区城市化进程的共同规律概括为一条被拉平的 S 形曲线,并划分为三个阶段[②]:(1)城市化水平较低、发展速度较慢的初期阶段;(2)人口向城市迅速集聚的中期阶段,城市化快速推进;(3)进入高度城市化的后期阶段,城市人口增长趋缓甚至停滞。三个阶段分别对应于 S 形曲线的左下段、中间段与右上段,并以 30%、70%为界进行划分,小于 30%为第一阶段,30%—70%为第二阶段,超过 70%则进入第三阶段。

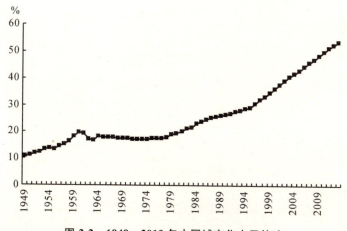

图 2-2　1949—2013 年中国城市化水平轨迹

1949 年我国城市化水平为 10.64%,经过 1950—1957 年的健康发展、1958—1960 年的过度发展及 1961—1978 年的停滞时期后,1978 年为 17.92%。

---

①本小节内容以论文《我国城市化阶段性演进特征与省际差异》发表于《改革》2008 年第 3 期,在此进行了重新测算。

②Northam R. M. *Urban Geography*[M]. New York: John Wiley & Sons, 1975.

改革开放后城市化水平稳步提高,1996 年超过 30%,进入中期阶段后快速推进,2013 年达到 53.73%。利用中国 1949—2013 年的城市化水平,拟合 S 形曲线得:

$$u_i = \frac{1}{1 + 8.5779e^{-0.0304t}} \quad R^2 = 0.9101, \; F = 638.02, \; p = 0.0000$$

$$(2\text{-}1)$$

由于改革开放前受政治等因素的影响,城市化水平变动异常,再利用 1978—2013 年的城市化水平拟合 S 形曲线得:

$$u_i = \frac{1}{1 + 4.9486e^{-0.0467t}} \quad R^2 = 0.9855, \; F = 2302.78, \; p = 0.0000 \quad (2\text{-}2)$$

式(2-1)、式(2-2)中 λ 值都超过 4,而全世界的 λ 值为 1.7 左右,发达国家的 λ 值多在 1 以下,发展中国家的 λ 值为 2.6 左右(刘传江,1999),说明我国城市化起步较晚。k 值也明显小于世界一般水平,说明整体上我国城市化速度并不快,只在 20 世纪末才开始呈现快速提升态势。

(二)五阶段特征

为更好地将城市化的阶段性与城乡人口增长相联系,叶裕民(2002)提出一个衡量城市化发展阶段的指标——城镇人口增长系数(K),即城镇人口增长规模与总人口增长规模的比值,并据此将整个城市化过程划分为五个阶段。

第一阶段:K<0.5,为前城市化阶段,意味着城镇人口的增长规模小于乡村人口的增长规模,城市化水平很低且增长缓慢。第二阶段:0.5≤K<1,为城市化前期阶段,意味着城镇人口的增长规模持续超过乡村人口的增长规模,城市化进入快速增长时期。第三阶段:K≥1,城市化的中期阶段,意味着总人口增长全部表现为城镇人口的增长,乡村人口规模开始下降。第四阶段:城镇人口比重≥50%,初步进入城市社会,城镇人口绝对数超过乡村人口,意味着初步实现城市化。第五阶段:城镇人口比重≥65%,进入成熟的城市社会,意味着进入后工业化社会,现代城市文明广为普及,城乡居民的生活水平和生活方式趋于一致。

从图 2-3 中城镇与乡村人口及 K 值的变动,可知:(1)从 1979 年开始中国城镇人口增长规模超过乡村人口增长规模,进入城市化初期阶段;(2)1996 年开始中国乡村人口绝对数量呈下降趋势,进入城市化中期阶段;(3)当前,中国已进入初步城市化社会,仍处于城市化中期阶段。

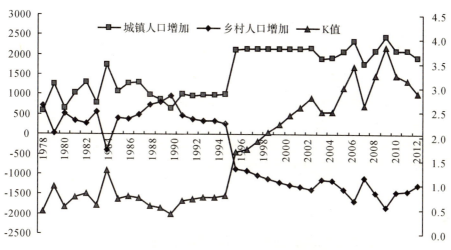

图 2-3　1978—2013 年城乡人口增长规模及 K 值

二、当前中国城市化速度的论争与审视①

围绕着当前我国城市化的特征与问题，国内外专家、学者之间出现了一些不同的认识与论争，譬如城市化速度是否过快？城市化的区域差距是否拉大？大城市是否优先增长？等等。学者之间的争论，加上媒体的各抒己见，导致社会大众对上述问题的认识混淆不清。而随着经济社会发展，城市化仍将是未来中国的显著现象。在此利用统计数据，对我国城市化的阶段性特征及主要论争进行再考察，以澄清社会各界的认识。

近十多年来我国城市化快速推进，1996—2013 年城市化水平年均提高 1.37 个百分点。同期，1995—2014 年全世界城市化水平由 43.0％提高到 53.6％，年均上升 0.56 个百分点；其中发达地区、欠发达地区及最不发达地区年均分别提高 0.27、0.78 及 0.56 个百分点（UN，2014），都明显低于我国的城市化速度。与此同时，我国部分地区的国土开发和建设布局出现无序乃至失控局面，社会经济发展与资源、生态、环境之间的矛盾和冲突日益显现。全国 400 多个城市存在不同程度的缺水问题，其中 130 多个缺水严重，20％的城市空气污染超标，城市交通日益拥挤。由此，引发对当前城市化速度是否过快的争论。

---

①本小节内容以"当前我国城市化速度的论争与审视"为题发表于《城市发展研究》2009 年第 10 期，在此进行了重新测算。

　　一些学者依据与发达国家曾经的城市化速度或所花时间的比较,认为正是当前的城市化速度过快,导致负面效应日益突出;也有学者认为当前的城市化速度并未过快,负面效应主要是城市粗放型增长所致。以下在回顾有关城市化速度的两种典型观点的基础上,既将我国当前城市化速度与发达国家快速城市化阶段的速度进行比较,又与同类发展中国家相同阶段的速度相对照;开展城市化速度直接对比的同时,将城市人口增长率与土地增长率、不同城市的土地利用效率相比较,深入认识当前的城市化速度及模式,以便在未来的发展中采取合理的政策措施,理性推动城市化,提高城市化与经济社会发展的协调性。

(一)关于中国城市化速度的主要观点

　　关于当前中国城市化速度是否过快,国内外众多学者就此表述了自己的观点,彼此之间存在着某些共同认识,但也有碰撞与争论。包括陆大道院士在内的部分学者在多种场合都旗帜鲜明地表达了对于中国城市化冒进引起各种土地问题的痛心疾首(张立,2006),他们撰写了以“关于遏制冒进式城镇化和空间失控的建议”为题的咨询报告[①],提出当前城市化冒进和空间失控的问题。另外一些学者则认为当前中国的城市化速度并未过快,诸大建在《解放日报》上撰文阐述了其认为城市化速度并未过快的理由(诸大建,2006);牛凤瑞等(2007)在《中国城市发展报告(NO.1)》中明确提出当前的城市化速度不是超前,更不是冒进的观点;美国加州大学伯克利分校的 John Quigley 教授在演讲中也提出与陆大道先生相反的观点,认为“中国的城市化进程相对过慢”。

　　1.城市化速度过快的观点。以陆大道院士为代表的一些专家、学者认为城市化推动社会经济发展的同时,近十年来脱离循序渐进的原则,超出正常的城市化发展轨道,在进程上属于“急速城市化”,出现“冒进”态势(陆大道等,2007)。具体表现为人口城镇化率虚高,空间上建设布局出现无序乃至失控,耕地、水资源等过度消耗,环境受到严重污染。

　　他们得出如此结论的依据是:①我国存在相当程度的虚假城镇化和贫困城镇化。约1.3亿的农民工在统计上被计算为城镇人口,但实际上并未真正市化,导致城镇化水平虚高。②土地城镇化的速度过快。城镇人口增加相当一部分是通过行政区划调整、城镇辖区面积扩大而实现的,城镇缺乏产业支撑和城镇基础设施,失地农民并未市民化。③经济发展和就业

---

　　①注:文中对“城镇化”与“城市化”两概念不加区分。

岗位的增加不足以支撑当前的城镇化率。我国人口众多,城镇化率提高需要大量城镇就业岗位的支撑,但当前的产业发展还难以满足要求。④资源和环境的支撑能力不足,造成巨大压力乃至破坏,城市资源和环境问题尤为突出。⑤各国城镇化大都经历了漫长的历史进程。从 20% 提升到 40% 的城市化水平,英国经历了 120 年时间,法国 100 年,德国 80 年,美国 40 年,前苏联 30 年,日本 30 年,而中国只花了 22 年时间,比发达国家的平均速度快了一倍多。由此,他们认为:"当前超出经济发展与就业增长能力的过快、过高的城市化,并不是由工业化来推动的,而是由大量失去土地的农民和人口失业所造成的,是虚假、贫困和冒进的城市化。"

2.城市化并未过快的观点。诸大建(2006)认为,中国近年来的城市化在消耗土地资源方面确实有"大跃进"之趋势,但城市化对非农人口的吸纳却未达到相应的速度和规模,即人口聚集和生活方式改进意义上的城市化不是快了,而是慢了。他以为当前的关键在于转变土地高消耗、人口低吸纳的城市发展模式,而不是简单地放慢城市化速度,并给出相应的理由:①非农人口吸纳意义上的城市化并未达到应有的速度与规模。许多行政意义上的城市化并没有让农民及其家属成为真正的市民,当前的城市化水平实际上要打不少折扣。②一定的城市化速度对于中国城市可持续发展十分重要。中国城市化一直低于世界平均水平,需要抓住时机有效地提高城市化,在一个较短的时间里去实现有利于人类生活水平提高的城市化,且城市化本质上有利于资源高效利用。

牛凤瑞、潘家华等在《中国城市发展报告(NO.1)》中指出,城市化是现代化的重要标志,更是现代化的动力。城市化有利于解决当代中国的主要矛盾,为保护生态环境提供依托,推动节约型社会,为建设社会主义新农村提供基础支撑。虽然我国城市化也面临聚集效应不充分、产业结构不合理、资源供给约束、环境质量存在隐忧、城市就业压力大、贫困严重以及管理滞后等挑战,但目前中国城市化进程的主要倾向是滞后于工业化,滞后于经济社会发展要求,而不是超前,更不是冒进。

在北京大学林肯研究院城市发展与土地政策研究中心的研讨会上,John Quigley 教授强烈表达了中国城市化速度还远远不够的观点。他认为,"中国与世界其他国家不同的地方在于它受限的城市化进程,尽管现在处在新经济发展中,也拥有受过良好教育的劳动力,但城市化进程却是低速的"。户籍制度限制了移民,分散城市化也构成速度过慢的原因。

罗志刚(2007)根据城市化速度将欧美发达国家及日本、韩国的城市化分别归为慢速城市化(0.4—0.6 个百分点/年)、快速城市化(1—2 个百分点/

年)及超高速城市化(2—4个百分点/年)。他根据多渠道的数据来源,认为英、法、美曾经的城市化过程属于慢速城市化,日本和韩国的城市化过程属于快速城市化。其中,日本 1950—1955 年的城市化水平年均提高 3.8 个百分点/年,韩国 1965—1970 年年均提高 2.08 个百分点,属于超高速城市化。中国当前的城市化虽属于快速城市化,但并未达到超高速城市化水平,不算过快。

上述两种观点都注意到当前我国城市化过程出现的土地占用过快问题,陆大道等通过我国与发达国家的城市化速度及时间比较,认为负面效应是因城市化速度过快所致,而诸大建、牛凤瑞等学者则从我国经济社会发展需要的角度出发,认为当前的城市化速度并未过快,罗志刚通过分阶段的比较也得出城市化速度并非过快的结论。城市化本应是节省土地,而不是占用更多的土地,陆大道等提到的城市化负面效应可能并非因城市化速度而起,而是城市化模式不当所致。诸大建、牛凤瑞等的观点虽有逻辑上的合理性,但并未给出数据支撑;罗志刚的对比分析虽然详细,但存在着不同时期数据来源不一致的问题。故有必要利用最新统计数据,从多角度对当前我国城市化水平及速度进行再考察。

(二)当前中国城市化水平及速度审视

1. 当前城市化水平的再判析。描述世界各国随经济发展的结构变动时,钱纳里和赛奎因概括出工业化与城市化关系的一般变动模式,给出对应每一发展阶段(人均 GNP),产业结构和就业结构中制造业和非农产业所对应的比重,以及相应的城市化水平(钱纳里,1988),见表 2-3。

表 2-3 经济发展与城市化关系的一般模式

人均 GNP		GNP 结构		就业结构		城市化水平
1964 年(美元)	2013 年(美元)	制造业	非农产业	制造业	非农产业	
70	403	12.5	47.8	7.8	28.8	12.8
100	575	14.9	54.8	9.1	34.2	22.0
200	1150	21.5	67.3	16.4	44.3	36.2
300	1725	25.1	73.4	20.6	51.1	43.9
400	2300	27.6	77.2	23.5	56.2	49.0
500	2875	29.4	79.8	25.8	60.5	52.7
800	4600	33.1	84.4	30.3	70.0	60.1

续　表

人均 GNP		GNP 结构		就业结构		城市化水平
1964 年（美元）	2013 年（美元）	制造业	非农产业	制造业	非农产业	
1000	5750	34.7	86.2	32.5	74.8	63.4
1500	8625	37.9	87.3	36.8	84.1	65.8

注:2013 年美元与 1964 年美元的换算因子使用此期间美国 GDP 缩减指数,换算比例为 5.75。
资料来源:钱纳里、赛奎因.发展型式(1950—1970)(中文版)[M].北京:经济科学出版社,1988:22—23。

依照上述标准,可对当前中国经济发展与城市化水平之间的关系做出初步判断。以往的众多研究往往直接以现实的人均 GNP(或 GDP)数据与钱纳里的数据(1964 年美元)相对照,得出城市化明显滞后的结论,显然存在不合理性。因为 1964 年的人均 GNP 数据与当前数据不能直接相对比,必须利用价格指数将 1964 年美元换算为当前的美元。在此,以美国的 GDP 缩减指数作为换算因子,将 1964 年的美元换算为 2013 年的美元,见表 2-3。按 2013 年底人民币兑美元中间价 6.1932:1 换算,2013 年我国人均 GDP 约为 6767 美元。依照钱纳里标准,对应的城市化水平应为 64%左右,而 2013 年底我国实际的城市化水平为 53.73%,与钱氏标准相比滞后约 10 个百分点。

从 GNP(GNI)结构和就业结构来看,2012 年我国制造业增加值占 GDP 比重为 38.5%、第二产业从业人员比重为 30.3%、非农产业增加值占比为 89.9%,均高于钱氏标准的理论值。一方面是因为我国第二产业包括工业和建筑业,而工业除制造业外还包括采矿业、电力、燃气及水的生产和供应业,口径明显大于钱纳里的制造业口径;另一方面也反映出我国经济发展过程中工业增加值比重及工业从业人员比重偏高的问题。

由于 GDP 是指一个国家(或地区)一定时期内所有常住单位生产经营活动的最终成果,核算遵循"国土原则",而 GNP 是指一个国家(或地区)所有国民在一定时期内生产产品和服务价值的总和,采用"国民原则",在经济活动日益国际化的背景下两者之间可能存在差异,以下再用 GNP 来考察。目前,一般将国民总收入 GNI 看做 GNP,各国(包括中国)也仅对外公布 GDP 与 GNI 数据。按世界银行的数据,2011 年中国人均国民收入(GNI)为 4940 美元,同样处于 4600 美元到 5750 美元这一过渡阶段,城市化滞后于工业化的结论不变。

综合上述分析,对应当前的经济发展水平,我国工业化有所超前,而城市化仍显滞后。

2.当前城市化速度的国际比较。英国在工业革命前的 1750 年,2500 人以上的城市人口仅占全国总人口的 25%,1810 年增加到 33.8%,1851 年上升到 50.2%,成为世界上第一个实现城市化的国家(纪晓岚,2004),1810—1851 年年均上升 0.4 个百分点。美国国内战争后工业化、城市化加速,19 世纪末基本完成工业化,1920 年基本实现城市化(陈雪明,2003)。1870—1920 年美国城市化水平由 22.9% 上升为 47.1%,年均上升 0.52 个百分点,其中最快的 10 年(1880—1890 年),年均提高 0.66 个百分点。欧美主要资本主义国家城镇化的起步阶段平均每年增加 0.16—0.24 个百分点,加速阶段每年增加 0.30—0.52 个百分点。主要发达国家城市化最快时期的城市人口年均增长率为 4%,第三世界为 4.21%(Williamson,1991),而 1996—2013 年我国城镇人口年均增长 4.2%,与英美等发达国家曾经的城市化速度相比,速度确显较快,但由于我国当前经济发展所处的整体环境与当时英国、美国城市化的环境已截然不同,不能因此而判断城市化速度过快。

1956—1973 年是日本工业发展的黄金时期,工业生产增长 8.6 倍,平均每年增长 13.6%。1950—1977 年日本的城市化水平从 37% 上升到 76%,年均上升 1.5 个百分点(高强,2003),高于当前我国的城市化速度。

城市化具有明显的后发加速特征,后发工业化国家的城市化快速发展期越来越短。英国的快速发展期大约用了 100 年(1800—1900 年),美国约用了 80 年(1890—1970 年),日本约用了 40 年(1935—1975 年),韩国仅用了 30 年(1960—1990 年)(中央党校中青班城市化课题组,2007),陆大道(2007)院士的数据显示出同样的趋势。我国作为后发工业化国家,城市化快速发展所需时间理应更短一些。

为增强可比性,进一步选择同样经历过快速发展的巴西、哥伦比亚、韩国、印尼等发展中国家,将它们在经济快速增长时期的城市化速度与我国现阶段的城市化速度相对比,发现我国经济增长速度明显高于其余四国,但城市人口增长率却低于它们。

表 2-4 城市人口增长率比较

指标 \ 国家	巴 西	哥伦比亚	韩 国	印 尼	中 国
城市人口增长率	1950—1970 年 5.2%	1951—1973 年 4.9%	1960—1970 年 6.1%	1980—1995 年 4.8%	1990—2004 年 3.6%
人均 GDP 实际年增长率	1965—1975 年 6.3%	1965—1975 年 3.1%	1965—1975 年 6.7%	1980—1995 年 5.0%	1990—2004 年 9.1%

资料来源:转引自弗农·亨德森.中国城市化:面临的政策问题与选择[J].城市发展研究,2007,14(4):31—41.

综合上述分析可知,当前我国城市化速度快于主要发达国家类似发展阶段的速度,却低于一些发展中国家经济高速成长时期的城市化速度。由于中国与发达国家城市化的历史背景不同,作为后发优势明显的发展中国家,城市化速度快一点无可厚非,况且过去我国城市化长期滞后于工业化,当前快速城市化还包含有一定的恢复性增长。

3.当前城市化模式的考察。既然城市化速度并未过快,那么当前我国城市发展为什么会面临着严峻的资源、环境、交通等负面效应呢?问题的关键在于城市增长方式。近几年来,一些地方打着"加快城镇化进程"的旗号,盲目拉大城市框架,滥占耕地、乱设开发区,开展大规模的圈地运动,把大量的农村耕地划为城市建设用地,从 1996 年底到 2005 年,9 年间中国耕地减少了 1.2 亿亩,绝大部分被城市所占用。我国人均建设用地已经达到130 多平方米,远远高于发达国家人均 82.4 平方米和发展中国家人均 83.3平方米的水平。土地的城市化速度快于人口的城市化速度,1996—2010 年我国城镇人口年均增长 4.39%,而城市建成区面积年均增长 5.01%,城市建设用地面积年均增长 5.42%(见表 2-5),均超过城镇人口增长速度,体现出城市化的粗放增长特征。

表 2-5 城市人口、建成区面积及建设用地面积增长率

年份	城镇人口(万人)	增长(%)	建成区面积(平方公里)	增长(%)	建设用地面积(平方公里)	增长(%)
1996 年	37304	—	20214.2	—	19001.6	—
2000 年	45906	4.93	22439.3	4.25	22113.7	5.92
2005 年	56212	3.55	32520.7	6.95	29636.8	—3.72
2010 年	66978	3.82	40058.0	3.53	39758.4	6.42
年均增长	—	4.39	—	5.01	—	5.42

资料来源:《中国建设统计年报(2010)》。

城市面积快速扩大的同时,土地利用效率也不高。我国经济总量居前10 位的城市中土地利用效率最高的是深圳,其次是上海,但都明显低于香港和世界主要城市的土地利用效率,仅为后者的几分之一,甚至是几十分之一,见表 2-6。

表 2-6　中国及世界主要城市的土地利用效率

城市	上海	北京	广州	深圳	苏州	天津	重庆	杭州	无锡	青岛	香港	纽约
地均GDP（万美元/平方公里）	2411	814	1893	3817	1513	695	122	1144	1495	1621	17180	52179
城市	洛杉机	大阪	柏林	新加坡	巴黎	罗马	东京	伦敦	首尔	芝加哥	多伦多	墨西哥
地均GDP（万美元/平方公里）	16333	93627	11518	13462	88000	40700	36418	18019	32727	24746	22453	6194

注:国内城市的地均 GDP 为 2006 年数据,国外城市为 2004 年数据。

资料来源:《2007 年中国城市统计年鉴》及世界经理人数据:世界十大富有城市,http://data.icxo.com/htmlnews/2006/12/04/975408_0.htm。

　　正是城市的粗放型增长模式,导致城市化过程中的资源、环境、交通、贫困等问题日益突出。可见,当前城市化亟待解决的是转变城市增长方式,而不是争论速度的快慢。

(三)结语

　　从速度上看,以钱纳里标准为参照系的对比分析发现,当前我国城市化水平仍一定程度上滞后于工业化,但并不是十分突出。与发达国家相比,当前的城市化速度显得较快,但与同类发展中国家相比,我国城市化速度并未过快。由于城市化土地占用的速度快于人口城市化的速度,城市土地利用效率低下,再加上我国农业生产率低下、城乡收入差距明显、社会保障体系不健全等,使得城市化过程中的资源、环境、贫困等问题日益突出。

　　未来发展过程中,应落实科学发展观,走可持续的城市化道路,提高城市密度,建设紧凑城市,转变城市经济增长方式,以合理推进我国城市化,提高城市化效率与质量,保持城市化与经济社会的协调发展。

第三节　中国城市体系的形成及演化

　　一个国家或地区的城市体系由不同规模的城市组成,形成一定的规模结构分布。一般而言,规模越大的城市,数量越少,城市间的人口规模差距越大;规模越小的城市,数量越多,城市间的人口规模差距则较小。城市体系中的这种规模结构在世界各国普遍存在,只是不同国家的具体分布模式有所不同。

一、城市体系形成理论

对城市体系产生、发展进行解释的理论主要包括新古典城市理论、新经济地理城市理论、新兴古典城市理论,它们都认为城市体系演化是一个从低级到高级,由简单到复杂,自下而上的过程。

(一)新古典经济学城市体系形成理论

自 20 世纪 70 年代起,亨德森等(Henderson,1974、1987、2000)沿着马歇尔的外部性的思路解释城市经济问题,认为人口之所以集聚于城市在于规模经济。Henderson 和 Becker(2000)详细提出城市体系形成的自组织模型,认为工人和企业主在最大化自身效用的过程中自发集聚形成不同规模的城市,均衡城市规模往往过大,若引入自治政府对土地租金收入进行分配,城市规模将达到有效的适度规模。

假设在城市中,存在贸易品和住房两种商品,贸易品在城市商业中心(CBD)生产,住房在城市其他地区生产,工人往来于郊区与中心商业区;城市工业在一个城市内的集中所产生的外部经济与大城市的交通难、往来成本高等不经济之间产生两难冲突,最优城市规模由此决定。外部经济的净效应产生的城市规模与代表性居民所得到的效用之间呈倒 U 形关系。现实中存在着众多不同规模的城市,是因为不同产业的外部经济的程度不同,而外部不经济的程度主要取决于城市规模,与具体的产业关系不大,不同类型城市的代表性居民的福利水平将达到均等化水平。

亨德森城市体系模型表明,工人和企业主在市场机制下自组织聚集形成不同规模的城市。但模型仍属于新古典的范畴,事先假设城市的存在,诉诸于外部性来解决城市规模问题,并未真正从微观主体相互逐利的结果中揭示城市形成和增长的根本原因。亨德森的外部性城市增长模型,将产业外部性规模经济作为城市聚集经济的基础,并把聚集经济效应当作"黑箱"来处理,构建起希克斯中性的城市生产函数,在完全竞争的市场结构下建立模型描述城市经济发展。

(二)新经济地理学城市体系形成理论

以克鲁格曼(Krugman,2000)等为代表的新经济地理学(NEG)家通过"中心—外围"模型来说明城市及城市体系的产生过程。克鲁格曼（Krugman，1996）在《自组织经济学》一书中提出一种城市产生的自组织模型。假设存在一个跑道状的经济，交通只能沿圆周边缘进行，经济体中只有两个生产部门：完全竞争的农业和垄断竞争的制造业。农业和制造业的生产成本只含劳动力，农业产品的运输费用为零，农业生产规模报酬不变，农业人口在区位上均匀分布；制造业的运输费用采用"冰山运输成本"形式，制造业生产中规模报酬增加，制造业工人在每一区位上的人口数为 $\mu\lambda$ (r)。劳动力总数为 πD，因此，农业劳动力总数为 $(1-\mu)\pi D$，制造业工人总数为 $\mu\pi D$。

根据 Dixit-Stiglitz 模型，利用收入方程、价格指数方程、名义工资方程、真实工资方程及制造业的动力学方程构成的均衡方程，克鲁格曼对 12 个区位所组成的圆环系统进行了演化分析，结果表明经过一段时间演化后，开始 12 个区位基本"平坦"的制造业分布自组织地演化成只有两个区位具有制造业的情况。若将溢出衰减速度加快一倍，再反复运行该模型，结果得到四个等距离的商业区。模拟发现，对于大范围内的参数，抽象城市的出现经历了一个自组织过程，即使商业活动的初始空间分布和完全平坦图线只有觉察不到的区别，所有商业活动最终只集中于几个有限区位上，城市的出现表现出一种完全有规则的结构自组织性。

该模型引入制造业产品在消费和生产上的多样化效应，以及市场的前向和后向联系所导致自我增强的正反馈效应，强调企业规模经济、运输成本和移民的相互作用在经济空间聚集和城市形成中的作用机制，回避了技术外部性的概念，突出不完全竞争结构下的规模报酬递增效应。"中心—外围"模型引入制造业产品消费和生产的多样化效应，以及市场前后向联系所导致的自我增强正反馈效应，强调了企业规模经济、运输成本和移民的相互作用在经济空间聚集和城市形成中的作用机制。

（三）新兴古典经济学城市体系形成理论

以杨小凯（2003）为代表的新兴古典经济学家认为城市及城乡差别出现是分工和个人专业化演进的结果。杨小凯认为城乡差别出现是分工和个人专业化演进的结果，并以非线性规划为工具，将古典经济学中关于劳动分工的核心思想进行模型化处理，给出了一个非常简化的超边际城市化模型。

假定食物的生产为土地密集型，而工业品的生产不是土地密集型。每种产品的生产具有专业化经济，贸易会产生交易成本。因此，专业化经济和交易成本之间形成一对两难冲突。如果交易效率低下,个人会选择自给自足,此时没有市场,也没有城市。随着交易效率稍有提高,专业化经济与交易成本两难冲突折衷的结果,是出现半专业的农民和半专业化的服装制造者的分工。由于农业是土地密集型而服装制造业不是,故农民居住较为分散,而每一个服装制造者居住在一个农民附近,以降低交易成本。因此,农业和服装制造业之间低水平的分工不会产生城市。随着交易效率进一步提高,在农民和工业制造者的分工之外,又出现房屋制造者、家具制造者等,由于这些制造者的生产并非土地密集型,既可以分散居住,也可以集中居住在城市,为了节省分工以及制造业者之间交易引起的交易成本,他们必将居住在同一城市中。因此,专业制造业者之间以及制造业者与农民之间高水平的分工,促使城市及城乡差别出现。

该模型说明城市化是人们为了节约交易费用以获得完全分工所带来的好处而自发演进的结果。如果不同的专业制造业者居住在城市,则制造业者(城市居民)之间的交易成本系数就比农民(农村居民)与城市居民之间的交易成本系数要小得多。由于农业和工业生产中土地密集程度不同,这种交易效率的差别成为城市从分工中出现的驱动力。

杨小凯的超边际城市化模型认为不同的专业制造业者居住在城市,他们(城市居民)之间的交易成本系数比农村居民与城市居民之间的交易成本系数小得多。由于农业和工业生产中土地密集程度不同,交易效率的差别成为城市从分工中出现的驱动力。

二、中国城市体系演进

中国城市体系主要由直辖市、副省级城市、地级市和县级市四个层次构成,另外还包括众多的小城镇。

(一)区域城市体系差异

从空间分布来看,中国城市主要集中在东部与中部地区,西部地区的城市数量明显偏少,而东、中部省份的面积又明显小于西部省份的面积,导致城市密度自东向西呈逐步递减态势。从城市规模看,无论是地级以上城市,还是县级市,东部地区城市平均规模明显大于中部地区城市平均规模,中部地区城市平均规模又大于西部地区城市的平均规模,区域间的城市规模也呈现出明显的自东向西逐步递减态势。

城市化包含城市数量增加和城市规模扩大两个方面。从城市数量看,

1996—2012 年东部地区的城市数量不断下降,而中部地区稳中有升,西部地区城市数量上升比较明显,东北地区的城市数量基本稳定,东部与中西部城市的数量差距在缩小。[①] 东部地区城市总体下降数量主要是由于县级市数量下降超过地级以上城市的上升数量,而中部、西部地区地级以上城市数量上升较快,超过县级市的下降数量,使得整体城市数量稳中有升。由于城市化不断提高,县级市大量改区或升格为地级市,使得东、中、西部的地级以上城市数量都有所上升,县级市数量都在下降,但区域之间的差异较大。

表 2-7　分地区城市数量分布

地区	城市总数(个)				地级以上城市(个)				县级市(个)			
	1996	2000	2005	2012	1996	2000	2005	2012	1996	2000	2005	2012
全国	666	663	661	657	221	263	287	289	445	400	374	368
东部	249	245	230	226	82	87	85	86	167	158	145	140
中部	166	168	168	169	57	80	81	80	109	88	87	89
西部	161	160	173	173	39	62	87	89	122	98	86	84
东北	90	90	90	89	33	34	34	34	57	56	56	55

注:资料来源于《中国城市统计年鉴(历年)》。

从区域看,2012 年我国东部、中部、西部和东北地区的城市化水平分别为 61.86%、47.17%、44.74% 和 59.60%,东部和东北地区的城市化水平明显高于中部、西部地区。相对于 2000 年来说,分别提高 16.52、17.46、16.01 和 7.46 个百分点,其中中部地区城市化速度最快,东北地区由于城市化整体水平较高而提升速度较慢。从省份看,城市化水平最高的是上海,2012 年达 89.3%,其次为北京和天津,分别为 86.2% 和 81.6%;最低的是西藏和贵州,分别为 22.8% 和 36.4%;超过全国平均水平的省份有 14个,超过 50% 的省份有 19 个。

①按照国家统计局 2008 年发布的第二次全国农业普查主要数据公报中的标准,东部地区包括北京市、天津市、河北省、上海市、江苏省、浙江省、福建省、山东省、广东省、海南省 10 个省、直辖市,中部地区包括山西省、安徽省、江西省、河南省、湖北省、湖南省 6 个省,西部地区包括内蒙古自治区、广西壮族自治区、重庆市、四川省、贵州省、云南省、西藏自治区、陕西省、甘肃省、青海省、宁夏回族自治区、新疆维吾尔自治区 12 个省、自治区、直辖市,东北地区包括辽宁省、吉林省、黑龙江省 3个省。

表 2-8　各地区及省份的城市化水平

单位:%

地区	2012 年	2005 年	2000 年	地区	2012 年	2005 年	2000 年
北京	86.20	83.62	77.54	内蒙古	57.74	47.20	42.68
天津	81.55	75.11	71.99	广西	43.53	33.62	28.15
河北	46.80	37.69	26.08	重庆	56.98	45.20	33.09
上海	89.30	89.09	88.31	四川	43.53	33.00	26.69
江苏	63.00	50.11	41.49	贵州	36.41	26.87	23.87
浙江	63.20	56.02	48.67	云南	39.31	29.50	23.36
福建	59.60	47.30	41.57	西藏	22.75	26.65	18.93
山东	52.43	45.00	38.00	陕西	50.02	37.23	32.26
广东	67.40	60.68	55.00	甘肃	38.75	30.02	24.01
海南	51.60	45.20	40.11	青海	47.44	39.25	34.76
东部	**61.86**	**52.84**	**45.34**	宁夏	50.67	42.28	32.43
山西	51.26	42.11	34.91	新疆	43.98	37.15	33.82
安徽	46.50	35.50	27.81	**西部**	**44.74**	**34.56**	**28.73**
江西	47.51	37.00	27.67	辽宁	65.65	58.70	54.24
河南	42.43	30.65	23.20	吉林	53.70	52.52	49.68
湖北	53.50	43.20	40.22	黑龙江	56.90	53.10	51.54
湖南	46.65	37.00	29.75	**东北**	**59.60**	**55.15**	**52.14**
中部	**47.19**	**36.54**	**29.73**	**区域极差**	**17.12**	**20.09**	**24.41**

资料来源:《中国统计年鉴(历年)》。

　　为反映省域之间的城市化水平差异是否有所扩大,计算省域城市化水平之间的变异系数,发现省级城市化水平的变异系数由 2000 年的 0.4193 下降为 2005 年的 0.3389 和 2012 年的 0.2702,说明省与省之间的城市化水平差异呈缩小趋势。同理,分别计算东部、中部、西部与东北地区各省份城市化水平的变异系数,东部的变异系数由 2000 年的 0.3788 下降为 2005 年 0.3011 和 2012 年的 0.2417,中部地区的变异系数由 2000 年的 0.1977 下降为 2005 年 0.1220 和 2012 年的 0.0827,西部地区的变异系数由 2000 年的 0.2216 下降为 2005 年 0.1937,之后又逐步上升为 2012 年的 0.2140,东北地区的变异系数由 2000 年的 0.0443 上升为 2005 年 0.0623 和 2012 年的 0.1038,说明东、中、西三大区域内部的城市化水平差异在不断缩小,中部地区内部各省的城市化水平差异先缩小后扩大,而东北三省的城市化水平差异略有扩大。

总体上看,无论是中国四大区域之间,还是省份之间的城市化水平差距都呈不断缩小趋势,区域内部的差异总体上也在不断缩小,城市化呈现出趋同现象。

(二)中国城市体系的位序—规模变动

对中国城市体系的规模分布过去有一些学者曾进行过比较详细的研究。中山大学的许学强和香港大学的叶嘉安根据中国 1953 年、1963 年、1973 年、1978 年和 1982 年的资料分析表明,中国的城市首位度小,并且一直在下降,从 1953 年的 2.3 下降为 1982 年的 1.3。王放根据《中国城市统计年鉴》,计算出了在 1984—1995 年期间中国城市体系的首位度、四城市指数和十一城市指数(见表 2-9),发现在 20 世纪 80 年代,三个指数基本上逐年下降,进入 90 年代以后,首位度指数略有上升,尽管上升幅度不大。根据王放的数据口径,我们计算补充了 1996—2012 年的数据(见表 2-9),发现首位度、四城市指数、十一城市指数总体上都呈下降趋势。

表 2-9　1984—2012 年中国城市体系分布指数

指　标	1984	1985	1986	1987	1988	1989	1990	1991	1993	1994
首位度	1.350	1.347	1.338	1.301	1.298	1.306	1.299	1.291	1.354	1.354
四城市指数	0.548	0.547	0.546	0.539	0.535	0.540	0.537	0.534	0.564	0.566
十一城市指数	0.494	0.493	0.496	0.491	0.487	0.492	0.490	0.486	0.510	0.510
指　标	1995	1996	1997	1998	1999	2000	2001	2002	2003	2004
首位度	1.346	1.342	1.330	1.347	1.319	1.291	1.322	1.274	1.184	1.180
四城市指数	0.566	0.566	0.572	0.582	0.570	0.563	0.578	0.568	0.445	0.445
十一城市指数	0.500	0.498	0.503	0.502	0.501	0.488	0.498	0.479	0.385	0.384
指　标	2005	2006	2007	2008	2009	2010	2011	2012		
首位度	1.319	1.309	1.302	1.292	1.139	1.067	1.308	1.310		
四城市指数	0.615	0.571	0.545	0.540	0.538	0.429	0.545	0.524		
十一城市指数	0.458	0.454	0.445	0.442	0.441	0.398	0.487	0.487		

资料来源:1984—1995 年的数据转引自王放. 中国城市化与可持续发展[M]. 北京:科学出版社,2002:133;1996—2004 年的数据根据《中国城市统计年鉴》(历年)及《中国城市建设统计年报》(历年)计算而得。

　　一个国家城市体系的分布状况还可由位序—规模法则来加以描述。方程为：

$$p_r = p_1/r^q \qquad\qquad (2\text{-}3)$$

　　其中，r 为城市按人口从大到小的排序，p_r 为第 r 个城市人口数，p_1 为最大规模城市的人口数，q 为大于 0 的待定指数。q 的大小反映了城市体系中人口分布的集中或分散程度：(1) $q > 1$，表示人口分布集中于大城市；(2) $q < 1$，表示人口分布分散于中、小城市；(3) $q = 1$，表示人口分布遵循齐夫模式，集中与分散的倾向趋于平衡。通过 q 值的变化也可一定程度上反映不同规模城市的增长情况。

　　根据《中国城市统计年鉴》所提供各年中国城市的市区非农业人口数量，王放（2002）计算出 1984—1995 年中国城市的位序—规模关系式中的斜率 q。在对城市的位序—规模关系进行回归分析时，他将 P_1 值作为已知条件，即取最大城市——上海的实际人口数，以便使所拟合出的位序—规模回归方程的结果与实际的数据更吻合。从表 2-10 可以看出，11 年间 q 值总的趋势是下降的，从 1984 年的 0.7560 下降到 1995 年的 0.7023。其中 1988 年以前 q 值有所波动，但 1988 年后便持续下降。q 值的变化趋势说明从 20 世纪 80 年代中期到 90 年代中期我国城市体系中的中、小城市增长快于大城市增长，城市人口分散力量大于集中力量。自新中国建立以来，城市人口的分布一直具有分散的趋势，即中、小城市的人口增长速度快于大城市，中、小城市的人口比重逐渐增加。

表 2-10　1984—2012 年中国城市体系的 q 值

指标	1984	1985	1986	1987	1988	1989	1991	1994	1995
q 值	0.7560	0.7493	0.7583	0.7512	0.7391	0.7359	0.7326	0.7092	0.7023
指标	1996	1997	1998	1999	2000	2001	2002	2003	2004
q 值	0.8787	0.8784	0.8725	0.8627	0.8643	0.8746	0.9024	1.0948	1.0598
指标	2005	2006	2007	2008	2009	2010	2011	2012	
q 值	0.6809	0.6837	0.6914	0.6985	0.6989	0.5866	0.6264	0.6262	

资料来源：1984—1995 年的数据转引自王放. 中国城市化与可持续发展[M]. 北京：科学出版社，2002：135；1996—2012 年的数据根据《中国城市统计年鉴》（历年）及《中国城市建设统计年报》（历年）计算而得。

　　根据王放（2002）的计算口径和方法，补充 1996—2012 年的 q 值，发现 q 值呈现出先上升后下降的倒 U 型趋势。2010 年以前 q 值总体呈上升趋势，说明这段时期中国城市体系中大城市的增长快于中、小城市的增长（其中 2005 年因统计指标口径发生变化导致 q 值相对于 2004 年明显跳跃）；2010 年后 q 值有所下降，说明我国中、小城市的增长逐步加快。

三、中国主要城市群

进入 21 世纪，随着我国城市化水平不断提高，城市体系日益成熟，一些具有区位、资源和产业优势的区域达到较高的城市化水平，形成相对集中的城市群。国家"十一五"规划纲要明确："要把城市群作为推进城镇化的主体形态；已形成城市群发展格局的京津冀、长江三角洲、珠江三角洲等区域，要继续发挥带动和辐射作用，加强城市群内各城市的分工协作和优势互补，增强城市群的整体竞争力。具备城市群发展条件的区域，要加强统筹规划，以特大城市和大城市为龙头，发挥中心城市作用，形成若干用地少、就业多、要素集聚能力强、人口分布合理的新城市群。"我国拥有 13 亿以上人口，且大多居住在东中部生态环境较好的地区，这些地区的城市数量比较多，规模也较大，随着城市化水平的提高，无论是城市数量还是城市规模将进一步扩大。

（一）三大主要城市群

近年来，高速公路、高速铁路的修建极大地改善了城市之间的交通状况，城市间的产业联系与经济合作不断加强，区域经济一体化的进程加快。目前发育比较成熟的长三角、珠三角和京津冀三大城市群，凭借集聚效应、规模经济和竞争优势，经济发展最具活力，成为全国和区域性的经济核心地区和增长极。长三角城市群是我国城市化程度最高、城镇分布最密集、经济发展水平最高的地区。它以上海为中心，南京、杭州为副中心，包括江苏的扬州、泰州、南通、镇江、常州、无锡、苏州，浙江的嘉兴、湖州、绍兴、宁波、舟山、台州共 16 个城市。2010 年 5 月，国务院正式批准实施的《长江三角洲地区区域规划》明确了长江三角洲地区发展的战略定位，即亚太地区重要的国际门户、全球重要的现代服务业和先进制造业中心、具有较强国际竞争力的世界级城市群。珠三角城市群以广州、深圳、香港为核心，包括珠海、惠州、东莞、肇庆、佛山、中山、江门、澳门等城市。珠三角城市群位于广东省的东南部，珠江下游，与东南亚地区隔海相望，海陆交通便利，被称为中国的"南大门"，以《珠三角地区改革发展规划纲要（2008—2020）》出台为标志，国家及广东省历年来多次统筹谋划，从区域治理、基础设施、产业布局、公共服务、生态环境等层面予以顶层设计，促进城市群良性发育、健康发展。京津冀城市群包括北京、天津，以及河北的石家庄、张家口、秦皇岛、唐山、保定、廊坊、邢台、邯郸、衡水、沧州、承德等城市,各城市充分利用各自的比较优势,错位发展,京津"双核"城市应定位于引领区域、全国及国际竞争的经济实力和辐射功能;次中心城市按照各自的比较优势和城市群区域一体化原则,承接京津的辐射,疏解京津过于集中的城市功能;积极推动滨海新区、通州、顺义和曹妃甸等新兴城市、地区发展。

"京津冀、长三角、珠三角三大城市群以 2.8% 的国土面积集聚了 18% 的人口,创造了 36% 的国内生产总值",未来 20 年,长三角的腹地将继续扩大,浙江大部分、江苏大部分、安徽一部分地区都将进入城市群的范围;珠三角地区将和香港、澳门实现区域经济一体化,其优势更大,辐射力更强;京津冀城市群中的各大城市特色和优势十分明显,互补作用强,北京具有政治、文化和高科技的优势,天津具有港口和制造业的优势,石家庄具有商贸业的优势。尤其是天津滨海新区的开发开放成为国家战略,对城市群发展的影响更大。可以肯定,三大城市群在未来 20 年仍将主导中国经济的发展。

(二)初具规模的城市群和若干城市群雏形

除三大主要城市群外,我国还形成一些初具规模的城市群和若干城市群雏形,包括山东半岛城市群、辽中南城市群、中原城市群、武汉城市群、川渝城市群、关中城市群、长株潭城市群、厦漳泉城市群等。由于城市群打破行政区划的束缚,在一个巨大的城乡交融区域内实现经济社会的整合,使得区域经济结构发生巨大而深刻的变化,出现许多新兴城市和产业区,发展潜力正在以前所未有的速度释放出来,对区域经济发展的空间格局产生着长远而深刻的影响。

1.山东半岛城市群以济南、青岛为中心,包括烟台、潍坊、淄博、东营、威海、日照等城市。发挥临海和靠近日、韩的区位优势,制造业和农产品加工业发展势头很猛,带动了山东全省的发展。随着城市群对外辐射力的增强,城市群的范围不断扩大。

2.辽中南城市群以沈阳、大连为中心,包括鞍山、抚顺、本溪、丹东、辽阳、营口、盘锦、铁岭等城市,城市高度密集、大城市所占比例高。沈阳是东北和内蒙古东部的经济中心、交通和信息中心,全国最大的综合性重工业基地。大连是东北亚地区重要的国际航运中心,东北地区最大的港口城市和对外贸易口岸。辽中南地区工业化起步已近 70 年,在工业化推动下形成了中部城市密集圈和沈大城市走廊,近年来逐步形成以沈阳、大连为中心,以长大、沈丹、沈山、沈吉和沈承五条交通干道为发展轴线的城镇布局体系。

3.中原城市群以郑州、洛阳为中心,包括开封、新乡、焦作、许昌、平顶

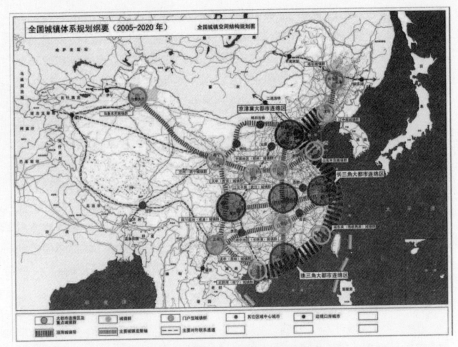

图 2-4 全国城镇空间结构规划图

资料来源:《全国城镇体系规划纲要(2005—2020)》

山、漯河、济源共 9 个省辖(管)市。中原城市群位于河南省中部地区,依托中原这块肥沃的土地,孕育了若干个中外闻名的大都市,如洛阳、开封、许昌等;郑州虽是后起城市,得益于其得天独厚的交通优势而后来居上,成为中原城市群的中心。该区域是我国人口密度最大的区域之一,各城市发展势头强劲,经济联系日益紧密,基本形成以郑州为中心、1 个半小时通达的交通网络,具备了一体化发展的基础和条件。

4.武汉城市群以武汉为中心,包括黄石、鄂州、黄冈、仙桃、潜江、孝感、咸宁、天门、随州、荆门和荆州,以及河南省的信阳、江西省的九江和湖南省的岳阳等,其中 12 个为地级城市,3 个为省直辖县级市。武汉号称九省通衢,东西有长江黄金水道,南北有京广铁路,经济实力和辐射影响力都很强,随着武汉市综合经济实力的增强,区域内的经济联系将更加紧密,在我国未来空间开发格局中,具有举足轻重的战略地位和意义。

5.川渝城市群是以重庆、成都为中心,包括自贡市、泸州市、德阳市、绵阳市、遂宁市、内江市、乐山市、南充市、眉山市、宜宾市、广安市、雅安市、资阳市等地级市和渝西经济走廊的多个县级市。从城市等级体系来看,除了成都和重庆为特大城市以外,自贡、绵阳、南充为大城市,雅安、资阳为小城市,其他城市为中等城市。重庆市是全国四大直辖市之一,直辖后城市规模迅速扩大,经济实力不断增强,其对周边的辐射力也在增强;成都是四川省的省会城市,城市发展较快,具有一定带动效应。未来,需继续完善城市之间的交通体系建设,加大核心城市的辐射效应,使城市群的一体化程度进一步提高。

6.关中城市群以西安为中心,包括咸阳、宝鸡、渭南、铜川、商州等城市。关中城市群是陕西经济的核心区,经历新中国成立以来的建设开发,已成为我国西部地区重要的高新技术产业开发带和星火科技产业带,是西北乃至西部地区的比较优势区域,形成了高等院校、科研院所、国有大中型企业相对密集且能够辐射西北经济发展的产业密集区,在全国区域经济发展中占有重要地位。

7.海峡西岸城市群以福州、厦门市为中心,包括漳州、泉州、莆田、宁德等市。福州是福建省的省会,厦门则是我国改革开放后中央确定的四大经济特区之一,吸引了大量台商的投资。海峡西岸城市群与台湾隔海相对,既是开展对台合作,促进和平统一的基地,又可在合作中加快发展。加快海峡西岸经济区建设,将进一步促进海峡两岸经济紧密联系,互利共赢,推进祖国统一大业。海峡西岸城市群是海峡经济区的核心地区,在国家政策的支持下,城市发展、经济合作、对台交流等都取得较快的进展。

除了上述城市群之外,以长珠潭为中心的湖南中部,以长春、吉林为中心的吉林省中部,以哈尔滨为中心的黑龙江中北部,以南宁为中心的广西北部湾地区,以乌鲁木齐为中心的天山北坡地区等都有希望发展成为新的较大规模城市群。

第四节　长三角城市体系概览

长江三角洲具有优越的地理区位条件,交通运输条件良好,发展腹地广阔,是外商直接投资的集中地。长三角城市群作为世界六大城市群之一,也是我国经济最为发达、近几年经济发展最快的地区之一,已形成较为完整的城市体系。

长三角城市体系包括1个省级行政区(上海市),2个省会城市(南京市和杭州市),1个副省级城市(宁波市),以及12个地级市,即江苏省的苏州、无锡、常州、镇江、扬州、泰州、南通7个市和浙江省的嘉兴、湖州、绍兴、舟山、台州5个市,共16个地级以上城市、37个县级市;另外,区域内的近30个县城及1000多个建制镇也是城市体系的重要组成部分。长三角城市体系初步形成以上海为主要经济活动中心，以南京和杭州为副中心，以各地级城市为次中心，县级城市为辅助的多中心、分层城市体系结构，具体行政等级体系见表 2-11。

表 2-11　长三角城市行政等级体系（2012 年）

城市行政级别	城市名称	城市数（个）	城市数比重（%）
直辖市	上海	1	2.0
副省级市	南京（省会）、杭州（省会）、宁波	3	6.0
地级市	苏州、无锡、常州、镇江、扬州、南通、泰州、嘉兴、湖州、绍兴、舟山、台州	12	24.0
县级市	江阴、宜兴、溧阳、金坛、常熟、张家港、昆山、太仓、启东、如皋、海门、仪征、高邮、丹阳、扬中、句容、兴化、泰兴、靖江、姜堰、富阳①、建德、临安、余姚、慈溪、奉化、海宁、平湖、桐乡、诸暨、上虞、嵊州、临海、温岭	34	68.0

从表 2-11 可看出，长三角地区 50 个县级市以上城市中，城市行政级别与对应的城市数量呈反比，行政级别越高的城市数量越少，行政级别较低的城市数量则较多，整个区域由低行政级别到高行政级别的城市数量形成塔状分布。

长三角城市体系的区域总面积约为 10 万平方公里，约占全国的 1%；2012 年末人口 8563 万人，约占全国的 6.3%；人口密度 779 人/平方公里，城市密度 1.5 个/万平方公里。从主要经济指标来看，2012 年长三角城市的 GDP 总量超过 9 万亿元，占全国的 17.4%；人均地区生产总值为 10.52 万元，是全国的 2.7 倍；地方财政预算内收入超过 10 万亿，占到全国地方财政收入的 17%；固定资产投资额为 4.16 万亿元，占全国的 11.1%；社会消费品零售总额达 3.16 万亿元，占全国比重为 15%；实际利用外资总额 560.91 亿美元，占到全国利用外资总额的 50.2%。

表 2-12　2012 年长三角城市的主要指标

城市	土地面积（平方公里）	年末总人口（万人）	人口密度（人/平方公里）	地区生产总值（亿元）	人均地区生产总值（万元）	地方财政预算内收入（亿元）	固定资产投资（亿元）	社会消费品零售总额（亿元）	实际使用外资（亿美元）
上海市	6340	1426.9	2250.68	20181.72	8.54	3743.71	5251.40	7412.30	151.85

---

①　富阳已于 2014 年撤市设区，并入杭州市。

续　表

城市	土地面积(平方公里)	年末总人口(万人)	人口密度(人/平方公里)	地区生产总值(亿元)	人均地区生产总值(万元)	地方财政预算内收入(亿元)	固定资产投资(亿元)	社会消费品零售总额(亿元)	实际使用外资(亿美元)
南京市	6587	638.5	969.30	7201.57	8.85	733.02	4558.49	3103.82	41.30
无锡市	4627	470.1	1015.93	7568.15	11.74	658.03	3581.12	2443.24	40.10
常州市	4372	364.8	834.33	3969.87	8.50	378.99	2621.56	1413.33	33.61
苏州市	8488	647.8	763.21	12011.65	11.40	1204.33	5142.51	3240.97	91.65
南通市	8001	765.2	956.38	4558.67	6.25	419.72	2886.47	1719.27	22.05
扬州市	6591	458.4	695.52	2933.20	6.57	225.00	1783.65	973.97	21.38
镇江市	3847	271.4	705.48	2630.42	8.37	215.48	1500.67	766.46	22.14
泰州市	5787	506.4	874.98	2701.67	5.84	233.62	1454.59	737.57	14.50
杭州市	16571	700.5	422.74	7802.01	8.90	859.99	3722.75	2944.63	49.61
宁波市	9816	577.7	588.54	6582.21	8.62	725.50	2901.43	2329.26	28.53
嘉兴市	3915	344.5	880.00	2890.57	6.37	257.73	1642.31	1083.74	17.82
湖州市	5820	261.4	449.11	1664.30	5.74	138.55	970.73	703.87	10.26
绍兴市	8256	440.8	533.95	3654.03	8.30	265.76	1722.56	1158.66	9.54
舟山市	1455	97.2	667.90	853.18	8.79	85.56	570.60	290.54	1.83
台州市	9411	591.0	627.94	2911.26	4.85	220.42	1242.56	1304.30	4.75
合计	109884	8562.6	779.24	90114.48	10.52	10365.41	41553.39	31625.93	560.91
全国	9600000	135404.0	141.0458	518942.10	3.84	61078.30	374694.70	210307.00	1117.20
占全国比重(%)	1.1	6.3	5.5	17.4	2.7	17.0	11.1	15.0	50.2

资料来源:《中国城市统计年鉴2013》和《中国统计年鉴2013》。

　　长三角城市群具有面向海洋,依托长江、内陆交通发达的区位优势,山水优美度突出,城市劳动力供应丰富。此外,在城市水资源供给、交通通讯等方面的优势也使该城市群成为投资热点,工业基础雄厚,外向型经济发达,是我国目前最大的城市群之一。长三角城市体系内不同层次、不同结构和不同功能的大中小城市通过交通网络、商品网络、技术网络、资金网络、人才网络和信息网络等紧密联系在一起,形成相互分工、互补、交流和竞争的城市体系。目前形成以上海为核心,以杭州、宁波、南京、苏州等为中心的“一核心、多中心”的空间格局,多元化的产业发展布局使得长三角城市群形成了多样化的城镇职能分工体系。

　　随着外向型经济发展,通过积极融入全球产业链,该城市群以全球制造业基地为特征的全球区域正在形成。长三角城市群国际地位由此得到极大的强化。上海国际性城市的带动,使得长三角城镇群积极融入全球城市分工体系,全球化巨型城市网络雏形已经显现。

第三章　城市体系规模分布特征

　　随着国民经济和社会发展,在多种机制的共同作用下,区域内的城市逐步形成一定的规模等级分布体系。城市间通过物资、人员、资金和信息的内部流动及与外界的开放作用,维持着城市的正常运作及城市结构的有序性。城市体系内各城市的人口、经济、用地规模等要素分布均呈现出一定的规律性,可用一些模型加以描述,如贝克曼的市场等级序列、齐夫的等级规模分布模型等。对一国或地区城市体系规模分布的研究,可作为城市体系规划、布局的科学依据,以增强城市体系的分布合理性,提高区域整体经济社会效益。

第一节　城市体系分布的理论基础

　　由于城市体系所处内外环境的不同,导致各城市体系规模分布存在差异性,因而城市规模分布的一般形态便成为城市体系研究热点,吸引许多城市地理学家和空间经济学家投身其中。1982年卡罗尔(Carroll)通过对前人研究成果的总结,在《人文地理学进展》杂志上发表题为《国家城市规模分布:六十七年的研究之后我们知道了什么?》的文章,全面回顾、评价了自1913年奥尔巴赫(Auerbach)发表关于城市规模分布的论文至1980年间众多涉及城市规模分布问题的研究文献。文章开篇就有这样一番论述:"几乎没有一个社会科学问题能够像城市规模如何分布那样引起人们足够多的研究和思考,即使做出了大量的研究,至今却未有一个理论能够非常全面而精确地说明区域城市的规模分布。"在此以卡罗尔的文章为基础,查阅众多文献并结合最近二三十年的研究成果,归纳出主要的城市规模分布理论。

一、城市金字塔理论

城市金字塔理论认为，一个国家或地区的城市分布总是呈现一种头重脚轻的规律，即把该国家或地区众多城市以规模大小依次划分为若干等级，城市规模越大的等级所包含的城市数量越少，规模越小的城市等级所含的城市数量越多；把这种城市数量随其规模等级而变动的关系用图画的形式表示出来，便形成了城市等级规模金字塔。金字塔的顶端往往是一个或者少数几个大城市，而它的基部则是为数众多的小城市。城市数量随着城市规模等级增大有规律减少的排列，形象地呈现出城市规模分布的形态，据此提供了一种分析城市规模分布的简便方法。

一个城市体系的规模分布形态固然可以形象地绘制成城市金字塔，但金字塔中不同规模等级的城市数量之间有没有什么规律性呢？中心地学说认为，每一规模等级的城市数量与其上一规模组中所包含的城市数相除得到的商值（记为 K）为一个常数（表 3-1 中 A 栏所示）。有些学者则认为 K 值并非恒定，而是规模等级越高，K 值越小；规模等级越低，相应的 K 值越大（表 3-1 中 B 栏所示）。其实，这些结论各有道理，问题的关键在于城市规模等级的划分上，如果城市规模等级划分的间距有所改变，那么不同规模等级城市数量直接的关系就会发生变化，如表 3-1 所示：

表 3-1　同一城市体系不同等级划分下的规模分布举例

A			B		
城市等级（人）	城市数（座）	K 值	城市等级（人）	城市数（座）	K 值
1000—5000	512	4	1000—10000	576	6
5000—20000	128	4	10000—50000	96	24
20000—50000	32	4	50000—75000	4	1
50000—100000	8		75000—100000	4	

二、城市首位律与二倍数规律

（一）城市首位律

城市首位律是杰弗逊（Jefferson）1939 年对国家城市规模分布规律的高度概括，通过对 51 个国家城市规模分布情况的分析，他认为城市首位律是各国普遍存在的一种规律性现象,即一个国家的"领导城市"总要比第二位城市(更不用说其他城市)大得异乎寻常。不仅如此,这样的"领导城市"往往还体现了一个国家的人民智力和民族情感,在国家的经济、社会生活中占据着重要地位。因而,杰弗逊把这种在规模上与第二位城市保持巨大差距,在国家政治、经济、社会和文化生活中具有明显优势地位的城市称为首位城市。他曾解释道,一个国家在其城市发展早期,无论什么原因造就一个规模最大的城市,都会有一种强大的动力来维持其自身持续发展。这样的首位城市通常以政治或经济中心的形式而存在,把相邻区域的人口和经济活动吸引过去而不断发展壮大,最终成为一个国家的首都或区域首府。

(二)二倍数规律

戴维斯(Davis)于 1978 年研究世界上 10 万人以上的城市规模分布时,通过使用一种特殊的城市规模等级划分方法发现了所谓的二倍数规律,即 2^n 模型:当把城市规模按照二进制规则自上而下进行分级时,各城市规模等级所包含的城市数量自上而下倍增,即城市数量和它们的规模等级成反比。

由二倍数规律可知:某一城市规模等级的下限与该等级所包含城市数量的乘积为常数,在一个城市体系中,如果以人口数来表示城市规模,那么不同规模等级的城市所包含的总人口数相等。

三、位序—规模法则

在城市体系中一个城市的规模与按规模大小所排位序之间的关系存在一定的规律,通常称之为位序—规模法则。该法则以城市体系整体为出发点,从城市的规模和城市规模位序的关系来考察城市规模分布问题,可以从侧面反映出一个国家或地区城市体系的发育水平。

位序—规模法则最早可追溯至 20 世纪初期德国经济学家奥尔巴赫(Auerbach)的相关研究:通过对 5 个欧洲国家和美国城市人口数据的分析,发现城市人口数据符合 $P_iR_i=K$ 的经验关系式,其中 P_i 是第 i 位城市人口数,其对应城市位序记为 R_i,K 为常数。

1925 年,洛特卡(Lotka)发现美国城市规模分布满足关系式 $P_iR_i^{0.93}=5000000$。该模式比奥尔巴赫给出的约束性方程能够更好地拟合 1920 年美国前 100 个大城市所表现出的位序与人口规模之间的关系。洛特卡

(Lotka)的贡献在于对于位序变量允许有一个指数,而辛格(Singer,1936)进一步提出人口规模和城市位序之间的一般转换公式:

$$\mathrm{In}R_i = \mathrm{In}K - q\mathrm{In}P_i \tag{3-1}$$

式中,P_i 是一个城市体系按照人口规模从大到小排序后第 i 位城市的人口数,R_i 即第 i 位城市的位序,K 为常值。

1949 年齐夫(Zipf)通过对发达国家城市体系的规模分布研究,发现一体化的城市体系中城市规模分布可以用简单的公式加以表达:

$$P_r = P_1/r \tag{3-2}$$

式中,P_r 是第 r 位城市的人口数,P_1 是首位城市的人口数,而 r 是 P_r 城市的位序。这一特殊的模型表达形式被人们称作 Zipf 准则。

Zipf 准则虽然不具备普遍意义,但作为一种理想化的城市规模分布状态已被很多人所接受。现在广泛使用的位序—规模法则公式是洛特卡(Lotka)模式的一般化形式:

$$P_i = P_1 \cdot R_i^{-q} \tag{3-3}$$

式中,P_i 是城市体系中排序为 R_i 位的城市人口数,P_1 代表首位城市人口。

由式(3-3)可知:当 $q>1$ 时,说明一个城市体系中除了首位城市规模较大以外,其余都为规模较小城市,此时城市规模分布即满足城市首位律。陈彦光、刘继生(1999)证明了二倍数规律与三参数 Zipf 模型的关系,当用任意正数 $\delta(\delta>1)$ 代替 2 时,可以推导出三参数 Zipf 模型:

$$P(r) = C(r-a)^{dz} \tag{3-4}$$

式中,r 为城市位序,$P(r)$ 则是位序为 r 的城市规模,C 为系数,a 是微调参数,其作用是使低频的城市规律(当 $a>0$)或高频的城市规律(当 $a<0$)与公式相符;dz 则是通常意义的 Zipf 维数,它与 δ 的关系是:$dz=lg2/lg\delta$。当 $\delta=2$ 时,$dz=lg2/lg2=1$,可见二倍数规律是城市规模分布 Zipf 维数为 1 时的自然分布律,是 Zipf 定律在一般形式(三参数)下的一种特殊情形。

四、世界城市理论

城市规模分布理论大都是基于对国家或区域城市体系规模分布观察,且多为静态的比较分析,直到霍尔(Hall,1966)开创现代意义上的世界城市研究范畴,城市规模分布的研究才有了新的拓展。世界城市理论使得城市体系的研究对象不再局限于一个国家或地区城市体系,而是把城市放到更为广阔的世界城市体系当中去分析该城市的地位和作用。

　　越来越多的研究者赞同这样一种观点：作为经济全球化的组织节点，世界城市不再是孤立、抽象和零散的存在，而是按照其在全球生产过程中作用和地位的不同有机地构成具有一定经济控制力和社会联系的网络体系。因而，世界城市的研究逐渐向世界城市等级体系和世界城市网络转变。世界城市理论是以世界城市体系研究为主题，立足于中心地理论和跨国公司的扩展，将国家或区域城市体系的研究扩展到全球空间尺度，比较著名的是弗里德曼（Fridmann）的"世界城市等级假说"和萨森（Sassen）的"全球城市"等理论观点。

　　与相对静态传统研究不同，世界城市等级体系的认识一开始便是基于动态的观点。Fridmann（1995）曾指出，世界城市的网络体系以其"固有的非稳定性"而呈现出城市体系的"易波动"（volatile）状态；而"信息化城市"理论的构建者卡斯特尔（Castells）更是将世界城市的动态特性形象地描述为"城市过山车"。因此，世界城市的网络体系变化应被视为一种常态。在美国次贷问题引起的全球性金融危机之后，全球性产业结构的调整给世界城市的发展带来新的冲击，世界城市等级体系正在发生变化。这些变化中最为突出的一点便是世界城市体系中网络节点的增加，同时中等层级的世界城市数量急剧增加，特别是发展中国家的城市在世界城市体系中的作用逐渐凸显，这就使得传统的"金字塔"形世界城市体系开始向顶端减少，中等级和低等级城市个体都较多地"钟型"分布发展。

五、对城市规模分布的原因解释

　　上述城市规模分布理论大都是基于统计规律性提出的，至于城市规模分布为何会服从如此简洁的统计范式，成为困扰城市地理学家和经济学者们的难题，于是乎对城市规模分布的内在因由做出解释便成为城市研究的热点之一。对城市规模分布的原因解释从方法论来说包括两种基本类型：一类是采用数理推导的方法，从变量的分析过程中演绎出一定的数学关系式，如通过帕累托分布、对数正态分布及吉布瑞特定律（Gibrat's Law）等证明特定的城市规模分布类型；另一类则以机制分析的形式出现——通过分析城市规模分布影响因素及彼此之间相互关联、传动机制的方式来解释各种城市规模分布的成因。

(一)中心地模式及廖什景观

中心地模式是由德国经济地理学家克里斯塔勒(Christaller)和经济学家廖什(Lösch)分别于 1933 年和 1940 年提出的。该理论经过贝利(Berry)和加里森(Garrison)等人的改进和完善以及 Smailes 和 Skinner 的系统验证,最终成为城市地理学和区域经济地理学的经典理论之一,被后人公认为城市体系分布研究的基础学说。

中心地模式的主要思想在于阐述城市作为商业服务中心的等级体系问题。在理性人和理想地表的假设下,人们的活动通常具有地理中心性,因而那些汇聚大量经济活动具有一定中心职能的结点便成为中心地;不同职能的中心地因受其服务范围的影响,产生明显的等级规模结构。根据中心地执行职能的数量,Christaller 对中心地划分等级:城市规模等级越低的城镇数量越多,每一座城镇的腹地范围便越小;反之,城市规模等级越高,城市数量越少,腹地范围越广阔。Christaller 对此做出进一步的分析并认为:行政最优、市场最优和交通最优三大原则对中心地的等级、规模和腹地范围产生决定性的影响,支配着中心地体系的形成。

由于影响城市规模分级的因素很多,中心地结构并非受单一的最优原则支配,现实中在一个国家或地区城市体系中以上三个原则常常交叉作用。Christaller 认为,在一个交通便利、开放的区域,市场经济的原则最占优势;在自给自足的、偏僻的地区,行政管理是首要原则;而那些新开发的地区或者新兴的经济体,移民拓荒往往是沿着交通线的伸展而推进,此时交通最优原则最为重要。最后,他把三个原则综合起来得出以下结论:在三原则的共同作用下,一个国家或地区的城市等级体系可能是 1 个 A 级中心,2—3 个 B 级中心,6—12 个 C 级中心,42—54 个 D 级中心和 118 个 E 级中心,在竞争的条件下不同等级的中心地最终形成具有六边形几何结构的分布体系。

廖什(Lösch)对中心地模式的基本假设做了进一步的扩展,创立"廖什景观"学说,即区域内中心地不是均匀分布的,而是相对集中,形成以一个共同的中心地为核心,向外辐射的六个中心地密集带和六个中心地稀疏带相间分布的车辐状的图景。

"廖什景观"展现出与 Christaller 的研究相似的六边形结构,不同的是 Lösch 从数学公式推导的角度出发,结合经济学理论得出与中心地模式的相同观点;虽然 Lösch 在研究中继续沿用了 Christaller 的中心地 K 值概念,但意义有所不同。在 Christaller 的模型中,K 值等于 3、4、7 分别代表按照市场、交通和行政三种不同原则下形成的中心地级市场区的理想模型,而 Lösch 更进一步构造出具有多 K 值的更为一般的中心地城镇体系,见表3-2。

表3-2　廖什多 K 值中心地系统

市场区等级	1	2	3	4	5	6	7	8	9	10	11	⋯	15	⋯
城镇数目（K）	3	4	7	9	12	13	16	19	21	25	27	⋯	37	⋯

（二）首位优势生长模型

所谓首位优势生长是指城市体系的顶级城市作为国家或区域的增长极而优先增长,通过顶级城市的增长来带动其他次级城市的增长,可以对城市首位分布做出解释。表现在城市规模上即同一城市体系中,不同规模的城市之间规模增长率有所差异,但是随着城市体系的发育成熟和完善,这种规模增长率之间的相关系数会逐渐增大。Diego（1998）以欠发达国家和 19 世纪欧洲发达国家的城市体系发展为例,通过构建运输成本、递增的规模报酬和能够在部门和区域之间自由流动的劳动力等因素的交互模型,证实了欠发达国家的人口具有向顶级城市集聚的倾向,并借此解释欧洲发达国家之所以形成均衡城市体系的缘由。

（三）随机模式

随机模式是解释城市位序—规模分布有力的工具,主张随机模式的研究者认为城市规模分布是自发形成的,是随机力量相互作用而形成的稳定状态的结果,这些随机力量往往服从一个或两个简单的定律或假设。多数随机模型的提出建立在吉布瑞特定律（Gibrat's Law）之上。该定律假设各等级城市的规模随时间变化的比例（$\frac{P_i - P_{t-1}}{P_{t-1}}$）为常数,且这项假设要求城市的规模是独立于其自身增长率的。Aitchison 和 Brown（1957）给出该假设的规范数学表示:

$$\frac{P_i - P_{t-1}}{P_{t-1}} = \varepsilon_t \tag{3-5}$$

式中,P_t 表示 t 时刻城市的人口规模;ε_t 表示 $t-1$ 时刻到 t 时刻的人口增长率。

如果进一步考虑那些仅能观察到微小增长率的 n 个连续时段的情况,则有:

$$\sum_{t=1}^{n} \frac{P_i - P_{t-1}}{P_{t-1}} = \sum_{t=1}^{n} \varepsilon_t \approx \int_{P_0}^{P_n} \frac{dP}{P} = \ln P_n - \ln P_0 \tag{3-6}$$

式(3-6)经整理,得到:

$$\ln P_n = \ln P_0 + \varepsilon_1 + \varepsilon_2 + \cdots + \varepsilon_t + \cdots + \varepsilon_n \tag{3-7}$$

由中心极限定理知,独立随机离差和是服从渐近正态分布,故式(3-7)中 ε_t 是正态分布且 P_n(城市规模)呈对数正态分布。在一个封闭的城市体系中按照吉布瑞特定律成长起来的最大城市的规模与一般位序—规模法则的结果相一致。随机模式正是以其严密的逻辑推理引起研究者的兴趣,他们随后提出更多的随机模型来解释城市体系的规模分布,比较著名的包括西蒙(Simon)的随机增长模型、卡里(Curry)的墒最大化模型和贝克曼(Beckmann)的异速增长模型等[①]。

(四)城市增长模型

城市增长模型是城市增长理论的数学化,即从经济学的角度出发,通过 $C-D$ 生产函数来揭示一定条件下导致城市位序—规模分布的原因所在。众多城市增长模型中,以 Vining(1977)提出对城市生长模式的解释最具代表性。

Vining(1977)不仅将城市增长模型与位序—规模法则直接相联系,更为重要的是他还给出了位序—规模法则中斜率的解释。首先,他假定所有城市都以指数形式增长;其次,把新晋城市的进入也认为是服从指数率形式的。在这些假定下,Vining 证明了在任何时点位序—规模分布法则的斜率都是该时刻的城市增长率与同期新城市进入速率之比。后来他通过对美国标准都市连绵区 1900 年至 1950 年的人口统计资料的研究,证实这个比率始终一致。

除了 Vining(1977)的理论之外,Henderson(1988)、Eaton 和 Eckstein(1997)分别提出城市外生增长和内生增长模型,使得城市增长模型能够更好地解释城市系统的发展演变。此外,还有一些经济地理学家和经济学家在这些理论的基础上做出扩展和实证模型,不再详述。

(五)城市等级模式

城市等级模式认为城市系统中各个城市之间不仅有层次关系,而且上级对下级城市在经济上和行政管理方面起控制作用,下级城市构成上级城市的市场区,这种关系通常被称之为递阶。发现城市体系的位序—规模法

[①]由于篇幅所限,各种随机模式不再一一详述,有兴趣可参见文献 Carroll(1982)。

则之后,人们觉察到其与城市层级关系具有某种天然的联系,便尝试着将二者统一起来。虽然廖什和胡佛很早就做了这样的尝试,但是第一个有意义的完整推论是由贝克曼(Beckmann)于 1958 年得出的。

以中心地理论为基础,Beckmann 建立了一个城镇体系的等级—规模模型,该模型有以下两个基本假设:①每一层级(以第 m 层级为例)的城市规模 p_m 与其所服务的人口总数 q_m 成正比例关系,即 $p_m = k \cdot q_m$,式中 k 即比例因子。若一个城市体系以 p_1 表示最低层级的人口,r 为该层级所服务的人口规模,则有不变关系 $p_1 = k(p_1 + r)$。②每一个 $m > 1$ 级的城市平均而言含有 s 个下级(第 $m-1$ 级)卫星城市。根据这两个假设可知:

$$q_m = p_m + s \cdot q_{m-1} \tag{3-8}$$

由此可推导出贝克曼城市等级模式,即

$$p_m = \frac{krs^{m-1}}{(1-k)^m} \tag{3-9}$$

Beckmann 城市等级模型其实暗含着同一等级水平城市的规模是相同的这一基本前提,因而从式(3-9)可看出,随着等级 m 的增加,其规模呈几何级增长。梁进社(1999)对该模式层级排列顺序进行反转,推导出逆序 Beckmann 城镇等级—规模模式;陈彦光(2001)则通过数理的方法证明了 Beckmann 城市等级模式的层级序列对称性特征,为逆序 Beckmann 城镇等级—规模模式奠定了理论基础。

Beckmann 等级—规模模式中把 k 设为常数往往与现实不相符,因而引起了许多争议。后来贝克曼把 k 的约束放松为一个随机变量,在相当数量的增值之后,其结果将产生一个对数正态分布。贝克曼进一步证明出放松约束的条件下,每一层级中间位序城市规模渐进服从位序—规模分布。Dacey(1966)和 Parr(1969)等延续了 Beckmann 的工作,通过对 Beckmann 城市等级模式基本假设中其他条件的放松又得出许多推广模型。

除以上对城市规模分布的原因解释外,还有人口迁移模式和基于分形角度出发的解释,等等。然而,城市规模分布的原因解释更多的是基于政治、经济、文化等因素的实证分析,以艾文思(Evans)、亨德森(Henderson)、蒂克西特(Dixit)和斯蒂格利茨(Stiglitz)、克鲁格曼(Krugman)等人的研究最为著名。鉴于城市规模分布的原因解释如此之多,Carroll(1982)在其文章的结尾感慨道:"在城市规模分布的研究中,我们虽然做了大量经验性的研究工作,却缺乏共同性的发现,原因就在于这些经验性的研究常常是缺乏可比性的,这些研究在样本、研究方案的设计、度量和分析技术等方面都存在着巨大的差异。"

第二节　城市体系规模分布测度方法

城市体系规模分布的测度方法大都与城市规模分布理论相联系,有些方法则是根据研究内容的相似性从相关领域移植过来的。先前的研究大多属于静态或比较静态分析,而且研究框架中往往忽略实际存在的空间相互作用,现在有一些研究者试图运用空间统计方法把城市的空间效应加入到分析中,探寻考虑空间依赖或空间异质性给城市体系规模分布带来的影响。本节重点介绍未考虑空间联系的城市体系规模分布测度方法,根据研究内容的不同又分为城市体系总体规模分布测度方法和城市个体"规模—位序"演变测度方法。

一、城市体系总体规模分布测度

(一)首位度指数

首位度指数与杰弗逊(Jefferson,1939)提出的城市首位律相对应,用以反映一个国家或地区城市体系中人口在首位城市的集聚程度。原始的首位度指数仅指 Jefferson 提出的城市首位度概念,即一个国家或地区最大城市与第二位城市人口的比值,因而该指数又称为两城市指数(S_2)。其数学表达式如下:

$$S_2 = P_1/P_2 \tag{3-10}$$

如果首位度较大,则称该国或地区城市规模分布服从城市首位律。虽然首位度为城市规模分布的初步判别提供了依据,但仅以首位城市和第二位城市的人口比来反映整个城市体系的规模分布,不免以偏概全。因而,在两城市指数的基础之上,学者们又相继提出四城市指数(S_4)及十一城市指数(S_{11}):

$$S_4 = P_1/(P_2 + P_3 + P_4) \tag{3-11}$$

$$S_{11} = 2P_1/(P_2 + P_3 + \cdots + P_{11}) \tag{3-12}$$

式中,P_1,P_2,$\cdots$,P_{11}代表该城市体系按照人口规模从大到小排序后第1~11位序城市的人口规模。按照齐夫认为的理想城市规模分布应该满足 Zipf 准则的说法,两城市指数的理想值应该为2,而四城市指数和十一城市指数都应该近似等于1。

显然,四城市指数(S_4)和十一城市指数(S_{11})比简单的两城市指数(S_2)反映出更多的城市规模分布细节。鉴于四城市指数、十一城市指数与两城市指数一样,都强调首位城市与其他城市的比例关系这一基本点,因此这三个指数被合称为城市首位度指数。此外,还有学者提出用首位城市规模与城市体系总规模之比作为首位度指数,由于对同一城市体系的研究中城市选取尺度的不同会造成该指数的不可比性,因而本书未采取该指数作为城市首位度指数。

(二)变异系数

变异系数(Coefficient of Variation,CV)又称为标准差率或离散系数,它是衡量区域相对差异常用的方法,用于测度某个变量偏离均值的相对差异。该系数是无量纲的,因而适合于不同单位水平下测度变量的分布状况。若一个城市体系中有 n 座城市,而 p_1,p_2,…,p_n 表示各城市的规模,则该城市体系人口规模变异系数的计算公式为:

$$CV = \frac{s}{\overline{p}} = \sqrt{\frac{1}{n} \cdot \sum_{t=1}^{n} (p_i - \overline{p})} / \overline{p} \qquad (3\text{-}13)$$

式中,s 为标准差,$\overline{p}$ 为城市人口规模均值。

(三)基尼系数

基尼系数最初是用于测度收入不平等的主要指标,后经由加拿大经济学教授马歇尔(Marshall)的引入用于研究不同规模城市的发育成长状况,并首次提出城市基尼系数的概念。假定,一个城市系统中有 n 座城市,将其按照城市规模的大小顺序从低到高依次排列,记 P_i 为第 i 座城市的人口规模,S 为这 n 座城市的规模总和,T 是这个城市体系中各城市规模之差的绝对值总和,那么反映该城市体系人口极化或均衡程度的基尼系数可通过以下公式计算:

$$G = \frac{T}{2(n-1)S} \qquad (3\text{-}14)$$

基尼系数的取值范围为[0,1],取值越小则城市规模分布差异也越小,反之亦然。当 $T=0$,即所有城市的规模都相等时,有 $G=0$,表示此时城市体系中的人口最大可能地均匀分布于各个城市当中;$T=2(n-1)S$ 时,有 $G=1$,此时所有的人口都集中于一个城市当中,其他城市人口规模都为零。

（四）齐夫指数

　　齐夫指数源于位序—规模法则，由于位序—规模法则可以反映不同城市的规模与其在整个城市体系中位序之间的关系，体现出一个国家或地区城市体系的发育水平，故而在现代城市体系研究中广泛应用。当前，被广泛运用的位序—规模法则的公式是洛特卡（Lotka）模式，具体模型如下：

$$P_i = P_1 \cdot R_i^{-q}(R_i = 1, 2, \cdots, n) \tag{3-15}$$

　　式中，n 为城市数，P_i 是按照从大到小排序后位序为 R_i 的城市人口规模，P_1 即为首位城市规模，而参数 q 被称作齐夫指数。为直观起见，经验研究中通常对式（2-15）进行对数变换得到：

$$\ln P_i = \ln P_1 - q \cdot \ln R_i \tag{3-16}$$

　　大量的实证研究发现齐夫指数具有如下性质：（1）当 $q=1$ 时，区域内首位城市与最小规模城市之比恰好为整个城市体系中城市的个数，齐夫认为此时该城市体系处于自然状态下的最优分布，故称此时的城市规模分布满足 Zipf 准则；（2）当 $q<1$ 时，城市规模分布相对分散，人口分布比较均衡，中间位序的城市较多，整个城市体系发育相对成熟；（3）当 $q>1$ 时，说明城市规模趋向集中，城市规模分布差异较大，首位城市垄断地位较强，城市体系发育不完善。当大城市发展相对较快时，城市规模分布趋向分散，q 值也不断增大；（4）当 $q \to \infty$ 时，区域内将只有一个城市，为绝对首位型分布；与之相对，中小城市发展迅速会缩小与大城市的差距，q 值会有所缩小；而 $q \to -\infty$ 表示区域内城市规模一样大，人口分布绝对平均。

二、城市体系个体规模—位序测度

（一）Markov 链分析

　　Markov 链分析法是应用广泛的随机模型，它通过对系统处于不同状态的初始分布以及状态之间的转移概率来研究系统在各种状态之间的变化态势，从而达到对系统未来的变动趋势进行预测的目的。Markov 链分析法最基本的特征是无后效性，即一个系统给定它的"过去"和"现在"所处的状态，它"将来"的状态只依赖于"现在"所处的状态而与"过去"的状态相独立。

　　该分析方法最早由 Eaton 和 Eckstein（1997）引入到城市规模分布的研究中来，他们把城市个体规模分布的演变看作是一阶的 Markov 过程，通过对城市规模进行分类构建状态空间,利用各城市随时间的状态转移矩阵来探究城市个体规模的变动特征。具体地,假设一个城市按照其规模可以划分为 n 种类型,也即 n 个状态;那么其状态空间转移矩阵可以记作:

$$M = \begin{bmatrix} p_{11} & p_{12} & \cdots & p_{1n} \\ p_{21} & p_{22} & \cdots & p_{2n} \\ \cdots & \cdots & \cdots & \cdots \\ p_{n1} & p_{n2} & \cdots & p_{nn} \end{bmatrix} \tag{3-17}$$

式中,p_{ij} 是从状态 i 到状态 j 的转移概率,$i,j = 1,2,\cdots,n$。根据 Amemiya(1985)和 Hamilton(1994)的观点,转移概率 p_{ij} 可以采用极大似然估计的方式加以确定:

$$p_{ij} = n_{ij}/n_i \tag{3-18}$$

式中,n_{ij} 表示在期初到期末的所有状态转换中城市个体从状态 i 到状态 j 的总的转移频数,n_i 为曾经处于状态 i 的城市总频数。根据状态转移矩阵 M 可知,矩阵中的转移概率必然满足:

$$\sum_{j}^{n} p_{ij} = 1, \ i = 1,2,\cdots,n \tag{3-19}$$

若用 $1 \times n$ 的行向量 F_t 表示 t 时刻的城市规模分布状况,那么经过 s 次的状态空间转移之后有:

$$F_{t+s} = F_t M^s \tag{3-20}$$

如果当 $s \to +\infty$ 时,存在唯一的遍历分布,那么就将此分布定义为 F_E,也即该城市体系的长期稳态分布。遍历分布意味着在长期里状态空间转移概率矩阵不变时,城市规模分布将是一种稳定的状态而不再发生变化,也即此时的城市规模分布是按照一定趋势形成的长期均衡结果。

(二)"等级钟"方法

与 Markov 链分析法类似,"等级钟"理论也是研究城市个体在整个城市体系中的位序随时间变化趋势的一种方法。"等级钟"的概念和绘制方法都是由英国著名的地理学家 Batty 提出的,通过利用位序等间隔的同心圆作为等级钟面,由最高等级位序的圆心开始,向外依次等间隔递减位序,直至设定的最低位序;与此相应,通过所研究的时间跨度将圆面均分为若干个扇面,利用设定的时间结点和与之对应的城市位序,在绘制好的位序等级钟面上画出位序等级随时间变化的由圆心向外伸展的螺旋曲线。图 3-1 即为 1790 年至 2000 年的美国十个主要城市的"等级钟"图例。

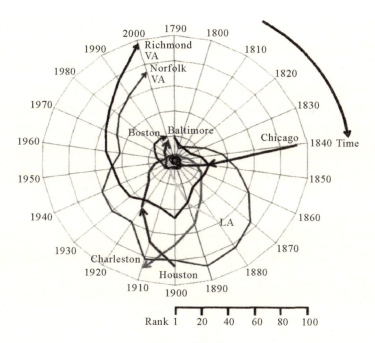

图 3-1 等级钟

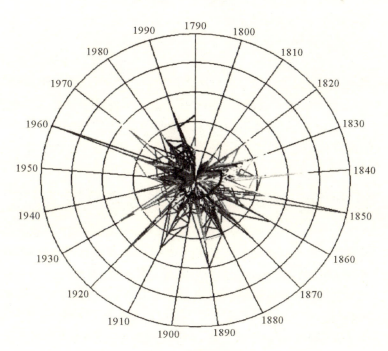

图 3-2 等级距离钟

除了位序等级钟之外,等级钟理论还包括对数等级钟、等级距离钟、城市半衰期理论[①]。对数等级钟是位序等级钟的补充和完善,可以利用绘制位序等级钟的方法绘制,只不过要把相应时间结点上的位序改为位序的对数值。正因为相应的位序改为了位序的对数值,故而可以使高位序城市在时间维度上位序的微小变动显得更加清晰。相对来说,等级距离钟则比前两者更为复杂,它表现的主要是城市位序等级的时变规律。如果定义一个城市在 t 时刻的位序为 $r_i(t)$,则时刻 t 与时刻 $t-1$ 之间的城市位序变动距离为:

$$d_i(t) = |r_i(t) - r_i(t-1)|, \qquad m_i(t) = m_i(t-1) = l \qquad (3\text{-}21)$$

如果记:$m_i(t)$ 表示 t 时刻城市位序在前 M 位中、同时也在 $t-1$ 时刻的位序等级排列中出现的城市数目;$m_i(t-1)$ 表示 $t-1$ 时刻城市位序在前 M 位中、同时也在 t 时刻出现的城市数量;由这些城市组合起来即 $m_i(t)+m_i(t-1)$,记为 Ω_t,相同城市的总数目记为 N_t,则可以定义 $t-1$ 到 t 时刻城市的平均等级距离钟:

$$d(t) = \frac{1}{N_t} \sum_{i \in \Omega_t} |r_i(t) - r_i(t-1)| \qquad (3\text{-}22)$$

进一步地,可以求出在时间段 T 内的所有相同城市的平均等级距离为:

$$d = \sum_{t=1}^{T} \frac{d(t)}{T} \qquad (3\text{-}23)$$

然后把位序等级钟里的城市位序替换为相应的 $d(t)$ 和 d,即可得到城市的等级距离钟和平均等级距离钟(如图 3-2)。等级距离钟的意义在于它能给出一个城市在一时间段内的位序上升或下降尺度,将城市发展的快慢直观地展现出来。

第三节　长三角城市体系总体分布特征

长三角地区作为我国经济核心区域之一,是世界上各大河三角洲中人口数量最为众多,城镇数量最为密集的地区。早在 20 世纪 70 年代,以上海为核心的长三角城市群就被著名的地理学家戈特曼(Gottmann)列为世界

[①] 由于此处研究期较短,没有城市因衰落而退出地级城市的行列,故城市半衰期理论不做详细介绍。

上六大城市群之一。改革开放以后,长三角城市群的发展更是获得极大的动力,城市数量有显著的增加,城市规模明显扩大,目前区域内已经形成超大城市和大中小城市层级相对完善的城市体系。

一、城市规模等级

随着一个国家或地区的城市规模扩大,相应等级的城市数量越来越少,城市规模与城市数量呈反比。不同规模等级城市数量之间的关系可以用某一个规模等级城市数与上一规模等级城市数相除得到的商来表示:

$$\alpha_i = r_i/R$$
$$\beta_i = p_i/P \qquad (i = 1,2,3,\cdots\cdots,n)$$
$$k_i = r_i/r_{i-1} \qquad\qquad (3\text{-}24)$$

式(3-24)中,n 为所有城市按人口规模大小划分的级别数,r_i、p_i 分别为第 i 级别城市的个数与城市人口数,R、P 分别为所有城市的个数与城市人口总数,α_i、β_i 和 k_i 分别为第 i 级城市的数目比重、人口比重和规模结构度。正常情况下,(1)$\alpha_1 < \alpha_2 < \alpha_i < \cdots < \alpha_n$,随着级别的降低,城市数目递增,即规模越大的城市数目越少,数目比重结构呈塔形,通常称为城市金字塔;(2)β_i 的起伏不大,人口比重结构呈梯形、凹腰鼓形或凸腰鼓形;(3)$k_i > 1$,即低级城市数目总是大于其上一级城市的数目,k 越大,递增率就越大。

以地级以上城市的市辖区人口数为依据[①],按人口数量多少划分城市规模等级,可得到长三角城市的规模分布体系,具体见表 3-3。

表 3-3 长三角各城市人口规模分布(2012 年)

规模等级	城市名称	城市数(个)	α_i(%)	β_i(%)	k_i
>800 万人	上海	1	6.25	31.19	—
400 万—800 万人	南京、杭州	2	12.50	22.19	2
200 万—400 万人	苏州、无锡、常州、扬州、宁波、南通	6	37.50	32.64	3

①由于《中国城市统计年鉴》未发布各县级市的"市辖区人口数",而《中国城市建设统计年鉴》中县级市的"市区人口数"实则为"全市人口数",故此处及后续的实证分析皆以 16 个地级以上城市为对象。

续　表

规模等级	城市名称	城市数（个）	α_i（%）	β_i（%）	k_i
100 万—200 万人	台州、湖州、镇江	3	18.75	8.22	0.5
<100 万人	嘉兴、泰州、舟山、绍兴	4	25.00	6.76	1.3

表 3-3 显示，由于只考虑了地级以上城市，而未考虑数量众多的县级市和建制镇，所以处于中等规模即 200 万—400 万人的城市数量最多，占全部城市数量的 37.5%；其次是人口小于 100 万人的城市数量，占到全部城市数量的 25.0%；人口规模在 100 万—200 万人及 400 万人以上的城市数量相对较少。从不同规模城市的总人口所占比重来看，不同规模级别的城市总人口所占比重与城市规模呈正相关，首位城市上海的人口数占比较高，随着城市规模等级下降，城市人口总数所占比重也呈下降趋势。

二、首位度指数

采用杰弗逊(1939)提出的城市首位度(S_2)和在其基础上发展而来的四城市指数(S_4)和十一城市指数(S_{11})，考察首位城市和骨干城市在长三角城市体系中的地位变化，各个指数定义分别见式(3-10)、式(3-11)、式(3-12)。根据以上公式，结合历年《中国城市统计年鉴》(1985—2013)资料，整理计算得到表 3-4。

表 3-4　长三角城市的首位度指数与城市规模基尼系数

年份	首位城市规模（万人）	S_2	S_4	S_{11}	城市规模基尼系数
1984	688.13	3.117	1.567	1.615	0.568
1985	698.30	3.104	1.546	1.539	0.556
1986	710.16	3.103	1.546	1.540	0.557
1987	721.77	3.019	1.526	1.480	0.539
1988	732.65	3.011	1.524	1.477	0.539
1989	777.79	3.150	1.597	1.535	0.544
1990	783.48	3.137	1.592	1.530	0.544
1991	786.18	3.118	1.583	1.505	0.536

年份	首位城市规模（万人）	S_2	S_4	S_{11}	城市规模基尼系数
1992	792.75	3.113	1.581	1.504	0.533
1993	948.01	3.667	1.864	1.751	0.549
1994	953.04	3.645	1.767	1.625	0.539
1995	956.66	3.599	1.749	1.588	0.533
1996	961.02	3.568	1.672	1.550	0.545
1997	1018.59	3.728	1.749	1.625	0.535
1998	1070.62	3.874	1.817	1.692	0.543
1999	1127.22	3.993	1.880	1.757	0.550
2000	1136.82	3.927	1.858	1.746	0.536
2001	1262.41	3.327	1.309	1.380	0.550
2002	1270.22	2.644	1.173	1.167	0.529
2003	1278.23	2.610	1.159	1.159	0.528
2004	1289.13	2.572	1.144	1.148	0.529
2005	1290.14	2.513	1.120	1.129	0.529
2006	1298.10	2.474	1.108	1.120	0.529
2007	1309.15	2.450	1.100	1.115	0.530
2008	1321.70	2.442	1.098	1.114	0.526
2009	1331.68	2.439	1.095	1.066	0.509
2010	1343.37	2.450	1.096	1.069	0.510
2011	1350.60	2.449	1.092	1.024	0.496
2012	1358.40	2.455	1.023	0.994	0.499

数据来源:《中国城市统计年鉴(1985—2013)》。

(一)长三角城市体系规模分布趋向理想分布

表 3-4 显示,城市首位度(S_2)一直处于 2.4—4.0 的范围内,其间虽有波动但总体呈下降态势,尤其是经历波动后,近十年的下降态势更加明显。与城市城市首位度(S_2)类似,四城市指数和十一城市指数近十年也一直处于微幅下降区间,且这两个指数的值都保持在 1 附近。齐夫认为理想城市

规模分布满足 Zipf 准则时,两城市指数理想值应该为 2,而四城市指数和十一城市指数近似等于 1,可见长三角城市体系规模分布在最近几年正趋向于理想分布状态。

(二)首位度指数整体呈现 M 形变动

首位度指数变动轨迹提供了长三角城市体系规模分布更为直观的变动状况,从图 3-3 中可以看出:在研究期内,不论是城市首位度还是四城市指数和十一城市指数的变动都大致呈现 M 形的变动趋势。

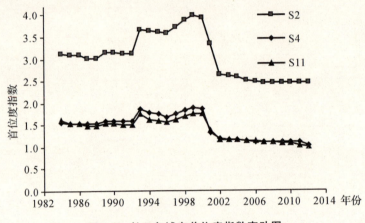

图 3-3　长三角城市首位度指数变动图

由图 3-3 结合表 3-4 可以看出,1993 年、1996 年和 1999 年是首位度指数转折的年份。1993 年城市首位度指数相比于 1992 年有较大幅度的提升,这与首位城市上海的经济政策和行政区划调整有关。一方面浦东新区的开发成为上海乃至整个长江三角洲地区的经济发展"引擎",上海市政府为全力推进浦东新区改革开放而采取一系列优惠政策措施吸引了大量投资,聚集了大量的产业与人口;另一方面随着市辖区范围扩大,上海市行政区划由原先 12 区/9 县调整为 14 区/6 县,市区范围得到大幅扩张,使得 1993 年统计的上海市区人口规模大增,导致城市首位度指数显著提高。从 1993 年到 1996 年各城市的行政区划相对稳定,前十一位城市人口规模缓慢扩大,此时的首位度指数均稍有下降;而 1997 年上海市金山区的设立再次扩大上海市辖范围,首位度指数又开始上升,直至 2000 年南京、杭州、苏州和宁波等副中心城市和骨干城市的崛起以及行政区域调整开启长三角地区各城市地位的调整进程,使得城市首位度指数再次进入下降区段。

(三)上海首位城市地位受挑战

从城市首位度总体变动可看出,上海作为长三角城市体系的首位城市,其龙头地位虽无法撼动,却受到挑战。2000 年之前城市首位度虽然有升有降,但总体趋势是上升的,1999 年几乎达到 4 的高位,说明上海市在整个长三角城市体系中的地位逐步提升;而 2000 年之后,由于南京的经济快速发展和行政区域调整,市区人口规模增长较快,导致长三角城市体系的城市首位度逐渐下滑,2012 年时该指数值已下降到 2.45 左右,上海的首位城市地位受到一定冲击。

(四)骨干城市在城市体系中的地位不断加强

四城市指数和十一城市指数表现出与两城市指数相似的变动趋势,表明 2000 年以前第二位至第十一位城市发展相对滞后、人口集聚不明显,此时上海市受政策优惠之利,城市集聚效应明显、人口规模增长迅速;而 2000 年以后其他中心城市开始进入发展快车道、人口增长提速,使得四城市指数和十一城市指数逐渐下降到接近于 1 的水平。四城市指数的下降表明南京、杭州两个副中心城市的地位不断增强,十一城市指数值不断降低甚至小于 1,则表明苏州、宁波等骨干城市地位逐渐上升。

三、二倍数规律

当划分等级的上下限满足倍增原则时,二倍数规律可用如下的数学公式表示:

$$\begin{cases} a_i = a_{i+n} \cdot 2^n \\ f_i = f_{i+n} \cdot 2^{-n} \end{cases} \tag{3-25}$$

其中,i 为规模等级($i = 1, 2, \cdots, N$),n 为级差($n = 1, 2, \cdots, N-1$),a_i 为第 i 级城市规模的下限,a_{i+n} 是比第 i 级低 n 级的城市规模等级的下限;f_i 为第 i 级城市数量,f_{i+n} 是比第 i 级低 n 级规模的城市数。如果从低到高看城市的规模级,把上述两式互换即可。按照二倍律模型,计算得到长三角城市的理论 a_i 及 f_i 值见表 3-5。

表 3-5　二倍律模型下长三角城市的 a_i 及 f_i 值

规模等级	城市数（个）	该级城市人口下限	n / i	1		2		3		4	
				a_i	f_i	a_i	f_i	a_i	f_i	a_i	f_i
>800 万人	1	1358.4	1	890.8	1	847.6	1.25	826.4	0.38	1051.2	0.25
400—800 万人	2	445.4	2	423.8	3	413.2	0.75	525.4	0.5		
200 万—400 万人	6	211.9	3	206.6	1.5	262.8	1				
100 万—200 万人	3	103.3	4	131.4	2						
<100 万人	4	65.7	5								

表 3-5 的结果显示，在二倍律模型下计算得到的规模大于 800 万人的城市人口下限远低于实际首位城市的人口下限值，同样反映出长三角城市体系的首位分布特征。除第一规模等级外，利用二倍律模型计算得出的其他各规模等级城市人口下限与实际值相差不大，证明二倍律在长三角城市体系中具有一定的适用性。

四、位序—规模法则

城市体系的位序—规模结构是区域城市化的客观反映，不同规模级别城市的数目与人口数量所显现的总体序列特征反映城市体系的发育水平，并在一定程度上制约着城市体系职能类型的组合与分化。根据长三角 16 个地级市以上城市的人口数，以第 i 位城市位序的自然对数 $ln(r)$ 为自变量，以第 i 位城市人口数的自然对数 $ln(P_i)$ 为因变量，进行回归分析，得到：

$$Ln(P_i) = 7.2356 - 1.0274 \times Ln(r) \tag{3-26}$$

$$(-16.5968) \quad R^2 = 0.9516 \quad F = 275.45 \quad p = 0.0000$$

模型的判决系数高达 0.9516，F 统计量通过 1‰ 的显著性检验，自变量通过 1‰ 显著性水平检验，回归系数的符号反映出城市位序与城市人口规模之间的负相关性。

将式（3-26）变换为指数形式，得到长三角地级以上城市体系的位序—规模模型：

$$P_i = 1387.94 r^{-1.0274} \tag{3-27}$$

若把首位城市（上海）人口数的对数值 $ln(P_0)$ 作为已知条件，则回归模型为：

$$Ln(P_i) = Ln(1358.4) - q \cdot Ln(r) \tag{3-28}$$

利用除上海外其余 15 个城市的人口规模数据进行估计，得到回归模型：

$$Ln(P_i)=Ln(1385.4)-1.1077 \cdot Ln(r) \tag{3-29}$$

$$(-44.3567) \quad R^2=0.9929 \quad F=1967.52 \quad P=0.0000$$

将式(3-29)变换为指数形式,得到长三角地区除上海外的城市体系位序—规模模型:

$$P_i=1385.4r^{-1.1077} \tag{3-30}$$

综合式(3-26)至式(3-30),几种情况下 q 值都大于1,说明长三角城市体系呈首位分布型特征。另外,对各城市的经济规模及市辖区建设用地规模等进行类似的分析,结果同样显示长三角城市体系分布呈现出首位型分布。

非参数核密度估计方法可用以直观描述城市体系规模分布形态及演变特征。通过非参数核密度估计方法绘制城市规模对数 Kernel 密度图,发现长三角城市体系规模分布的变动十分明显:(1)核密度曲线不断右移,表明城市体系中各城市规模都在不断扩大;(2)核密度曲线右移的同时,其峰度经历先上升后下降的变化过程,且曲线形态由1984年接近正态分布逐渐向右偏的非正态分布演进,说明在研究期内中等规模的城市发展较快,以致于改变原有的接近正态分布的分布形态;(3)1984年至2008年核密度曲线大都在城市规模对数值为6—6.5的区间内发生弯折,而2012年的核密度曲线渐进平滑,表明超大型城市的规模在前面年份里与其他城市规模差距显而易见,且城市规模对数值在6—6.5附近的城市数量较少,但随着城市发展这一特点逐渐消弭,城市规模的核密度曲线也变得日益平滑和缓。

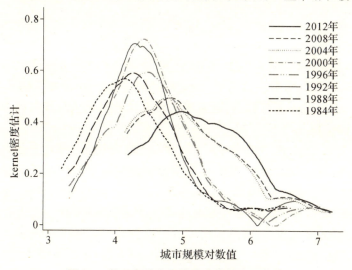

图3-4 长三角城市规模分布的核密度估计

五、城市规模变异系数和基尼系数

变异系数和基尼系数是测度相对差异的指标,在城市规模分布研究中可用以反映人口规模在各城市中分布的均衡程度,其值越小说明分布越均衡。

在一个含有 n 座城市的城市体系规模分布测度中,两者的数值计算如下:

$$CV = \frac{s}{\bar{p}} = \sqrt{\frac{1}{n} \cdot \sum_{i=1}^{n}(p_i - \bar{p})} / \bar{p} \qquad (3\text{-}31)$$

$$G = \frac{2}{n-1} \cdot \frac{\sum_{i=1}^{n} i \cdot p_i}{\sum_{i=1}^{n} p_i} - \frac{n+1}{n-1} \qquad (3\text{-}32)$$

式中,p_i 是第 i 座城市人口规模且满足 $p_1 < p_2 < \cdots < p_n$,s 为城市人口规模标准差,而 $\bar{p}$ 则是城市人口规模均值。根据式(3-31)和式(3-32)的计算结果绘制城市规模分布相对差异变动,如图 3-5 所示。

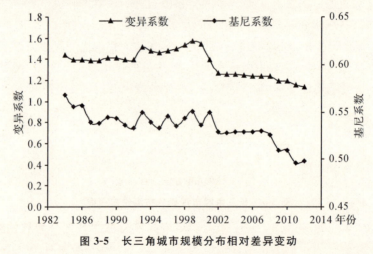

图 3-5　长三角城市规模分布相对差异变动

结合表 3-2 可以看出,长三角城市体系规模分布相对差异的变动具有如下特点:

第一,从曲线总体变动趋势来看,城市规模变异系数呈现出波动中上升,然后逐渐下降的趋势,而城市人口规模的基尼系数则在相对稳定的水平上微小波动。

第二,变异系数的变动大致分为两个阶段,1984 年至 1999 年变异系数波动上升,1999 年之后变异系数则处于缓慢下行状态,大致呈现为"两峰一谷"的波动形态。变异系数从 1984 年的 1.437 上升到 1999 年的 1.568,说明长三角城市规模的离散程度有扩大的趋势;尽管上升幅度不大,却具有较强的波动性——在最低值 1.381(1988 年)和最高值 1.568(1999 年)之间出现了两"峰"(分别为 1993 年的 1.514 和 1999 年的 1.568)和一"谷"(1995 年为 1.455)的变动格局。1999 年后变异系数从 1.4787 一直缓慢下降到 2010 年 1.2038,说明这个时段城市规模的差异程度有所缩小。

第三,城市规模基尼系数在研究期内在[0.496,0.568]范围内微幅波动,总体上呈现为微弱下降趋势。一般情况下认为基尼系数在 0.2 以下为"高度平均",0.2—0.3 为"相对平均",0.3—0.4 为"比较合理"的水平,而 0.4—0.5 则是"差异较大",0.5 以上为"差异异常悬殊",据此标准来看,长三角城市的规模差异处于异常悬殊的范围。

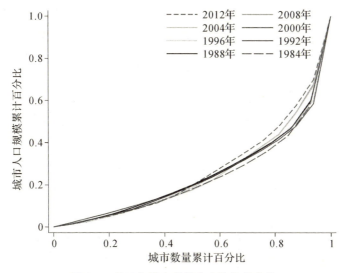

图 3-6　长三角城市规模分布洛伦兹曲线

结合洛伦兹曲线图可进一步分析城市规模分布中各部分增长的细节:①即便个别代表年份洛伦兹曲线出现交叉,总体上看洛伦兹曲线还是呈现出向上移动的变化过程,同期城市规模基尼系数体现为下降趋势;②1984 年至 1992 年中间靠前位序城市的那部分洛伦兹曲线小幅上移,表明中小城市规模增长较快,使得此时期的城市规模基尼系数有所下降;③1992 年至 2000 年间,洛伦兹曲线变动不明显且期间的城市规模基尼系数相差无几,无法具体判断此期间的城市体系规模分布的增长状况;④洛伦兹曲线在 2000 年至 2012 年中间偏高位序城市的那部分出现明显上移,导致城市规模基尼系数下降,表明中等规模城市的增速明显较快,使得城市系统的规模分布更趋均衡。

此外,需要特别注意的是,城市规模基尼系数只是反映数据的分散或集中特性,并未考虑到数据的具体区位特点。一组完全相同的城市规模数据,当其在地理空间上进行各种组合时虽不会引起基尼系数的变化,但呈现明显不同的分布特征,如图 3-7 所示。

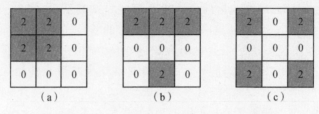

图 3-7　相同基尼系数下三种不同的分布格局

第四节　长三角城市体系个体位序—规模特征

对长三角城市体系整体规模分布演变的分析,并未涉及对城市个体的规模位序在城市体系规模分布中随时间变动状况的考察。因而,接下来对城市个体的规模位序在研究期的动态变化加以分析,以便掌握长三角城市体系规模分布演变的微观特征。

一、基于 Markov 链的城市个体规模演变分析

基于 Markov 链的城市规模演变分析由 Eaton 和 Eckstein(1997)最先提出,基本原理是把城市个体规模在城市体系中的演变看作是一阶 Markov 过程,通过对城市规模分类来构建状态空间,然后运用 Markov 状态空间转移概率矩阵来研究城市个体在不同类型之间的动态转换过程。以下采用 Markov 链分析法,来探讨长三角城市体系中个体城市规模的演变状况。

首先,构建个体城市规模演变的状态空间。具体地,以历年城市体系平均城市规模的百分比为依据,划分出不同的城市类型:(1)个体城市规模小于平均城市规模 50% 的定义为Ⅰ型;(2)个体城市规模在平均规模 50% 到 100% 之间的为Ⅱ型;(3)在平均城市规模 100% 以上的是Ⅲ型;(4)研究初期还未设地级市,后来晋升为地级市的称之为 O 型。从而,各个城市类型便构成了个体城市规模演变的状态空间。

其次,根据已确定的状态空间来计算长三角城市个体在不同规模类型间的转移概率矩阵。需要说明的是,为与前述的分析保持一致,此处未采取历年依次的状态转换,而是选择 1984 年城市规模分布作为初始分布,以 4 年作为一个转换期,得到城市规模演变的 Markov 状态转移矩阵,见表 3-6。

表 3-6　城市规模演变 Markov 状态空间转移矩阵(1984 年至 2012 年)

$4t_i\backslash4(t_i+1)$	n	O	I	II	III	O	I	II	III
O	7	4	1	2	0	0.571	0.143	0.286	0
I	46	0	42	4	0	0	0.913	0.087	0
II	40	0	3	34	3	0	0.075	0.850	0.075
III	19	0	0	1	18	0	0	0.053	0.947

资料来源:《中国城市统计年鉴》(1985—2013 年),经过整理计算得到。

表 3-6 中左栏第二列表示研究期内处于不同状态类型的城市总数量,第三到第七列则是每次转换的初始状态(O,I,II,III 型)转移为每列所对应的类型(O,I,II,III 型)的总次数;右栏是不同城市类型之间的转移概率矩阵 M。转移概率矩阵 M 中的元素由左栏对应元素与所在行的 n 值之比得到,矩阵中对角线元素表示初始状态类型在下一个观测期内保持相同状态的概率,而非对角线元素表示城市在不同状态类型之间的转移概率。

从表 3-6 右栏转移概率矩阵 M 可看出:(1)转移概率矩阵 M 的主对角线元素要比其他非对角线元素大得多,表明各种类型的城市在下一观测年份中处于相同状态的概率较高,即城市体系规模整体变动的同时,城市规模类型相对稳定。(2)城市个体在不同规模类型间的转移以向紧邻上一类型的转移为主,即 O→I、I→II 和 II→III;虽然也有 II→I 和 III→II 的状态转移,但对应的城市类型转移个数相较于向上一规模类型转移的城市个数要少很多。(3)除了相邻状态的转移之外,还出现了 O→II 跨级转移的情况,这些跨级转移的城市往往是新晋的地级城市,但此种城市类型的转移只占少数,从侧面反映出长三角城市体系规模分布的演变较为平稳。(4)O 型城市可以转变为 I、II、III 和 IV 型城市,但过程不可逆,即 I、II、III 和 IV 型城市不可能转变为 O 型城市,说明晋升为地级城市后一般不会退回到县级市或撤销。如果城市体系规模的初始分布中含有 O 型城市,经过一定次数的状态转换后,O 型城市一定会消失,即晋升为地级城市,这与城市历史沿革及中国行政区划审批制等因素有关。

二、长三角城市的"等级钟"演变分析

不论是城市首位度指数，还是城市规模基尼系数、变异系数，抑或是城市位序—规模法则，都是以城市体系整体规模分布为出发点，研究城市体系规模分布随时间的演变状况；即便是以城市个体作为研究对象的Markov链分析法，也并未分析与城市规模紧密相关的城市个体位序随时间变化情况。"等级钟"理论的提出弥补了以上研究方法的不足，能够揭示具体城市的个体位序随时间演变过程及该城市在系统演化过程中所起到的作用与机制。以下利用巴蒂（Batty）所提出的"等级钟"理论与方法，就长三角城市个体位序的演变情况加以分析。

（一）长三角城市的位序等级钟演变

根据有关位序等级钟和对数等级钟的理论，绘制出1984年至2012年长三角城市位序等级钟和对数等级钟（详见图3-8、图3-9）①。

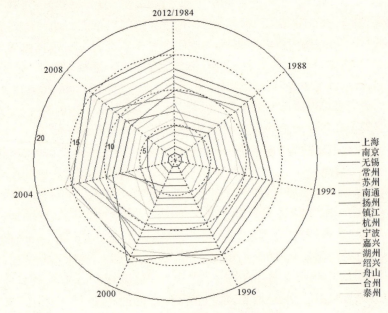

图 3-8　长三角城市的位序等级钟

---

① 为与前述内容保持一致，选择1984、1988、1992、1996、2000、2004、2008和2012年作为时间节点。

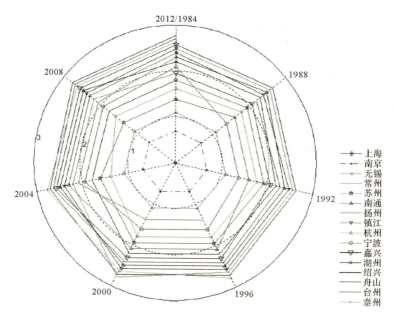

图 3-9　长三角城市的对数等级钟

由图 3-8 可以看出,1984 年至 2012 年长三角地级以上城市的位序发生了较为明显的变化,相当一批城市的位序出现较大幅度的提升或下降,因而在等级钟的位序变动轨迹中出现交叉点;需要指出的是,在城市位序不断变动的背景下,大城市和超大城市位序变动较小,如上海、南京、杭州等;中等规模城市则活力较足,具有较强的人口集聚力,故其位序变动普遍较大;低位序城市由于规模较小,增速有限,其位序跃迁能力也较弱。

城市对数等级钟是由位序等级钟转化而来,其绘制方法和位序等级钟类似,只不过要把相应时间结点上城市位序改为其对数值,正因如此,对数等级钟可使高位序城市在时间维度上位序的微小变动显得更加清晰。图 3-9 便是长三角地级以上城市的对数等级钟,可清晰分辨出高位序城市的变动轨迹:上海作为长三角城市体系的龙头城市,一直享有首位城市的殊荣,故一直处于对数等级钟的圆心位置;而南京、杭州、苏州等城市大都在前五位以内徘徊,表明骨干城市的规模位序也较少发生变动。对数等级钟固然有其优点,但缺陷也同样明显,即压缩了低位序的城市差距,使其变动轨迹显得拥挤。

(二)长三角城市的等级距离钟演变

计算各个地级城市不同时间的位序变动距离,发现长三角 16 个地级以上城市在近30年间最大的位序变动距离为7,大部分城市位序变动距离为0,而在那些发生位序变动的城市中绝大多数位序变动距离在3以内,表明城市体系的规模变动比较平稳,城市规模位序的跳跃性相对较弱。

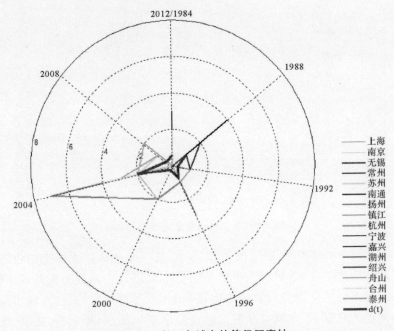

图 3-10　长三角城市的等级距离钟

那些短时间内发生位序骤升或骤降的少数城市在等级距离钟里表现为位序轨迹时变曲线呈现为针状,表现最为明显的是扬州市在2000年到2004年的位序变动。

为获取长三角城市体系位序总体变动状况,将各结点年份内所有城市的位序变动距离加以平均,得到各结点年份的平均位序等级距离,详见表3-7。

表 3-7　长三角城市位序变化的平均距离(1984—2012)

时间结点 t−1	时间结点 t	平均距离 d(t)
1984 年	1988 年	1.000
1988 年	1992 年	0.286
1992 年	1996 年	0.786

时间结点 t−1	时间结点 t	平均距离 d(t)
1996 年	2000 年	0.250
2000 年	2004 年	2.000
2004 年	2008 年	0.375
2008 年	2012 年	0.625

$$d = \sum_{t=1}^{T} \frac{d(t)}{T} = 0.760$$

从表 3-7 可知,就整个长三角城市体系而言,位序变化的平均距离相对较小,大多数结点年份的平均位序等级距离在 1 以下,说明城市体系的规模位序变动并不剧烈,城市增长属于温和、渐进式的增长模式。需要强调的是,较大的平均位序变动距离出现在 2000 年至 2004 年,表明此阶段长三角城市发展迅速,城市规模增速差异较大,使得各城市的位序差异有所扩大,最终 2004 年距离等级钟表现为针状的变化形态。

第四章　城市体系空间关联表现

第一节　城市体系空间关联测度方法

城市作为一个经济体，并非独立封闭的个体，而是时刻与周围环境进行着能量、信息交换的系统，城市之间存在着空间依赖性便不难理解。正如著名的 Tobler 地理学第一定律所言："任何事物之间均是相关的，而距离近的事物之间总要比距离远的事物之间的关联性要大。"事物之间相互关联是空间依赖的一种表现形式，由于经典统计学假设观测对象相互独立，空间依赖性的存在导致经典统计推断方法不再适用，需要考虑空间自相关性的空间数据分析方法。

一、全局空间自相关

全局空间自相关是从研究区域整体角度出发，来刻画某一变量空间自相关模式的总体特征，使用单一值来反映自相关程度，主要包括全局 Moran's I 指数、Geary C 系数、广义 G 统计量等，其中以全局 Moran's I 指数最为常用。

（一）全局 Moran's I 指数

假定 x_i 是区域 i 的属性变量，$\bar{x}$ 是该变量的平均值，n 为观测区域的个数，w_{ij} 表示观测单元 i 与单元 j 之间的空间权重矩阵，则 Moran's I 指数的计算公式为：

$$I = \frac{n \sum\limits_{i=1}^{n} \sum\limits_{j=1}^{n} w_{ij}(x_i - \bar{x})(x_j - \bar{x})}{\sum\limits_{i=1}^{n} \sum\limits_{j=1}^{n} w_{ij} \sum\limits_{i=1}^{n}(x_i - \bar{x})^2} = \frac{1}{\sum\limits_{i=1}^{n} \sum\limits_{j=1}^{n} w_{ij}} \times \frac{\sum\limits_{i=1}^{n} \sum\limits_{j=1}^{n} w_{ij}(x_i - \bar{x})(x_j - \bar{x})}{\frac{1}{n} \sum\limits_{i=1}^{n}(x_i - \bar{x})^2}$$

$$(4-1)$$

如果引入统计量：$S_0 = \sum\limits_{i=1}^{n} \sum\limits_{j=1}^{n} w_{ij}, z_i = (x_i - \bar{x}), z_j = (x_j - \bar{x}), z^T = [z_1, z_2, \cdots, z_n]$，则式(4-1)可进一步写成：

$$I = \frac{n}{S_0} \frac{\sum\limits_{i=1}^{n} \sum\limits_{j=1}^{n} w_{ij}(x_i - \bar{x})(x_j - \bar{x})}{\sum\limits_{i=1}^{n}(x_i - \bar{x})^2} = \frac{n}{S_0} \frac{\sum\limits_{i=1}^{n} \sum\limits_{j=1}^{n} w_{ij} z_i z_j}{\sum\limits_{i=1}^{n} z_i^2} = \frac{n}{S_0} \frac{z^T W z}{z^T z}$$

$$(4-2)$$

Moran's I 值介于 −1 到 1 之间，大于 0 为正相关，小于 0 为负相关，值越大表示空间自相关性越大，即空间聚集分布越明显，值越小代表示空间自相关性小，趋于 0 时代表空间分布呈现随机分布。

(二)Geary's C 指数

Geary's C 指数也是用于检验全局空间自相关的统计量，特别适合于区域单元的数据分析，通常建立在邻近空间单元成对比较的基础之上。具体形式为：

$$C = \frac{n-1}{2\sum\limits_{i=1}^{n} \sum\limits_{j=1}^{n} w_{ij}} \times \frac{\sum\limits_{i=1}^{n} \sum\limits_{j=1}^{n} w_{ij}(x_i - x_j)^2}{\sum\limits_{i=1}^{n}(x_i - \bar{x})^2} \qquad (4-3)$$

式中，n 为观测区域的个数，w_{ij} 为空间权重矩阵；x_i 和 x_j 分别为区域观测单元 i，j 上的属性值；$\bar{x}$ 是属性的平均值。该指数取值范围处于 $0 \sim 2$ 之间，且在随机假定条件下满足 $E(C) = 1$。

利用 Geary's C 指数判断空间自相关的标准是：$C > 1$ 时，存在负的空间自相关，即不同的属性值倾向于聚集在一起；$C < 1$ 时，存在正的空间自相关，表示相似属性值倾向于聚集在一起的地理分布模式；当 $C = 1$ 时，表示该属性在观测区域上不存在空间自相关，服从一种随机的地理分布模式。

(三)广义 G 统计量

广义 G 统计量与 Geary's C 指数、Moran's I 指数一样，也是采用交叉

积的形式,不过它基于距离 d 而定义。一般计算公式为:

$$G(d) = \frac{\sum\limits_{i=1}^{n}\sum\limits_{j \neq i}^{n} w_{ij}(d) \cdot x_i x_j}{\sum\limits_{i=1}^{n}\sum\limits_{j \neq i}^{n} x_i x_j} \tag{4-4}$$

从式(4-4)可以看出,分母中包含所有的 x_i 和 x_j 的乘积形式;而分子中只含有在距离 d 范围内的 x_i 和 x_j 的乘积形式。显然,分母之和总是不小于分子之和;只有当距离 d 大到包含所有观测单元时,两者才相等,此时广义 G 统计量的值为 1。根据广义 G 统计量的定义可知,在距离 d 一定时,邻近的观测单元的属性值越大,对应的 $G(d)$ 值也越大;反之,则越小。

二、局域空间自相关

全局空间自相关分析只是提供了一些整体空间自相关的度量标准,却不能够说明不同区域的空间关联模式,而局域空间自相关分析则弥补了这一不足。相对于全局空间自相关分析,局域空间自相关更注重分析空间分异,寻找空间异质性存在的证据。常用的方法包括:空间相关局部指标(Local Indicators of Spatial Association,LISA)、Moran 散点图和基于距离的局部 G 统计量。

(一)局部 Moran's I 指数

局部 Moran 指数 I_i 被定义为:

$$I_i = \frac{(x_i - \bar{x})}{S^2} \sum_j w_{ij}(x_j - \bar{x}) \tag{4-5}$$

式中,$S^2 = \frac{1}{n}\sum_i (x_i - \bar{x})^2$,$\bar{x} = \frac{1}{n}\sum_{i=1}^{n} x_i$

显然,式(4-5)可进一步写成:

$$I_i = \frac{n(x_i - \bar{x})\sum_j w_{ij}(x_j - \bar{x})}{\sum_i (x_i - \bar{x})^2} = \frac{nz_i \sum_j w_{ij} z_j}{z^T z} = z'_i \sum_j w_{ij} z'_j \tag{4-6}$$

其中,z'_i 和 z'_j 是经过标准化的观测值。正的 I_i 值表示该区域单元周围相似值(高值或低值)的空间集聚,负的 I_i 值则表示非相似值的空间集聚。

（二）Moran 散点图

Moran 散点图将某个变量的观测值向量与它的空间滞后向量之间的相关关系,通过散点图的形式表现出来,其中横轴对应观测值向量,纵轴对应空间滞后向量,即该观测值周围邻居的加权(空间权重)平均。

Moran 散点图的四个象限,分别对应于区域单元与邻居之间四种类型的局部空间联系形式:第一象限代表了高观测值的区域单元被同是高值的区域所包围的空间联系形式;第二象限代表了低观测值的区域单元被高值的区域所包围的空间联系形式;第三象限代表了低观测值的区域单元被同是低值的区域所包围的空间联系形式;第四象限代表了高观测值的区域单元被低值的区域所包围的空间联系形式。Moran 散点图能够区分区域单元和其邻居之间属于高值和高值、低值和低值、高值和低值、低值和高值之中的哪种空间联系形式,识别出空间分布中存在着哪几种不同的实体。

（三）局部 G 系数

局部空间自相 G 关系数反映每一个空间单元与邻近单元在某一属性上的相关程度,公式如下:

$$G_i = \frac{\sum_{j=1}^{n} w_{ij} x_j}{\sum_{j=1}^{n} x_j} \tag{4-7}$$

式中,n 为观测区域的个数,w_{ij} 为邻接标准下的空间权重;x_j 为区域观测单元 j 上的属性值;x 是属性的平均值。

三、空间计量模型

空间计量模型的基本思想是将区域之间的相互作用关系引入到模型中,根据模型设定对空间依赖性的不同呈现,空间计量模型主要划分为空间滞后模型和空间误差模型两种基本形式。

（一）空间滞后模型（Spatial Lag Model，SLM）

空间滞后模型主要是探讨各个研究变量在某一区域是否具有溢出效应,其基本表达式为:

$$y = \rho W y + X\beta + \varepsilon$$
$$\varepsilon \sim N(0, \sigma^2 I_n) \tag{4-8}$$

式中，y 为被解释变量；β 是解释变量 X $(n \times k)$ 的参数向量，反映解释变量对被解释变量的影响程度；W 为 $n \times n$ 的空间权重矩阵，它与被解释变量 y 的空间依赖性有关，通常情况下选择二元邻接矩阵；ρ 是空间滞后变量 Wy 的系数，ε 则代表正态分布的随机误差向量。

（二）空间误差模型（Spatial Error Model，SEM）

当所考察变量的空间依赖性是由忽略掉的其他自变量相互作用的结果时，空间误差模型则是一种更为恰当的模型，公式如下：

$$y = X\beta + \mu$$
$$\mu = \lambda W\mu + \varepsilon \qquad\qquad (4\text{-}9)$$
$$\varepsilon \sim N(0, \sigma^2 I_n)$$

式中，μ 为随机误差向量，λ 为 $n \times 1$ 阶的截面因变量向量的空间误差系数；与 μ 不同，ε 是正态分布的随机误差向量；其余变量定义同式（4-8）。

由于经济地理数据获取的非随机性以及观测变量的空间依赖性和异质性的存在，使得变量之间的正态性、独立性假定不能满足，故而对空间计量模型来说，普通最小二乘法估计的模型参数往往有偏或不一致，需要运用工具变量法、极大似然估计或者广义最小二乘法进行参数估计。模型的参数估计出来之后，还需进行参数的显著性检验，因为参数显著与否直接关系到所设定模型是否应带有空间自相关项或误差项的自相关结构。基于 OLS 回归残差项的 Moran's I 统计量可以作为识别空间经济计量模型设定的初步标准，如果经检验存在空间自相关，则进一步建立空间计量模型。由于空间滞后模型（SLM）和空间误差模型（SEM）基于极大似然估计（MLE）得到的参数结果比较可靠，故常采用的参数检验方法也是基于极大似然估计的，如似然比（LR）检验、Wald 检验和拉格朗日乘子（LM）检验等，而本章中采用空间统计分析软件 OpenGeoDa 在分析结果中直接给出的似然比（LR）检验。

第二节　长三角城市体系空间关联特征

一、全局空间关联特征

为刻画长三角城市体系规模分布的全局空间自相关特征，选用全局 Moran's I 系数作为空间统计分析指标。由于全局 Moran's I 系数对空间数据离群值比较敏感,离群值的存在会导致对数据空间分布特性产生错误的认识,故在此对城市规模取对数以便减少数据极端值和降低波动性,使得全局Moran's I 系数更为稳定。对 1984 年到 2012 年长三角地级以上城市的规模分布做全局空间自相关分析(采用一阶 queen 邻接矩阵,下同)[①],可以得到城市体系规模分布全局空间自相关性的整体演变趋势(图 4-1 所示)。

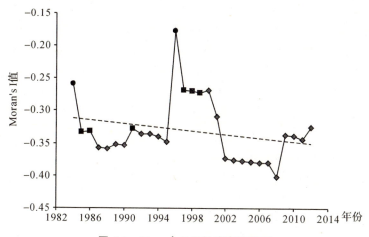

图 4-1 Moran's I 系数演变趋势图

注:图中虚线为 Moran's I 系数拟合趋势线,●表示不显著,表示在 10%显著性水平下显著,其余均为 5%水平下显著。

据全局 Moran's I 系数变动图,可获得如下认识:

1.除 1984 年和 1996 年的城市规模对数的 Moran's I 系数值未通过10%水平下的显著性检验外,其余年份均较为显著,表明从总体上来看长三角城市体系中各城市规模之间存在负的空间自相关,且负的空间自相关性有增强趋势。负的空间自相关意味着空间上紧密相连的区域单元的属性值倾向于不相似,说明长三角地级以上城市人口规模的空间分布存在大小相间的模式,一定程度反映长三角城市体系正处于扁平化、空间均衡发展阶段。

2.长三角城市体系规模分布空间格局的阶段性特征十分明显。从图4-1 中可以看出,Moran's I 系数在近 30 年的变动中存在阶段性的差异,总体上可划分为四个阶段:第一阶段从 1985 到 1995 年,Moran's I 系数维持在-0.345 左右的水平,表明此阶段城市规模差距虽然拉大,但城市人口的空间分布日趋均衡;第二阶段是 1997 年至 2002 年,全局 Moran's I 系数存

---

①其中认为上海与舟山邻接,嘉兴与宁波邻接,宁波与舟山邻接,下同。

在下降趋势,系数值从－0.268下降到－0.373,表明城市规模的空间分布也处于均衡化阶段;第三个阶段全局 Moran's I 系数从 2002 年的－0.373缓慢下降到 2008 年的－0.401,此时期长三角城市人口规模的空间分布均衡态势进一步加强;第四个阶段为 2008 年至 2012 年的上升阶段,此时全局Moran's I 系数虽为负值,却存在上升趋势,城市规模值之间的空间依赖性愈加显著,城市人口规模空间极化效应却趋于增强。

值得说明的是,全局空间自相关分析只是提供一定的总体空间自相关的度量方法,难以探测到存在于不同地理位置上的区域空间关联模式,即使区域总体的差异有所扩大,局部的空间差异却可能缩小,或者总体差异缩小,局部空间差异却有扩大的可能性。为全面分析长三角城市体系的局部空间关联模式,还需做更加细致的分析。

二、局部空间关联特征

采用局部 Moran's I 系数并辅以 Moran 散点图对长三角城市体系规模分布的局部空间关联特征进行分析。选择 1996 年、2000 年、2004 年、2008年和 2012 年五个等间隔的年份作为考察年份来进行分析。

图 4-2 展示了 2000、2004、2007 和 2010 年份的 Moran 散点图,Moran散点图表明某一空间地域单元与其周围单元之间的空间关系,图中直线斜率代表 Moran's I 系数值,第一至第四象限则分别表示空间单元与相邻空间单元的城市规模水平值呈现高值与高值集聚(HH)、低值与高值集聚(LH)、低值与低值集聚(LL)以及高值与低值集聚(HL)的空间分布特征。从图中可以看出,自 2000 年来长三角城市体系中各城市在 Moran 散点图的第二象限和第四象限出现最多,说明长三角城市规模呈现负的空间自相关性,即高值与低值相互交错的空间分布格局,这一点也可从散点图趋势线斜率为负得到佐证。

为详细分析历年城市规模的局域空间关联特性,根据 Moran 散点图得到各个象限的城市数目,将其汇总如表 4-1 所示。将图 4-2 和表 4-1 结合起来考察,可得到以下几点发现:

第一,1996 年的局部 Moran 散点图中落入第一至第四象限的城市座数分别为 2 座、4 座、4 座和 6 座,相应地占比分别是 12.50%、25.00%、25.00%和 37.50%;2000 年与 1996 年的分布格局有较大差异,相应象限城市数分别为 0 座、6 座、4 座和 6 座,所占百分比为 0、37.50%、25.00%和37.50%;而 2004 年分别为 2 座、6 座、3 座和 5 座,所占百分比分别为 12.50%、

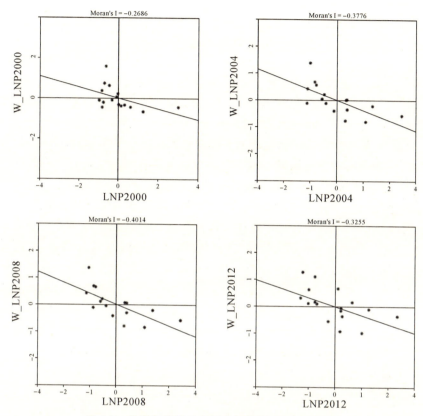

图 4-2 代表年份长三角城市规模的 Moran 散点图

37.50％、18.75％和31.25％;相较于2004年来说,2008年的散点分布没有大的变动,各象限的城市并未发生聚集模式的变迁;在2012年的 Moran 散点图中,从第一象限到第四象限各个象限内的城市数分别是2座、6座、1座和7座,对应所占的比例分别为12.50％、37.50％、6.25％和43.75％。由此可见,多数城市规模之间的空间依存关系倾向于高城市规模－低的空间滞后、低城市规模－高的空间滞后形式,这一结论与从 Moran 散点图得到的直观判断相一致。

表 4-1 长三角城市体系代表性年份城市规模集聚模式

空间集聚模式	城市数量(座)				
	1996	2000	2004	2008	2012
第一象限(HH)	2	0	2	2	2
第二象限(LH)	4	6	6	6	6

续 表

空间集聚模式	城市数量（座）				
	1996	2000	2004	2008	2012
第三象限（LL）	4	4	3	3	1
第四象限（HL）	6	6	5	5	7

第二，从时间演进的角度来看，第二象限的城市数增加后一直保持稳定，而第四象限的城市数则是减少之后又逐渐有所增加，说明长三角城市体系的城市规模空间分布格局具有分散式均衡趋势。

第三，从城市体系中城市个体与其相邻城市之间的空间关系变迁来看，发生空间模式转变的城市往往出现在两种类型区域空间位置交接的地方，也即长三角城市体系规模的空间扩散模式不是跳跃式的发展，而是表现为渐进式或渗透式的方式，这一点可从表 4-2 给出的空间集聚模式发生显著性变化城市名单中得到证实。

表 4-2　城市规模空间集聚模式演变

空间集聚模式	各象限增加的城市		
	1996—2000	2000—2004	2008—2012
第一象限（HH）		常州 3，苏州 2	南通 2
第二象限（LH）	苏州 1，湖州 1	镇江 3	泰州 3
第三象限（LL）		台州 4	
第四象限（HL）			常州 1，扬州 3

注：城市名后面的数字意义为该城市上一代表年份所在象限，如"常州 3"表示常州市上一个观测年份是在第三象限；另 2004 年至 2008 年区段中各象限城市聚集模式均未发生跃迁。

上述分析大致描绘了长三角城市体系规模分布的局部聚集特征，却未具体刻画出局部聚集特征的空间分布状况，图 4-3 则给出不同时段局部 Moran's I 系数值的四分组图。

从图中可以明显看出，随着时间变化，局部 Moran's I 系数较大值的分组主要分布于区域中心城市上海市和区域副中心城市南京市之间的地带，此地域城市规模的 Moran's I 系数均为正，再结合这些城市规模具体数值可以发现其分布模式属于低值与低值集聚。上海、杭州和南京因其城市规模远大于其周边城市，其局部 Moran's I 系数值为负，故而总体看来城市规模的空间分布属于高值与低值相互间杂的模式。

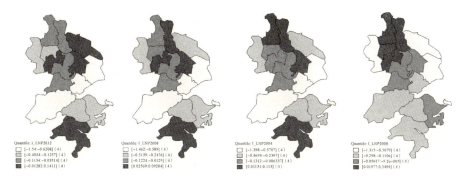

图 4-3　代表年份的局部 Moran's I 系数四分组图

第三节　长三角城市体系位序—规模的空间计量分析

一、城市体系位序—规模的空间计量模型

城市体系的位序—规模模型可以反映城市体系中城市规模与其位序之间的关系,用以评估一个国家或地区城市体系的发展状况。现在应用最为广泛、能够概括一个国家或地区城市规模分布的模型是洛特卡模式,其定义如下:

$$P_i = P_1 \cdot R_i^{-q}, \quad i = 1, 2, \cdots, n \tag{4-10}$$

式中,n 为城市的数量,R_i 是城市 i 的位序,P_i 则是城市体系中按照人口规模从大到小排序后位序为 R_i 的城市规模。式(4-10)中唯一的参数 q 是通常所称的齐夫指数,用以衡量城市体系中城市规模分布的均衡程度。

一般地,实证分析中不采用式(4-10)的非线性模型,而是对其进行自然对数变换得到线性模型:

$$lnP_i = lnP_1 - q \cdot lnR_i = \alpha - q \cdot lnR_i \tag{4-11}$$

实际应用中,对式(4-11)进行 OLS 估计时可采用截距固定和截距不定两种形式,截距固定模型是将实际的首位城市人口规模作为 P_1,也即 $\alpha = lnP_1$ 为已知的情况,而截距未定模型则是从城市体系总体出发,运用位序—规模模型来求得理论上的首位城市规模。

全局空间自相关和局部空间自相关分析结果显示，城市规模之间存在着显著的空间关联特征，传统的估计方法却忽略了城市体系中城市之间存在空间自相关的事实。现代城市作为开放的复杂巨系统，其发展不再是孤立、单一的过程，而是与一定区域环境下的众多城镇组成一个有机的整体网络，在物质流、能量流、信息流和人口流等的相互作用下共同演化（程开明、庄燕杰，2012）。显然普通最小二乘估计（OLS）对空间效应的忽略将直接影响到式（4-11）估计结果的有效性，故而在借鉴 Julie Le 和 Chasco（2008）关于西班牙城市规模分布演变研究方法的基础上，结合空间计量模型对式（4-11）加以改进，得到位序—规模法则的空间滞后模型。

$$lnP_i = \rho \cdot \sum_{j=1}^{n} w_{ij} \cdot lnP_i + \alpha - q \cdot lnR_i + \varepsilon_i \tag{4-12}$$

式中，ε_i 独立同分布于 $N(0,\sigma^2)$，w_{ij} 是空间权重矩阵 W 的元素，通常基于邻接标准或距离标准进行选取（在此选用基于一阶 queen 邻接的空间权重矩阵）；α 为常数项；ρ 为空间滞后系数，以反映空间溢出的程度，ρ 显著则表明因变量之间存在一定的空间依赖性。

由于事先不能确定城市之间的空间关联究竟是由因变量的空间自相关引起，还是通过其他被忽略的自变量产生作用，故还需建立空间误差模型以考虑误差的空间效应对城市规模分布造成的影响。

$$\begin{cases} lnP_i = \alpha - q \cdot lnR_i + \varepsilon_i \\ \varepsilon_i = \lambda \cdot \sum_{j=1}^{n} w_{ij}\varepsilon_i + \mu_i \end{cases} \tag{4-13}$$

式（4-13）中，μ_i 满足独立同分布于 $N(0,\sigma^2)$，λ 是空间自回归结构系数，其余符号定义同式（4-12）。关于空间滞后模型和空间误差模型中的参数，可根据 Ord 和 Anselin 提出的最大似然估计法加以求解；模型中的空间滞后或空间误差效应的存在性则通过似然比（LR）检验加以测定。

二、模型估计结果及分析

基于式（4-11）的 OLS 估计虽可采用截距固定和截距不固定两种形式，但实证结果表明截距不固定（即 a 未知）模型对长三角城市体系规模分布的拟合效果更好一些，故表 4-3 中仅报告截距不固定模型的估计结果。

表 4-3　OLS 估计结果

参数	1984	1988	1992	1996	2000	2004	2008	2012
α	6.282*** (53.751)	6.325*** (49.018)	6.359*** (45.476)	6.561*** (42.531)	6.528*** (49.402)	7.107*** (82.177)	7.154*** (89.176)	7.236*** (56.642)
q	−1.118*** (−18.023)	−1.043*** (−15.748)	−1.019*** (−14.191)	−1.041*** (−13.926)	−0.950*** (−14.829)	−1.057*** (−25.217)	−1.054*** (−27.117)	−1.027*** (−16.597)
BP	0.705	0.544	0.393	0.024	12.879	1.766	1.700	0.442
R²	0.967	0.954	0.944	0.933	0.940	0.978	0.981	0.952
Log L	6.106	4.845	3.720	1.986	4.463	11.245	12.449	5.005
AIC	−8.212	−5.690	−3.440	0.029	−4.925	−18.490	−20.897	−6.010
SC	−7.082	−4.412	−2.162	1.574	−3.380	−16.945	−19.352	−4.465

注:1.限于篇幅且为与前述分析相一致,仅报告 4 年间隔代表年份的估计结果。
2.表中括号内是 t 统计量值,BP 为 Breusch-Pagan 异方差检验,Log L 即 Log likelihood。***,**和*分别表示在 1%、5% 和 10% 的水平上显著,下同。

从表 4-3 中可以看出,模型的拟合优度 R² 均在 0.933 以上,说明长三角地级以上城市的规模分布比较符合位序—规模法则。尽管 OLS 估计得到的齐夫指数(q)值都通过 1% 水平下的显著性检验,但表中的 BP 检验结果却显示近几个代表年份的模型存在一定的异方差性。全局空间自相关和局部空间自相关的分析已证实长三角城市体系规模分布中空间关联性的存在,而 OLS 估计却以观测相互独立作为前提,因此需要进一步利用空间滞后模型和空间误差模型对长三角城市体系规模的分布特征加以分析。

表 4-4　两种空间效应模型的估计结果

模型	参数	1984 年	1988 年	1992 年	1996 年	2000 年	2004 年	2008 年	2012 年
SLM	α	6.283*** (14.287)	5.502*** (14.221)	5.242*** (13.730)	5.663*** (12.094)	6.226*** (12.105)	7.764*** (23.038)	7.974*** (28.907)	8.028*** (16.060)
	q	1.118*** (−16.821)	1.141*** (−16.392)	1.147*** (−17.316)	1.099*** (−15.710)	0.971*** (−14.027)	1.001*** (−22.423)	0.981*** (−26.755)	0.976*** (−15.860)
	ρ	0.000 (−0.003)	0.218** (2.192)	0.289*** (3.031)	0.222** (1.981)	0.073 (0.600)	−0.150** (−1.995)	−0.186*** (−3.056)	−0.169 (−1.629)
	LR	0.000	3.823*	6.625**	3.350*	10.824	3.811*	7.663***	2.758*
	BP	0.707	0.014	0.026	0.109	0.376	1.964	1.170	0.250
	R²	0.967	0.965	0.966	0.946	0.942	0.983	0.989	0.960
	Log L	6.106	6.756	7.033	3.661	4.650	13.151	16.280	6.384
	AIC	−6.212	−7.513	−8.065	−1.321	−3.301	−20.301	−26.561	−6.768
	SC	−4.517	−5.595	−6.148	0.997	−0.983	−17.983	−24.243	−4.450

续　表

模型	参数	1984 年	1988 年	1992 年	1996 年	2000 年	2004 年	2008 年	2012 年
SEM	α	6.280*** (59.041)	6.270*** (55.439)	6.271*** (45.292)	6.527*** (46.390)	6.559*** (51.951)	7.054*** (86.723)	7.077*** (91.379)	7.145*** (65.771)
	q	1.117*** (−20.460)	1.017*** (−21.902)	0.983*** (−27.454)	1.022*** (−15.625)	0.964*** (−15.252)	1.027*** (−24.864)	1.012*** (−25.756)	0.982*** (−17.721)
	λ	0.130 (0.408)	0.415 (1.621)	0.689*** (4.203)	0.175 (0.566)	−0.261 (−0.760)	−0.481 (−1.450)	−0.441 (−1.316)	−0.666** (−2.180)
	LR	0.113	1.589	5.757**	0.208	0.555	1.966	0.937	3.418*
	BP	0.668	1.207	4.489	0.001	12.974	1.465	1.057	0.426
	R^z	0.968	0.961	0.970	0.934	0.943	0.982	0.983	0.965
	Log L	6.163	5.639	6.599	2.090	4.740	12.228	12.917	6.714
	AIC	−8.326	−7.279	−9.197	−0.180	−5.480	−20.456	−21.834	−9.427
	SC	−7.196	−6.001	−7.919	1.366	−3.935	−18.911	−20.288	−7.882

注：表中括号内的是 z 统计量的值，LR 是模型设定的似然比检验值。

表 4-4 给出基于空间滞后模型和空间误差模型的分析结果。从表中可以看出，空间误差模型的 BP 检验结果表明代表年份中异方差的可能性大为降低，而空间滞后模型的异方差存在性与 OLS 估计结果相近，但空间计量模型的拟合效果都明显较 OLS 的估计结果要好。从空间效应存在性的似然比（LR）检验来看，多数空间滞后模型的 LR 检验值显著，而空间误差模型的 LR 检验多数不甚显著，说明模型中加入空间滞后较为合理，用空间误差模型来分析长三角城市体系的位序—规模特征则不太合适，这一点也可以从表 4-5 的空间依赖性检验中得到证实。

表 4-5　代表性年份空间依赖性检验表

年份	检验 统计量	Moran's I (error)	Lagrange Multiplier (lag)	Robust LM (lag)	Lagrange Multiplier (error)	Robust LM (error)	Lagrange Multiplier (SARMA)
1984 年	MI/DF	0.066	1	1	1	1	2
	VALUE	0.657	0.000	0.011	0.083	0.094	0.094
	PROB	0.511	0.997	0.917	0.774	0.760	0.954
1988 年	MI/DF	0.245	1	1	1	1	2
	VALUE	1.523	3.397	2.368	1.255	0.225	3.622
	PROB	0.128	0.065	0.124	0.263	0.635	0.163
1992 年	MI/DF	0.439	1	1	1	1	2
	VALUE	2.545	5.755	3.014	4.031	1.290	7.045
	PROB	0.011	0.016	0.083	0.045	0.256	0.030

续　表

年份	检验统计量	Moran's I (error)	Lagrange Multiplier (lag)	Robust LM (lag)	Lagrange Multiplier (error)	Robust LM (error)	Lagrange Multiplier (SARMA)
1996 年	MI/DF	0.071	1	1	1	1	2
	VALUE	0.745	3.146	3.120	0.144	0.118	3.264
	PROB	0.457	0.076	0.077	0.704	0.731	0.196
2000 年	MI/DF	−0.133	1	1	1	1	2
	VALUE	−0.524	0.403	0.937	0.499	1.034	1.437
	PROB	0.601	0.526	0.333	0.480	0.309	0.488
2004 年	MI/DF	−0.239	1	1	1	1	2
	VALUE	−1.171	3.690	2.724	1.620	0.654	4.344
	PROB	0.242	0.055	0.099	0.203	0.419	0.114
2008 年	MI/DF	−0.130	1	1	1	1	2
	VALUE	−0.507	6.331	5.862	0.482	0.013	0.908
	PROB	0.612	0.012	0.015	0.487	0.908	0.042
2012 年	MI/DF	−0.278	1	1	1	1	2
	VALUE	−1.396	2.803	1.559	2.195	0.951	3.753
	PROB	0.163	0.094	0.212	0.138	0.330	0.153

注：表中数据均由软件 GeoDa095i 进行的检验给出。

　　从表 4-5 的空间依赖性检验结果可以看出，1988 年、1996 年、2004 年和 2012 年的 LM-Lag 检验值都在 10％ 水平下显著，1992 年和 2008 年的 LM-Lag 检验值则在 5％ 水平下显著，以上代表年份对应的 Robust LM-Lag 检验值除 1988 年和 2012 年未在 10％ 水平下显著之外，其余都显著；而 LM-Error 或 Robust LM-Error 检验值却几乎没有一个代表性年份在 10％ 水平下显著，这也从侧面反映出位序—规模法则的空间滞后模型比较合适。此外，再结合 OLS 模型、空间滞后模型和空间误差模型的 Log L、AIC 和 BIC 值可以判定出各代表性年份中的最优估计结果。

　　传统的位序—规模模型由于忽略空间相互作用的存在，会导致纯粹由数据驱动的模型估计结果高估或低估衡量城市体系规模分布的齐夫指数，这可以从图 4-4 中两模型估计的齐夫指数变动对比中看出。研究期内城市规模对数的空间依赖性一直为负值，由于反映空间溢出程度的空间滞后系数 ρ 大约在 2002 年之前为正而 2002 年之后转变为负值，从而导致空间滞后模型的估计结果在 2002 年之前要高于截距不固定模型 OLS 估计结果，

2002 年之后则相反。当然,这种空间依赖性随着城市之间空间交互作用的
强弱程度变化,而呈现出不同的变动趋势。

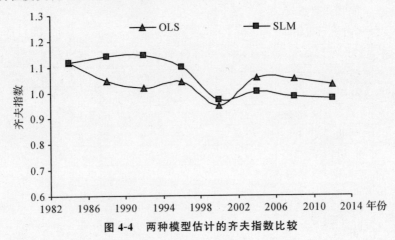

图 4-4　两种模型估计的齐夫指数比较

为进一步描述齐夫指数的微观变动细节,绘制齐夫指数在三种模型下
历年回归结果的变动趋势图,由图 4-5 可知:

1. 总体来看,1984 年至 2012 年齐夫指数(q)在 0.943—1.234 范围内
呈现出波动中下降的趋势,随后逐渐稳定在 1 附近。显然,长三角 16 个地
级以上城市的齐夫指数较为符合 Zipf 所认为的理想城市体系应满足 q＝1
的条件。可见,长三角地级以上城市规模分布总体上并未出现明显极化效
应,城市人口分布相对均衡。

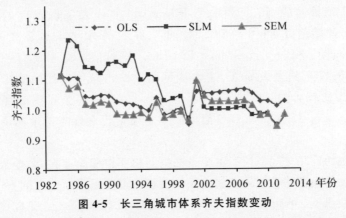

图 4-5　长三角城市体系齐夫指数变动

2. 根据三种模型的估计结果进一步分析城市规模分布变动细节发现,近
30 年齐夫指数的变动存在明显的阶段性差异。1984 年至 2000 年齐夫指数三
种模型的估计结果大都呈现下降态势,此时齐夫指数的 OLS 和 SLM 估计结

果较 SEM 估计结果显著且值大都在 1 之上,表明这一时期长三角城市体系规模分布差异虽大、首位城市垄断地位虽强,但中小城市发展相对更为迅猛,逐渐缩小了与大城市的规模差距,使得 q 有所缩小。2000—2001 年齐夫指数之所以上升,可能存在两方面原因:①此时期城市行政区划调整频繁且统计口径不一致,导致部分城市人口出现较大变动,如上海市辖区人口数在前几年年人口增量均在 50 万左右,而 2000 年末至 2001 年末人口数由 1136.82 万迅猛增加到 1262.41 万人;杭州市区人口也由 179.18 万人增至 379.49 万人。这些人口变动主要归因于行政区划变动,如上海市分别撤销奉贤县和南汇县,设立奉贤区和南汇区;杭州市则撤销了萧山市和余杭市,分别成立了萧山区和余杭区;南京市撤销下辖江宁县,设立南京市江宁区等;②大城市人口相对中小城市确实发展较快,城市人口规模增长迅速,首位城市垄断地位加强,城市规模分布趋向分散,q 才有所增大。2002 年以后,齐夫指数的估计结果以 SLM 模型最为显著,可以看出其均在 1 附近较小的范围内变动,表明长三角地级以上城市规模分布近十年接近于 Zipf 所认为的自然状态下的最优分布状态。

第四节　长三角城市体系的空间功能联系

　　市场经济条件下,城市具有开放性特征且存在发展水平、定位及特色差异,城市之间必然产生人口、商品、资金、信息等要素流动,并形成与分布结构相对应的空间功能联系。随着区域经济社会发展,长三角城市间的空间功能联系越来越密切,对其进行统计测度,凸显各城市的地位及城市间联系强度、影响范围,有利于合理确定城市发展定位及未来战略。

　　城市体系的空间功能联系主要表现为中心城市对区域内其他城市社会、经济活动的组织与协调,以及由此引起各种流的有序运动。各个城市的空间功能联系之所以存在明显差异,原因主要在于:

　　1. 城市体系中各城市本身功能量的差异。城市体系中不同等级的城市具有不一样的对外服务功能,能量等级差异明显。城市等级通常以人口规模来划分,但实际上其难以全面反映城市等级的高低,城市等级应是城市综合实力的反映,是城市在区域中发挥作用和承担分工的表现。随着经济全球化加快,城市等级地位主要取决于城市的对外服务功能。

　　2. 城市体系中各城市功能影响范围的大小。城市与区域相互促进,每个城市既从腹地吸取能量,又对周边地区产生辐射效应,城市规模等级显然影响着城市的吸引、辐射范围,功能量级越高,吸引和辐射范围越广。区域发展离不开城市的带动,而城市发展也需要区域腹地作为支撑。

3.城市体系中城市之间要素联系的不同。城市不仅与周边腹地发生着相互影响,其辐射范围也可能与其他城市产生重叠,城市间不可避免地产生相互作用。不同的分工与定位,也需要城市间取长补短、相互联系。城市间的要素联系表现为人员来往、货物交换、资金划拨、信息交流等,强度大小可用这些要素联系数量的大小来表征。

一、城市流强度模型及测度

城市流是指城市间人流、物流、信息流、资金流、技术流、空间流在城市体系内发生的双向或者多向物质流现象。城市流强度反映某一城市与区域内其他城市相互作用而发生的经济社会联系的强弱,模型为(朱英明,2004):

$$F = N \cdot E \tag{4-14}$$

式(4-14)中,F 代表城市流强度,N 代表城市功能效益,即城市单位外向功能量产生的实际影响,E 代表城市外向功能量。如果以城市从业人员数作为城市功能量指标,则 E 取决于某一部门从业人员的区位商 L,L_{ij} 表示 i 城市、j 部门从业人员的区位商,计算公式为

$$L_{ij} = \frac{G_{ij}/G_i}{G_j/G} \tag{4-15}$$

若 $L_{ij} < 1$,则 i 城市 j 部门不存在外向功能量,$E_{ij} = 0$;若 $L_{ij} > 1$,则 i 城市 j 部门存在外向功能量 $E_{ij} = G_{ij} - G_i \cdot \frac{G_j}{G}$;$i$ 城市总的外向功能量为 $E_i = \sum_j E_{ij}$;i 城市的功能效益 N_i 可用"人均 GDP"表示。

根据长三角16个地级以上城市 2012 年主要外向服务部门的从业人员数,计算出各城市 7 部门的外向功能量和外向功能总量,结果见表 4-6。上海、南京和杭州的外向服务部门的功能总量明显大于1,表明它们已具备较强的外向功能,体现出上海作为长三角主要中心城市、南京和杭州作为两个副中心城市的综合服务职能。

表 4-6 长三角城市 7 部门的外向功能量

城市	交通运输及仓储及邮政业	信息传输、计算机服务及软件业	批发和零售业	金融业	科研、技术服务业	教育	文化体育和娱乐	E_i
上海	6.21	0.00	0.00	0.38	4.86	0.00	0.00	11.45
南京	0.76	0.00	1.00	0.00	0.00	1.83	0.38	3.97

续　表

城市	交通运输、仓储及邮政业	信息传输、计算机服务及软件业	批发和零售业	金融业	科研、技术服务业	教育	文化体育和娱乐	E_i
无锡	0.00	0.00	0.11	0.06	0.00	0.88	0.02	1.07
常州	0.00	0.00	0.00	0.08	0.00	1.40	0.00	1.49
苏州	0.00	0.15	0.00	0.62	0.00	1.04	0.09	1.89
南通	0.00	0.00	0.00	0.61	0.00	0.83	0.00	1.43
扬州	0.00	0.08	0.00	0.00	0.00	1.00	0.00	1.08
镇江	0.04	0.00	0.09	0.01	0.00	0.46	0.00	0.60
泰州	0.00	0.04	0.12	0.11	0.00	0.36	0.00	0.62
杭州	0.00	2.91	1.56	0.00	1.38	0.00	0.00	5.85
宁波	0.06	0.00	0.22	1.47	0.00	0.00	0.09	1.84
嘉兴	0.00	0.06	0.36	0.08	0.00	0.28	0.00	0.78
湖州	0.00	0.03	0.00	0.48	0.00	0.21	0.00	0.72
绍兴	0.00	0.04	0.11	0.13	0.00	0.10	0.01	0.39
舟山	0.31	0.00	0.00	0.04	0.00	0.24	0.02	0.61
台州	0.00	0.03	0.00	1.31	0.00	0.18	0.00	1.51

资料来源：国家统计局.中国城市统计年鉴（2013）[M].北京：中国统计出版社,2014。

将各城市的外向功能量乘以城市功能效益（人均生产总值），得到城市流强度（见图4-6）。上海的城市流强度明显高于其他城市，证实其无可争辩的长三角"龙头"地位；杭州和南京次之，表明两者作为该区域的副中心地位已基本确立，但苏州、无锡、宁波不可小觑，已对杭州、南京构成挑战。

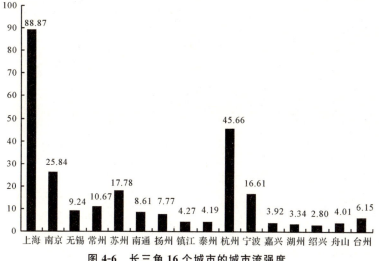

图4-6　长三角16个城市的城市流强度

二、断裂点模型及测度

作为各城市外向功能所产生集聚能量的一种度量,城市流强度体现了城市之间相互作用的强弱。以城市流强度为参照,借助断裂点模型,可进一步确定各城市外向功能的空间影响范围。断裂点计算公式为(闫卫阳等,2004):

$$d_A = \frac{D_{AB}}{(1 + \sqrt{P_B/P_A})} \tag{4-16}$$

式中,A、B 为相邻的两城市,D_{AB} 为 A、B 间的距离;P_A、P_B 分别为两城的质量因子,P 可以是中心性强度,也可以是人口规模或经济规模;d_A 为断裂点到 A 城的距离。

以长三角城市间的公路里程作为城市间距离的度量指标[①],以城市流强度表示各城市的质量因子,得到长三角城市之间的断裂点,具体见表 4-7。

表 4-7　长三角各城市间断裂点到 A 城市的距离

B \ A	上海	南京	常州	南通	苏州	无锡	扬州	镇江	泰州	杭州	嘉兴	宁波	绍兴	台州	湖州	舟山
上海	0															
南京	224.6	0														
常州	142.8	91.2	0													
南通	125.8	226.5	65.3	0												
苏州	66.5	133.4	38.3	28.6	0											
无锡	98.5	110.9	18.1	35.2	35.8	0										
扬州	253.6	77.3	64.2	93.1	158.2	104.0	0									
镇江	224.5	56.2	51.9	98.0	140.4	75.8	10.9	0								
泰州	187.5	127.6	88.9	81.4	157.8	97.1	32.2	43.9	0							
杭州	123.9	127.4	83.9	73.2	73.1	84.0	90.0	77.5	62.4	0						
嘉兴	86.3	214.3	88.4	91.5	51.1	75.1	123.5	100.3	80.7	54.7	0					
宁波	252.6	242.4	171.7	145.6	173.7	179.9	171.6	150.4	126.3	89.9	86.8	0				
绍兴	192.6	209.9	160.0	147.8	137.6	156.1	174.2	155.7	130.9	35.1	62.9	62.5	0			
台州	353.2	334.1	245.1	207.1	257.3	259.6	239.4	211.9	181.3	168.6	145.1	93.6	92.8	0		
湖州	127.2	133.2	104.3	108.6	77.5	89.4	143.7	118.5	142.1	50.9	54.6	148.7	66.7	209.9	0	
舟山	374.4	402.8	349.8	338.0	316.3	341.5	374.1	350.0	313.5	270.1	213.4	62.2	129.9	195.9	198.0	0

[①]公路客运适宜于中短途运输,铁路、航空适宜于长途运输,而长三角各城市间相距较近,且公路体系发达,运量大,故以公路里程数来表示城市间的距离。

　　城市间的断裂点是两个城市对区域影响作用力达到相对均衡的分界点。将表 4-7 中城市间断裂点的位置与城市间的公路里程数相对照,发现上海与其他城市之间的断裂点明显远离上海,说明上海的影响范围最大;南京与杭州城市流强度相关不大,导致南京与杭州之间的断裂点大致位于两城市间的中心点。通过断裂点作两城间连线的垂线,并将所有垂线连接起来,再经实地修正,可确定各城市的影响区范围。

三、经济联系强度及测度

　　经济联系强度反映区域内城市间通过人口、经济及距离形成彼此之间相互作用的强弱。计算公式为(李国平等,2001):

$$L = \frac{\sqrt{P_i V_i} \cdot \sqrt{P_j V_j}}{D_{ij}^2} \tag{4-17}$$

　　式中,L 为两城市间的绝对经济联系强度,P_i、P_j 分别为 i 城市和 j 城市的人口,V_i、V_j 分别为 i 城市和 j 城市的经济规模,D_{ij} 为两城市之间的距离。

　　根据式(4-17),同样以城市间公路里程数作为度量城市间距离的指标,城市经济规模以生产总值来表示,得到长三角各城市间的经济联系强度见表 4-8。

表 4-8　长三角各城市间的经济联系强度

A\B	上海	南京	常州	南通	苏州	无锡	扬州	镇江	泰州	杭州	嘉兴	宁波	绍兴	台州	湖州	舟山
南京	75.3															
常州	122.3	63.7														
南通	67.8	4.9	17.3													
苏州	554.7	25.2	64.5	23.4												
无锡	287.9	44.7	387.5	21.7	211.7											
扬州	20.6	50.6	20.4	2.3	6.3	12.4										
镇江	25.8	97.8	33.9	2.4	8.2	24.6	288.4									
泰州	22.8	12.1	7.7	2.4	4.2	9.8	22.7	9.6								
杭州	248.9	42.0	19.9	5.2	61.3	35.8	5.6	5.3	3.7							
嘉兴	122.4	4.5	7.3	1.6	40.9	16.1	1.4	1.6	1.2	61.6						
宁波	42.7	9.2	4.3	1.3	8.9	6.7	1.5	1.4	0.9	58.5	4.1					
绍兴	20.9	4.0	1.9	0.5	4.8	3.1	0.6	0.5	0.4	126.1	3.1	18.0				
台州	11.9	2.8	1.3	0.4	2.4	1.9	0.5	0.4	0.3	9.6	0.9	13.5	2.0			

A⟋B	上海	南京	常州	南通	苏州	无锡	扬州	镇江	泰州	杭州	嘉兴	宁波	绍兴	台州	湖州	舟山
湖州	74.2	16.1	7.7	1.8	25.0	16.3	1.5	1.8	0.6	98.8	7.5	5.5	4.5	1.2		
舟山	5.6	1.3	0.6	0.2	1.1	0.9	0.2	0.2	0.1	2.6	0.5	25.5	1.1	1.2	0.6	

数据来源:国家统计局.中国城市统计年鉴(2013)[M].北京:中国统计出版社,2014。

　　各城市间的经济联系强度既受城市人口与经济规模影响,又取决于城市间距离的远近。从表 4-8 的结果看,作为区域首位城市,上海与周边城市的经济联系强度普遍较强,特别是与近邻的苏州、无锡,由于距离较近,城市人口与经济规模也都较大,彼此间的经济联系强度尤为突出。另外,由于江苏省内城市与上海之间的距离较近,交通更为便利,它们与上海的经济联系强度明显强于浙江省内城市与上海的联系;江苏省内城市间的经济联系强度也明显高于浙江省内城市间的经济联系强度。

第五章　城市体系创新空间溢出

作为经济增长的原动力,创新在社会经济发展中的作用日益突出,创新能力已成为一个国家或地区核心竞争力的决定性因素。城市的专业化、多样性及在人力资本、创新网络形成等方面的优势,使其成为技术创新天然的实验室(Lucas,1988)。

第一节　创新的特征及溢出效应

一、文献回顾

创新已取代价格成为竞争的主要规则,其在竞争和增长中的作用日显突出,人们对创新的兴趣也越来越大。熊彼特认为创新能够阐释资本主义社会的整个经济发展,企业通过创新获取垄断地位和超额利润,打破原有均衡状态,促使经济出现增长和周期性变动。鲍莫尔(2004)指出正是自由市场的创新机器支撑了资本主义的增长奇迹。

随着技术创新对经济发展和企业竞争力的影响加深,人们对创新溢出问题也日益重视。Arrow(1962)认为,无论创新者是否采取保护措施,创新信息总是不断地向外扩散。以 Das(1987)为代表的学者着重研究了竞争市场中的技术创新的溢出效应,他们以跨国公司对外投资的技术转移为研究对象,发现当地企业和跨国公司都有不同程度的溢出。Romer(1994)认为外溢效应产生于创新过程,在一定程度上损害了竞争性企业进行创新活动的积极性。Jaffe et al.(1993)考察了企业的专利引用特征,发现美国存在明显的地方化溢出;Branstetter(2001)利用专利生产函数估计企业水平上的溢出效应,发现日本国内的企业溢出效应要明显高于从美国企业获得的溢出效应。Grossman 和 Helpman(1991)认为,知识溢出源于区际贸易的发展,随着贸易规模扩大,知识溢出的程度也将随之增加。Caniels(2000)运用中心地理论分析区域知识溢出,把空间因素引入溢出效应的研究;王铮等(2003)认为知识溢出是区域之间通过信息交流而获取 R&D 成果、相互学习的过程。

20 世纪 70 年代前后,学者对创新空间扩散的研究集中于区域系统内部及区际两方面,提出了空间等级扩散模型。也有学者认为存在三种空间扩散模型(康凯,2004),除等级模型外还包括传染模型、物理模型。北欧的经济地理学家对空间扩散的研究尤为突出,哈格斯特朗(Hägerstrand)最早对空间扩散现象进行了开创性的研究,奠定空间扩散的理论基础。他认为技术创新扩散的空间模式由信息流动和采用阻力的空间特征所决定,归纳出空间扩散的近邻效应、等级效应等。Morrill(1968)运用城市中心向外扩散的近邻效应提出了以城市为中心向其周边地区波浪式扩散的空间模式。Boon(1967)根据等级扩散规律建立了城市系统的扩散模型,Berry(1964)、Hudson(1969)和 Pedersen(1970)利用等级效应和近邻效应的混合作用建立数学模型加以说明。Alao 等(1977)改写了克里斯泰勒的中心地结构模型,认为最早采用者位于最高等级的中心地,而扩散分阶段向下进行。Webber and Joseph(1978)致力于将等级扩散结构关系充分简化,以得到解析解而不是模拟解。

城市体系之间的空间联系包括自然、经济、人口运动、服务传输、信息及行政等联系,无论是现代城市还是后现代城市,广泛密切的溢出联系是其重要特征。应用创新溢出框架可以解释和模拟城市体系和地区联系的发展过程。Pred(1975)在扩散、空间组织结构和城市体系相互关系的研究中认为,城市体系发展的扩散解释应当能够描述大都市间信息相互作用影响城市体系发展过程的方式。Pedersen(1970)将反馈引入到城市体系的等级扩散中,指出创新的接受促使城市以一定的速度发展,由此改变由重力模型界定的联系网络,并影响城市的等级次序分布。Alves(1975)把扩散特征看作一个空间过程,分解成不同部分,具体研究其特征。

相对于技术创新能力,人们对创新空间溢出的关注则显不足,特别是对创新溢出与城市体系空间关联性的研究,自 20 世纪六七十年代出现过一阵研究热潮后,再没有多大进展。创新的实际应用状况很大程度上取决于创新溢出程度,可以说创新溢出是决定一个国家或区域整体创新能力和持续发展能力的重要因素。Krugman 指出,因为知识流看不见,所以创新溢出难以测定;但 Jaffe 等人指出,知识流有时也会留下痕迹,特别是以专利的和新产品形式引入时。Mansfield 等(1981)通过实证研究发现 60% 的专利在 4 年内被模仿;Levin(1986)也发现在 3 年时间内有超过 50% 的创新产品被模仿。鲍莫尔计算发现,创新的外溢比率达到 0.8,即大约 80% 的收益可能流向了没有对创新做出直接贡献的人;Wolff(1997)估算创新的社会收益为 53%,私人收益在 10% 至 12.5% 之间。

　　纵观国内外有关创新溢出的文献可知,对其研究主要侧重于创新溢出的含义、效应及测度等方面,对溢出的空间尺度并没有很好地进行概括。已有文献主要集中于两个层面:微观层次利用企业数据说明的地方性知识溢出和宏观层次通过国际贸易和技术转移带来的知识溢出,对产业间及地区间的空间溢出则较少涉及。基于此,有必要立足于创新的内在特征及其溢出效应,从不同尺度对创新在空间上的溢出机理进行解析,并利用空间自相关系数对创新在区域内部和区域外部的溢出效应进行实证检验,以期得到有价值的结论及启示。

二、技术创新的特征

　　创新溢出源于技术创新的外部性,分析创新的溢出效应首先需对技术创新本身的特征有一个清楚的认识。技术创新一定程度上表现为某种形式的知识,具有明显的非竞争性和非排他性。当某个经济行为人使用某种创新生产商品和服务时,并不妨碍其他行为人也使用同一种创新,而且创新者难以制止其他人不经授权地使用此种创新。由于创新模仿要比创新创造容易得多,其他厂家可通过非正常或正常手段掌握创新知识,所以创新者难以获取创新活动中所产生的全部收益,造成了创新收益的非独占性(赵玉林,2006)。

　　技术创新活动必须围绕着市场目标进行,纯粹技术突破而没有市场价值的技术并不属于创新,所以创新具有市场性。许多企业在引进技术或开发新产品时,不关注市场而仅关注技术,造成创新失败。但一个新产品从立项到最终研制成功需历时数年,在这段时期里市场会有很大变化,竞争者可能先于自己而将新产品投向市场,或者是人们的消费观念发生变化。所以,与成熟产品的生产相比,技术创新的不确定性要高得多。

　　新的创新建立在前期创新产生的科学知识基础上,当一个地区累积的知识越多,那里的企业越易于从事创新活动,创新积累多的地区集聚着促进新的创新出现的信息,创新具有累积性。(宁军明,2008)

　　基于创新的上述特征,多西(1992)概括出创新的五个典型化事实:创新活动的不确定性特征;主要新技术机会越来越依赖于科学知识的进步;

研究和创新活动复杂性的增加使得正式的组织作为创新产生的最佳环境比个体创新者更为有利;相当数目的创新和改进产生于"干中学"和"用中学";技术进步的模式可以被描述成对市场条件变化的简单而灵活的反应,技术进步是积累性活动。

三、创新溢出的效应分析

非排他性意味着创新活动会带来创新溢出,所谓创新溢出是指一个企业可以不通过市场交易付费获得其他企业创造的信息。创新外溢一方面可能一定程度上使自由经济中企业或个人的创新投资低于最优水平,因为只有创新外溢为零才是符合最优状态的创新活动;另一方面可能促进生产率和创新水平的提高,提高创新给整个经济带来的总收益。创新外溢减少了竞争企业设计相同技术的需要和费用,促进了进一步的创新;创新外溢使更多的发明者可以在新技术提供的基础平台上有效地工作。

创新活动的成本由创新者承担,但创新者不能得到创新的全部收益,这一定程度上不利于创新激励(吴延兵,2005),可用图 5-1 表示创新溢出效应对创新投资的影响。MC 表示创新投资的边际成本,MR_p 表示创新投资的私人边际收益,MR_E 表示创新投资的外部边际收益,MR_S 表示创新投资的社会边际收益,$MR_S = MR_p + MR_E$。

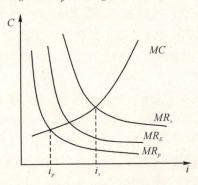

图 5-1　创新外溢对最优创新量的影响

创新者在进行创新活动时,只考虑私人收益,边际收益等于边际成本($MR_p = MC$)决定的投资为 i_p。而考虑外部收益的情况下,最优投资应按社会边际收益等于边际成本($MR_s = MC$)的原则决定,应为 i_s。显然 $i_p < i_s$,即创新者的投资小于社会最优创新投资水平。相应地,创新外溢效应限制了创新的数量,使之小于社会最优的创新数量。

创新外溢虽不利于创新者激励,但有利于促进整个社会总收益水平的提高。如果不存在外溢效应,创新者得到创新的全部收益,创新激励最大,但是外部收益为零,社会总收益不一定最大。如果创新全部外溢,则没有人愿意从事创新活动。所以,在创新激励和社会收益之间存在着一个平衡性的问题。

假定创新的外部收益占全部收益的比重为 r,即外溢比率,$0 \leqslant r \leqslant 1$。$B$ 表示社会总收益,则 rB 为外部收益,创新者的收益为 $(1-r)B$。关键是找到一个合理的 r,使社会总收益 B 最大。随着外溢比率的上升,创新带来的外部收益增加,同时私人收益减少,削弱了创新激励,又导致外部收益的减少,但只要外部收益的增加量大于私人收益的减少量,社会总收益仍然是增加的。当外溢比率增加到一定程度后,私人收益越来越小,创新激励越来越弱,当因创新激励减弱引起的外部收益减少量加上私人收益的减少量大于因外溢比率的增大而引起的外部收益增加量时,社会总收益就会减少。所以,随着外溢比率的变化,社会收益呈现出抛物线的形状。

第二节　创新溢出的空间尺度及检验[①]

创新溢出是在创新主体非自愿的情况下,创新活动对他人或社会所产生的福利溢出,溢出的具体效应显然同接收者与创新主体的距离密切相关,距离远近不仅影响到溢出效应的大小,还影响到溢出的内在机理及表现形式。从空间角度看,创新溢出大致分为企业间溢出、产业间溢出、地区间溢出及国际间溢出四个尺度,其中企业间和产业间的创新溢出可归为区域内部创新溢出,地区间和国际间的创新溢出可归为区域外部创新溢出。

一、企业间溢出

企业的创新活动成果除在本企业经营活动中发挥作用外,还会对产业内的其他企业产生影响,此为企业间溢出效应。这类溢出主要发生在同性质的企业或研究机构之间,往往形成企业集群,目的是追求规模经济。

[①]本节主体内容以"创新溢出的空间尺度与实证检验"为题发表于《科研管理》2009 年第 4 期,在此对数据进行了重新测算。

产业内溢出首先由马歇尔研究英国产业区时提出,后经阿罗和罗默发展,故称为 MAR 外部性。同一产业的企业空间聚集,深化产业在区域内的分工,促进专业化设备供应商队伍的形成,有利于劳动力市场、行业基础设施和专业服务的共享,以及知识外溢和信息传播。集群使企业能够方便地雇用熟练劳动力,迅捷地得到本行业的信息,高效地获得供应商的服务,降低生产成本,提高劳动生产率;集群内的企业更易于相互合作、相互学习和非正式交流,获得创新思想的机会增加,从而促进创新与增长(宁军明,2008)。在特定区域内产业集中度越高,越有利于促进知识在产业内企业间的扩散,加速企业的创新活动。

企业间的创新溢出具有显著的规模经济,正是对规模经济利益的追逐会导致相关企业聚在一起,形成企业集群。在集群内部,单个企业通过创新和开发所获得的包括产品生产技术,产品款式、花样以及产品市场信息、产地品牌、企业管理方式等新知识向外溢出,成为企业集群的公共知识。这些溢出是企业间空间距离的函数,只有集群内部的企业才能获得,一旦离开这个群体就会迅速丧失。集群内的企业主要通过示范/模仿、信息共享、劳动力流动与竞争等途径产生行业内的创新溢出效应。

二、产业间溢出

具有同类知识的产业间往往存在竞争关系,而具有异质能力与知识的产业间则易于建立合作关系。不同产业的创新能够有效互补,产生协同效应,此即产业间的创新溢出。这类溢出主要发生在不同性质的企业和研究机构之间,表现为不同产业在城市里集中,目的是追求城市化经济。

Jacobs(1969)认为知识溢出主要来源于不同产业间的公司,即知识产生于多样性而非专业化。不同行业的企业在一定空间范围内聚集,可以促进相互的交流与协作,提高企业生产效率,为技术进步创造外部经济条件;产业多元化的城市环境能包容不同背景和利益的人们,促进具有不同观点的人之间思想交流,激发新思想、新产品的诞生。某一产业特殊的需求能够刺激区域内相关产业的发展,推动其他产业的创新活动,不同产业的空间集聚能够相互促进,产生多样化溢出(王立平,2008)。一个多样化的产业环境有利于促进知识的传播及经济活动的交往,从而推动区域创新和经济增长。

创新在产业间的溢出是构成城市化经济的重要内容,即多个产业在城市集中布局,可以共享基础设施和公共服务,导致成本降低和效益提高。

这主要表现在两个方面：(1)促使生产专业化，导致具有各种内外联系的企业在相互接触或接近时产生"溢出效应"，一般称为关联经济；(2)促使生产多样化，使聚集的企业通过布局多样化或产业多样化给彼此带来正面效益和影响，一般称为范围经济。产业间的创新溢出主要通过不同产业间的贸易、合作、交流等渠道来实现。

三、区域间溢出

区域间的创新溢出是指区域之间创新活动的相互影响，如果一个地区的创新活动带动另一个地区的创新出现，说明两地之间存在创新的溢出效应。这类创新溢出随距离增加而递减，距离越近则创新溢出效应越强，远离创新中心的区域受时间、费用等因素的影响，溢出的中间阻力大，效应也更弱。

创新能力较强的区域与其他区域之间往往形成一定的创新能力位势差，创新主体为了寻求更为广阔的应用市场，创新也随之向其他区域扩散；创新能力较弱的地区，为了提升自身的创新能力，必然积极模仿，以降低生产成本，提高产品竞争能力，在不同区域相互有需求时，创新发生区域间的溢出。区域间的创新溢出一方面可以避免聚集不经济，因为当聚集规模超过一定的限度时就会出现许多不经济的现象，如资源及其他生产要素的竞争、设施的供需矛盾、能源供应紧张、交通拥挤等；另一方面可以寻求新的发展机会，创新向周边地区扩散，能够扩大影响，开辟新的市场，减小竞争压力。

存在区域间创新溢出的条件下，落后区域通过模仿，创新生产成本下降，创新效率提高，使区域之间出现趋同。但随着技术差距的缩小，两个区域的创新效率逐步接近，如果落后区域不能自主创新，其与领先区域的差距缩小到一定水平后将不再继续缩小，因此两区域之间不可能达到创新水平的完全一致(宁军明，2008)。区域间的创新溢出对区域研发决策也可能产生两方面的影响：一方面溢出区域得不到任何回报，导致其研发激励不足，减少创新投资；另一方面区域间的溢出往往是相互的，更多的研发能够获得更强的吸收能力，带来更多的成本优势，因而溢出引起区域创新投资的增加。区域间的创新溢出主要是通过区域间的商贸往来、人口流动、技术交易及技术转移等渠道而实现。

四、国际间溢出

　　国际上不同国家的创新能力存在明显差异,具有不同创新能力的国家间存在着溢出效应;即使是创新能力大致相当的国家,由于创新的优势领域不同,国家之间也存在着一定的溢出效应。发展中国家的创新能力和经济增长很大程度上取决于它们能否成功地从工业化国家获得新技术、并有效利用这些新技术,以及这种过程进展速度的快慢(鲍莫尔,2004);即使是工业化国家,经济发展也高度依赖于它们从国内外吸收新技术的效果。

　　国际间的创新溢出主要通过以下四种渠道进行(张建华等,2003):一是示范效应,本地企业在与外资企业的交往过程中,通过观察和学习后者,从而提高自己的生产率;二是竞争效应,跨国公司进入后可以在一定程度上消除垄断,市场竞争程度的加强迫使本地企业更有效率地使用资源,进而推动本地企业技术效率的提升;三是培训效应,跨国公司对东道国员工的培训,会通过劳动力市场的流动促进东道国的技术进步;四是联系效应,跨国公司与当地的供应商等上游企业发生的是后向联系,与销售商等下游企业发生的是前向联系。示范效应、竞争效应和培训效应主要发生在产业内,属于横向效应的范畴;联系效应主要发生在产业间,属于纵向效应的范畴。

　　跨国公司是国际间创新溢出的主体,为实现利润最大化,它们往往尽可能减弱横向溢出效应,因为模仿与劳动力流动会导致跨国公司的公司特定优势的逐步丧失;而愿意(甚至有意)提供纵向溢出效应,因为通过前向或后向关联,它们能够从对下游客户与上游供应商的知识扩散中获益,而且溢出效应所导致的子公司上下游企业成本下降不会给跨国公司造成租金损失。当然,除国际贸易、外商直接投资外,国际间创新溢出还通过国际专利、人口迁移及国际会议等渠道来实现。

五、不同尺度创新溢出的证据

　　一些文献力图找到创新溢出的证据,但多集中于行业内、行业间的测算,较少关注区域间的创新溢出,故以下主要从区域角度,利用空间自相关系数来检验创新的空间溢出效应是否显著存在。空间自相关反映一个区域单元上某种现象或某一属性值与邻近区域单元上同一现象或属性值相关程度的大小,包括全局空间自相关和局部空间自相关两类。

全局自相关系数能从整体上反映某一区域的创新溢出效应是否显著，局部自相关系数则反映某一区域与周边区域间的创新溢出效应是否明显。因为创新溢出随距离而递减，如果某一区域创新能力强，其对周边地区的溢出效应也较明显，该区域与周边区域在创新能力上必然存在着显著的空间自相关；从一个区域整体来看，其内部子区域的创新能力存在着显著的空间自相关，则认为该区域内的创新溢出效应明显。

创新溢出在空间上大致分为区域内部溢出与区域外部溢出，以省作为基本的区域，如果全国31个省份技术创新的全局空间自相关显著，则认为国内、省份之间的创新溢出效应明显；如果相邻省份的技术创新存在较强的局部空间自相关，说明区域间的创新溢出效应明显；若省内各地级市技术创新的全局空间自相关显著，则认为区域内部的创新溢出效应明显。

(一)全国创新溢出的证据

利用全国31个省、市、自治区的万人专利授权量数据计算全国整体上技术创新的全局空间自相关系数，两个省份相邻则 W_{ij} 取1，否则取0，其中将海南省与广东、广西看作互为邻居。利用前文的全局空间自相关系数公式计算得到全国各省份万人专利授权量的全局空间自相关系数，见表5-1。

表5-1　31个省份万人专利授权量的全局空间自相关系数

年　份	Moran's I 值	Z 值	p 值
2010 年	0.4776	3.8880	0.0010
2009 年	0.4513	4.3072	0.0010
2008 年	0.3906	4.1043	0.0020
2007 年	0.3505	3.8540	0.0020
2006 年	0.3257	3.1750	0.0080
2005 年	0.2701	2.7468	0.0170

全国各省份万人专利授权量自2006年起全局空间自相关系数都大于0.3且呈逐年上升趋势，都通过1%显著性水平检验，表明我国技术创新存在空间自相关特征，国内、省份之间创新溢出效应明显；随时间变化，Moran's I系数逐步上升，说明创新外溢效应不断加强。

(二)省级区域内部创新溢出的证据

查阅31个省、区、市的统计年鉴，发现浙江、河南及吉林三省的年鉴列出了所辖各个地级市的专利申请量。以三省为代表考察省级区域技术创新的全局空间自相关情况,其中浙江省包括 11 个地级市,河南省包括 18 个地级市,吉林省包括 8 个地级市及 1 个州。两个地级市(州)相邻则 W_{ij} 取 1,否则取 0,计算三省人均专利申请量的全局空间自相关系数,见表 5-2。

表 5-2 2010 年三省人的专利申请量的全局空间自相关系数

地　区	Moran's I 值	Z 值	p 值
浙江省	0.3154	2.8256	0.0024
河南省	0.3385	2.9142	0.0019
吉林省	0.2037	1.9857	0.0235

三个省份的全局空间自相关系数都通过 5% 的显著性水平检验,表明这三个省份内部各地级市之间的技术创新具有空间自相关性,省级区域内部的创新溢出效应较为明显。

(三)省级区域外部创新溢出的证据

利用前文的局部空间自相关公计算我国 31 个省、区、市技术创新的局部空间自相关系数,见表 5-3。

表 5-3 各省份万人专利授权量的局部空间自相关系数

地 区	2010 年	2006 年	2003 年	2000 年	地 区	2010 年	2006 年	2003 年	2000 年
北 京	0.0672	0.0857	0.0915	0.0998	湖 北	0.0981	0.0847	0.0749	0.0788
天 津	0.1258	0.1765	0.2017	0.2380	湖 南	0.1450	0.1693	0.1528	0.1384
河 北	0.2639	0.3295	0.3698	0.4139	广 东	0.0653	0.0711	0.0888	0.0978
山 西	0.0455	0.0445	0.0560	0.0649	广 西	0.1039	0.1282	0.1305	0.1210
内蒙古	0.1028	0.1230	0.1555	0.1769	海 南	0.0778	0.0999	0.0959	0.0828
辽 宁	0.0261	0.0404	0.0517	0.0535	重 庆	0.0866	0.0641	0.0679	0.0758
吉 林	0.0444	0.0643	0.0762	0.0926	四 川	0.0694	0.0714	0.0701	0.0728
黑龙江	0.0165	0.0274	0.0347	0.0341	贵 州	0.0812	0.0746	0.0688	0.0674
上 海	0.2630	0.1421	0.1079	0.0919	云 南	0.0415	0.0306	0.0356	0.0373
江 苏	0.3407	0.3102	0.2484	0.1990	西 藏	0.0441	0.0367	0.0531	0.0539
浙 江	0.3204	0.2737	0.2275	0.1980	陕 西	0.1198	0.1048	0.1086	0.0979
安 徽	0.3388	0.2057	0.1742	0.1561	甘 肃	0.0741	0.0594	0.0849	0.0876
福 建	0.2277	0.2046	0.1793	0.1530	青 海	0.0430	0.0346	0.0439	0.0425

续　表

地　区	2010 年	2006 年	2003 年	2000 年	地　区	2010 年	2006 年	2003 年	2000 年
江　西	0.3077	0.2722	0.2470	0.2191	宁　夏	0.0290	0.0267	0.0360	0.0442
山　东	0.1595	0.0761	0.0706	0.0725	新　疆	0.0110	0.0128	0.0194	0.0208
河　南	0.1123	0.0884	0.0990	0.1035					

从表 5-3 可看出,各省技术创新水平的局部空间自相关系数呈现出区域分布特征。结合各省万人专利授权量的分析发现,北方创新能力最强的省份是北京、天津,中部是上海、江苏、浙江,南方是广东,与之相对应,北方的天津和河北的局部空间自相关系数较高,中部的上海、江苏、浙江、安徽和江西局部空间自相关系数较高,南方的福建、广西和湖南局部空间自相关系数较高,说明创新能力较强的省份一般对周边省份的创新溢出效应较为明显,但北京与广东省对周边省份的空间溢出效应并不特别显著。从时间上看,中部空间自相关较强省份的系数明显上升,其他地区的系数变动不大。

从浙江、河南及吉林三省区域内部与区域外部溢出效应的对比来看,浙江省的省外溢出效应大于省内溢出效应,而河南和吉林两省则是省内溢出效应大于省外溢出效应。这可能与各省本身创新能力的大小有关,一般来说创新能力较强的省份更能对其他省份产生溢出效应,而创新能力不高的省份则更多地表现为省会城市对省内其他地、市的创新溢出。

第三节　城市体系创新扩散的空间特征[①]

一、城市体系与创新扩散的关联性

(一)城市有利于技术创新的产生

城市将具有不同才能、教育、文化和语言背景的人们密集在一起,为创新及外溢提供了适宜环境;集中居住在城市的人们相互之间信息传播速度快,进行学习、技术创新的成本更低、效率更高;城市还使得人们能够更快、更及时地积累和更新人力资本,为创新提供智力支持。

---

①本节部分内容以"城市体系中创新扩散的空间特征研究"为题发表于《科学学研究》2010 年第 5 期,在此进行了重新测算。

城市具有的专业化及多样性、信息交流网络及人力资本形成等方面的优势，为技术创新创造了良好条件，有利于技术创新的产生。

1. 专业化与多样性优势。在大城市里，高度专业化的企业聚集在一起，能够共享特定的劳动力市场、信息和内部联系等资源，产生创新的外溢效应。在一个地区，众多产业并存比单一专业化产业的集中更能给地区带来活力，产业之间的交流能够产生更具有生产力的新思想和组合（赵红军，2005）。

2. 信息交流网络的优势。城市中创新主体在空间上相互邻近，不仅缩短了彼此之间的硬距离，带来运输成本的降低，而且有助于缩短文化和价值观念的差距，增强彼此之间的信任度，为彼此之间的非正式交流提供持久、同步的交流环境，便于形成信息交流网络，使新创意不断涌现（Jacobs，1969）。

3. 人力资本积累优势。城市的受教育机会及教育基础设施明显好于农村，提供了学习和知识积累的规模生产环境，城市中各种特殊技能和天赋的人都拥有十分广阔的市场，有利于人们发展自身技能，促进人力资本的形成和积累（Bertinelli 和 Duncan，2014）。

（二）城市体系促进创新扩散

创新扩散是指技术创新通过一定的渠道在已采用者与潜在使用者之间传播的过程。城市完善的信息、通讯等基础设施，为创新扩散提供了良好的传播渠道。因此，城市不仅是创新有效率的生产者，而且为创新扩散提供了有利环境，使创新可以快速地从一个人扩散到另一个人，从一个企业扩散到另一企业。

城市体系内大、中、小城市之间由于发展水平不同，受生产要素聚集和扩散程度的影响，不同规模的城市之间形成有规律的功能差异。大城市人口、资本、技术、消费和基础设施的集聚程度高，社会分工发达，科学技术先进，交通通信便捷，综合经济效益明显，在区域中发挥着重要的指挥和导向功能。中等城市具备一定的基础设施，分布比较均匀，一方面容易接受新思想、新技术，另一方面容易对周边区域发展起到带动作用，发挥着承上启下的功能。小城市和城镇作为城乡之间的桥梁与纽带，是大中城市的发展基地，是乡村的政治经济文化中心。城市在城市体系中的功能、等级差异构成城市间的位势差，形成创新扩散的空间梯度，促进创新沿梯度扩散。创新往往首先发生于大城市，随着创新技术的逐步成熟，市场需求不断增加，大城市不能满足其需要，于是由大城市逐步向外扩散。

　　城市体系是一个包含节点、流线和区域的复杂网络,城市是网络的节点,节点之间通过各种渠道相互连接,相互作用。城市体系内不同规模的城市之间及城市与腹地之间的创新扩散借助于各种运输和通信工具,通过各种运输网络包括铁路网、公路网、航空网、水路、管道等实现物流和人流传输,通过各种通信网络包括电话、电报、电传、传真和互联网等实现商流与资金流、信息流的流动(郑伯红,2005)。伴随着各种流的运动,创新逐步实现其在城市之间及城市与腹地间的扩散。

(三)城市体系中创新扩散的空间模式

　　创新的空间扩散主要采取传染扩散、等级扩散及位移扩散等几种形式(康凯,2004)。传染扩散使创新由城市中心向周边地区扩散,表现为郊区化,导致城市规模和影响范围扩大;等级扩散是创新遵循着一定等级次序进行扩散,使中小城市更易于接受中心城市的辐射而不断发展壮大;位移扩散意味着中心城市的扩散效应在空间上脱离原有中心,在新空间位置聚集,促成城市新区的形成。创新扩散往往不是单独采取等级扩散或者传染扩散的模式,而是多种扩散模式的混合。创新扩散究竟主要采用何种模式,一方面取决于创新本身的特性,另一方面取决于周边环境。

　　城市体系中由于各个城市的功能量级不同而呈现出规模—等级分布特征,一个城市接受创新的可能性受到自身信息基础设施、通讯网络等条件的影响,取决于与已创新的城市的信息交流强度。事实上,两个城市之间信息交流强度,不仅取决于彼此间的空间距离,更取决于它们在区域中的地位。规模较大的城市比较小城市有更多的机会成为扩散中心,传播扩散和接受信息的机率也更大。城市体系中各个城市存在等级差异,势能大小不同,城市间更多地存在着顺等级的扩散效应,即不同等级城市之间的垂直联系。所以,创新在城市体系中的等级扩散特征更为突出,创新由中心城市向次级城市,再向小城镇,沿城市等级由高向低扩散。对于创新由城市向其腹地的扩散,则由传染模式加以补充。

二、城市体系中创新空间扩散模型

　　空间不连续的创新扩散主要呈等级扩散模式,Hudson(1969)建立了一个早期的此类模型。假定在时期 t 内,由最高等级的城市扩散到 $t+1$ 级城市的信息的概率分布遵循二项分布:

$$p_t = \frac{(m-1)!}{t!(m-1-t)!}(1-\frac{1}{q})^t(\frac{1}{q})^{m-1-t} \qquad (5\text{-}1)$$

其中，m 是最高等级城市，q 为空间参数。创新扩散按等级序列依次向下传递，随着时间推移累积概率函数表现为 S 形。

Pedersen(1970)认为创新的等级扩散由城市的接受意愿、创新的经济或技术可行性，及该城市中企业家的情况来解释。当城市 i 的人口高于最低限，且信息超过阈值时，城市 i 采用创新的概率遵循累积的负指数分布：

$$p_i(t) = 1 - e^{-p_i q} \qquad (5\text{-}2)$$

其中，p_i 是接受创新城市的人口，q 为接受创新的人是企业家的概率。显然，高等级城市的人口更多，创新接受者是企业家的概率也更高，采用创新的概率也更高，说明城市体系中创新等级扩散的可能性高于传染扩散。

威尔逊(1967)提出基于最大熵原理的空间相互作用模型，认为城市间的空间相互作用随距离变量呈负指数衰减；王铮(1991，2000)证明负指数形式相对于传统的引力模型更合理，且没有城市对自己溢出强度为无穷大的"陷阱"。

城市间信息交流、物资流通等空间关联是创新扩散的必要条件。若将城市相互作用中的空间流 T 视为创新扩散流，可利用其积累效果与创新扩散之间的关系来研究创新空间扩散机制。假设一项创新在某个城市体系中扩散，共有 n 个城市，一些城市已经采用该项创新，另外一些城市还未采用。未采用的城市受到已采用城市的空间扩散流影响。n 个城市间创新扩散的空间流矩阵：

$$T = \begin{bmatrix} T_{11} & T_{12} & \cdots & T_{1n} \\ T_{21} & T_{21} & \cdots & T_{2n} \\ \vdots & \vdots & \vdots & \vdots \\ T_{n1} & T_{n2} & \cdots & T_{nm} \end{bmatrix} \qquad (5\text{-}3)$$

其中，T_{ij} 表示从城市 i 流向城市 j 的空间流，反映城市 $i \rightarrow j$ 的创新扩散强度（简称流强）。上式可简化为：$T = \left[T_{ij}\right]_{n \times m}$。

依威尔逊(1967)的空间相互作用模型，得城市间创新扩散的流强：

$$T_{ij} = KO_i D_j exp(-br_{ij}) \qquad (5\text{-}4)$$

式中，T_{ij} 即城市 i 对城市 j 的创新扩散流强；O_i、D_j 分别是城市 i 的"供应"和城市 j 的"需求"；r 为两城市的空间距离；威尔逊分析中，b 作为拉格朗日函数引入，物理意义不明确，在此借鉴重力模型中 b 的含义，将 b 称作空间相互作用的"摩擦系数"。由式(5-4)知,当摩擦系数 b 趋于 0 时,创新空间扩散随距离衰减速度较慢,呈等级扩散特征;b 越大,创新扩散流强随距离衰减越快,传染扩散特征更为突出。

对于未采用创新的城市 j 来讲,它所接受已采用城市的创新扩散流强总量为:

$$T_j = \sum_{i=1}^{n} KO_i D_j exp(-br_{ij}) \tag{5-5}$$

存在一个阈值 F,如果城市 j 所接受的流强小于 F,就不会接受该项创新。所以,该创新扩散到 j 城市的条件为:

$$T_j = \sum_{i=1}^{n} KO_i D_j exp(-br_{ij}) \geqslant F \tag{5-6}$$

根据式(5-4)可得到某一时刻已采用城市 i 向未采用城市 j 扩散创新的概率:

$$P_{ij} = \frac{T_{ij}}{\sum_{i=1}^{n} T_{ij}} = \frac{KO_i D_j exp(-br_{ij})}{\sum_{i=1}^{n} KO_i D_j exp(-br_{ij})} \tag{5-7}$$

模型中 b 是一个关键参数,决定着城市间的创新扩散效应随距离的衰减速度,根据其值可判断城市体系中的创新扩散模式,所以对 b 的估计至关重要。Sen(1986)利用最大似然法对参数 b 进行了估计;王铮(2002)假定区域的空间相互作用类似于现代物理发现的 4 种基本力,由某种传递子传递,给出 b 的估计表达式;此外,王铮(2002)还提出利用迭代法估计 b 的原理及步骤。

三、长三角城市体系创新空间扩散的实证分析

现实中创新在城市体系内的扩散究竟采取何种模式,具有什么样的空间特征? 将以长三角城市体系为例开展实证分析。

(一)长三角城市创新流强度与城市规模的相关性

城市流强度反映城市与外界区域相互作用而发生的经济社会联系的强弱,创新在城市间的扩散属于城市流的一部分。借用城市流强度模型,可对长三角各城市的创新流强度进行综合分析,考察城市规模等级与创新扩散之间的关联性。

城市创新流强度模型为:

$$F = N \cdot E \tag{5-8}$$

其中，F 代表城市创新流强度，N 代表城市创新功能，E 代表城市外向功能量。选择城市从业人员作为城市功能量指标，则 E 取决于某一部门从业人员的区位商 L，L_{ij} 表示 i 城市、j 部门从业人员的区位商，公式为：

$$L_{ij} = \frac{G_{ij}/G_i}{G_j/G} \tag{5-9}$$

若 $L_{ij} < 1$，则 i 城市 j 部门不存在外向功能量，$E_{ij} = 0$；若 $L_{ij} > 1$，则 i 城市 j 部门存在外向功能量 $E_{ij} = G_{ij} - G_i \cdot \dfrac{G_j}{G}$。$i$ 城市总的外向功能量；i 城市的科技创新功能 N_i 用人均专利授权数表示。则 i 城市的城市创新流强度为：

$$F_i = N_i \cdot E_i$$

收集长三角 16 个城市主要外向服务部门从业人员的数据，先计算各部门的外向功能量与总的外向功能量，再将各城市的外向功能量与每万人专利授权数相乘，得到 2010 年各城市的创新流强度（见图 5-2）。

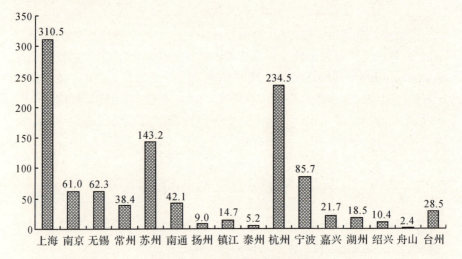

图 5-2　长三角城市创新流强度

上海作为长三角的龙头城市，创新流强度远高于其他城市；杭州和苏州分别是长三角南翼与北翼的次中心城市，创新流强度也分居第二、第三位；南通、泰州、舟山的城市规模较小且离上海距离较远，创新流强度较小，分列后三位。总体来看，长三角各城市的创新流强度与其在城市体系中的规模等级基本对应，具体见表 5-4。

表 5-4　长三角城市规模等级与创新流强度等级

指　标	上海市	南京市	无锡市	常州市	苏州市	南通市	扬州市	镇江市	泰州市	杭州市	宁波市	嘉兴市	湖州市	绍兴市	舟山市	台州市
城市规模	1343.37	548.37	238.6	227.75	242.48	213.9	119.25	103.39	82.72	434.82	223.36	89.27	105.63	65.04	69.72	154.17
创新流强度	310.5	61.0	62.3	38.4	143.2	42.1	9.0	14.7	5.2	234.5	85.7	21.7	18.5	10.4	2.4	28.5
规模等级	1	2	5	6	4	8	10	12	14	3	7	13	11	16	15	9
强度等级	1	6	5	8	3	7	14	12	15	2	4	10	11	13	16	9

注：城市规模为"市辖区人口数"，计量单位为"万人"。

进一步计算各城市创新流强度与城市规模之间的斯皮尔曼等级相关系数为 0.85[①],通过 1‰ 的显著性检验,反映出两者之间较高的一致性。创新流强度为城市创新对外扩散的强度,与城市规模存在等级一致性,说明长三角城市体系中的创新扩散主要呈现出由特大城市扩散到大城市、再扩散至次级规模城市的等级扩散模式。

(二)城市体系中创新扩散的空间特征

为进一步探讨长三角城市体系中创新扩散的空间模式与特征,将国美电器连锁店在长三角的扩张之路视为以资本为依托的经营模式创新在长三角城市间的扩散过程,利用式(5-4)的威尔逊空间扩散模型,模拟得到磨擦系数 b 的取值,可判断国美连锁店的创新扩散模式,分析其空间扩散特征。

在长三角城市体系中,国美最早进驻的城市是上海。假设国美下一进入城市是与所有已进驻城市相互作用中接受概率最大的城市,取定 b 值得到各城市理论上的进入次序,将其与国美实际进入各城市的次序对比,取两者离差平方和。离差平方和最小的 b 值可认为是与实际情况最为接近的 b 值,并以此做出扩散模式的判定。

以已进驻城市作为创新接受者,未进入城市作为创新潜在接受者,以长三角 16 个地级以上城市为样本城市,进行模拟计算。步骤如下:

1. 以公路里程[②]作为城市间距离的测度指标,形成 16×16 的对称矩阵,城市规模为市辖区人口数,取定一个 b 值,根据式(5-4)计算出两两城市间的流强 T_{ij};

2. 将矩阵中每一城市的流强与该城市所在列的流强列和对比,即 $T_{ij}/\sum\limits_{i=1}^{n}T_{ij}$,得到每一城市接受另一城市创新扩散的概率 P_{ij};

3. 从第一个进驻城市(上海)开始,求出未进入城市中与所有已进驻城市相互作用过程中接受概率 P_{ij} 最大者,作为理论上的下一个进入城市;

4. 把新进入城市归为已进驻城市的行列,从余下城市中选择与所有已进入城市之间接受概率最大者作为下一个进入城市。如此反复,直至所有城市都成为进驻城市;

①等级相关系数是依据两列数据排序后的等级差计算的相关系数,取值在 −1 到 +1 之间,越接近于 1,正相关程度越高。

②公路客运适宜于中短途运输,铁路、航空适宜于长途运输,而长三角各城市间距离较近,且公路体系发达、运输量大,故以公路里程数来表示城市间的距离。

5.经过上述过程,得到每个城市成为创新接受者的次序。记 16 个城市的理论进入顺序为 $d_{1i}(i=1,2,\cdots,16)$,实际进入顺序为 $d_{2i}(i=1,2,\cdots,16)$,求两者离差平方和 $\sum d^2 = \sum (d_{1i} - d_{2i})^2$;

6.改变 b 的取值,重复前面的过程。

由于城市间的创新扩散流强度以负指数形式衰减,当 b 值超过 0.1 后扩散流强度变得很小,所以表 5-5 中给出 b 的模拟取值范围为 $0-0.1$;根据给定的 b 值,计算得到理论顺序 d_i 与真实顺序 d_j 之差的平方和 $\sum d^2$,以及理论顺序与实际顺序之间的等级相关系数。

表 5-5　不同 b 值下的 $\sum d^2$

b	0	0.001	0.003	0.005	0.01	0.02	0.03	0.05	0.07	0.1
$\sum d^2$	288	304	286	304	396	496	504	498	518	528
等级相关系数	0.576*	0.553*	0.579*	0.553*	0.418	0.271	0.259	0.268	0.238	0.224

注:* 表示通过 5% 显著性水平检验。

从表 5-5 看出,b 值超过 0.01 后,$\sum d^2$ 基本稳定;当 $b=0.003$ 时,$\sum d^2$ 最小,理论进入顺序与实际进入顺序最为接近。b 值接近于 0,说明国美电器连锁店在长三角的扩张呈现出明显的等级扩散模式。此时,实际进入各城市的顺序与理论进入顺序见表 5-6。

表 5-6　$b=0.003$ 时国美电器连锁店进驻各城市的次序

城 市	上海	杭州	宁波	无锡	嘉兴	绍兴	南京	苏州	台州	常州	南通
实际顺序	1	2	3	4	5	6	7	8	9	10	11
理论顺序	1	2	7	5	14	12	3	6	8	4	15
城市规模等级	1	3	7	4	13	15	2	5	8	6	12

由表 5-6 知,国美电器连锁店的理论进入顺序与实际进入顺序之间虽存在一致性,但仍有较大差异,两者的等级相关系数为 0.579,并不是很高。造成理论顺序与实际顺序的差异的原因很多,譬如理论上城市间的距离仅用"公路里程"来表示,城市"供给"与"需求"用城市人口规模代表,而实际情况更为复杂等。

另外,如果国美电器连锁店的扩张完全遵循等级扩散模式,理论上进入各城市的次序应与城市规模等级完全一致,表 5-6 显示两者虽基本一致但存在差异;实际进入次序与城市规模等级之间的差异则更大,两者等级相关系数仅为 0.445，且未能通过显著性检验。这都说明现实中国美电器连锁店的扩张并非仅仅考虑城市规模，而是多种因素综合考量的结果，呈现出的创新扩散模式也是以等级扩散为主，兼具传染扩散等特征。

(三)进一步分析与讨论

城市体系中一个城市接受创新的可能性取决于与已采用创新的城市的相互作用的流强度。城市间的创新扩散流强度具有距离衰减特征，距离较近的城市间以及城市与腹地之间容易发生创新扩散，这种由于近邻效应而引致的创新扩散为传染扩散模式。威尔逊模型显示，除距离外，城市间的"供给"与"需求"也是决定创新扩散流强度的重要因素，而"供给"与"需求"又主要取决于城市规模，可见城市间的创新扩散不仅取决于彼此间的空间距离，而且取决于它们在区域中的地位。规模较大的城市比较小城市更有机会成为扩散中心，传播扩散和接受创新的机率也更大。城市体系中城市本身存在等级差异，势能大小不同，所以，城市间必然存在着顺等级的扩散效应，创新在城市体系中由中心城市向次级城市，再向小城镇，沿城市等级由高向低扩散。

除距离与规模因素外，城市间的创新扩散可能还受城市的信息基础设施、通讯网络等扩散渠道及介质的影响。实际扩散中，扩散过程往往受近邻效应、等级效应、轴向效应等多种效应及随机因素的综合作用，呈现出复杂多变的混合扩散模式。当然，在特定的创新扩散环境中及特定扩散时期，某一类型的创新扩散模式可能表现得更为突出。

步入稳定发展阶段，国美为了巩固在已进驻城市的地位，进一步扩大销售额，进一步向次级规模城市扩张的同时，在已进驻城市的不同区块也开出许多新的连锁店，并逐渐向城市周边地区渗透，扩张模式逐步显现出传染扩散特征。

既然城市体系中的创新扩散与城市规模等级密切相关，那么提升区域整体创新能力的思路之一可考虑提高区域中各级城市的功能等级，特别是中心城市，以提供孕育创新的沃土，为创新扩散创造良好条件。距离也是影响创新扩散的重要因素，对于非中心城市在努力扩大自身规模的同时，还应注重加强信息基础设施建设，强化对外的通讯、网络联系，缩短与其他城市相互作用的"空间距离"，增强接受创新扩散的能力，以便更快地接受创新中心的扩散辐射，提高自身的竞争力。

第四节　长三角创新溢出的空间计量分析

现实中人类活动和经济行为总在一定时间和地域范围内同时进行,特征研究不仅需考虑时间维度,也不能忽视空间维度,同时考虑时间相关性和空间相关性,能够更客观地反映受到时空交互作用影响的创新行为特征和规律。因此,采取空间面板计量模型来分析长三角城市体系的创新空间溢出效应。

一、空间计量模型构建

Griliches-Jaffe 知识生产函数作为知识生产与技术创新领域的重要工具,已被国内外学者广泛应用于创新、研发以及知识溢出等方面的研究。知识生产函数将创新投入与创新产出联系起来,认为 R&D 经费与科技人力资源是创新过程中的基本投入要素。知识生产函数的基本形式为:

$$I_i = AK_i^{\alpha}L_i^{\beta}e \tag{5-10}$$

其中,I 表示创新产出,α、β 分别是 K 和 L 的弹性系数,K 为研发资本投入,L 为科技人员投入,e 代表随机误差项,下标 i 表示地区单元。

以 Griliches-Jaffe 知识生产函数为基础,根据长三角城市体系所特有的经济环境和现实情况,引入外商直接投资、城市产业特征以及城市集中度等控制变量来反映影响创新产出的环境因素,最终形成与空间计量模型相对应的扩展知识生产函数,模型形式如下:

$$SAR: LnINN_{it} = \rho WLnINN_{it} + \alpha_1 LnK_{it} + \alpha_2 LnL_{it} + \alpha_3 FDI_{it} + \alpha_4 SP_{it} + \alpha_5 DIV_{it} + \alpha_6 CS_{it} + \varepsilon_{it} \tag{5-11}$$

$$SEM: LnINN_{it} = \alpha_1 LnK_{it} + \alpha_2 LnL_{it} + \alpha_3 FDI_{it} + \alpha_4 SP_{it} + \alpha_5 DIV_{it} + \alpha_6 CS_{it} + \varepsilon_{it} \tag{5-12}$$

$$\varepsilon_{it} = \lambda W\varepsilon_{it} + \mu_{it}$$

其中,INN 为创新产出,K 为研发经费投入,L 为科技人员投入,FDI 为外商直接投资,SP 为产业的专业化系数,DIV 为产业的多样性系数,CS 为城市集中度。

二、空间权重矩阵

空间权重矩阵表征空间单元之间的相互依赖性及关联度,合理确定空间权重矩阵对于创新活动的空间计量分析至关重要。实证研究中,通常采用邻接标准或距离标准来定义空间权重矩阵,以下将从地理特征和经济特征两个角度,分别建立包括空间邻接标准、地理距离标准和社会经济空间距离标准三种空间权重矩阵,以更全面地把握区域创新溢出机制与影响因素。

(一)空间邻接矩阵

$$W_q = \begin{cases} 1 & i\ 与\ j\ 相邻 \\ 0 & i\ 与\ j\ 不相邻 \end{cases} \tag{5-13}$$

(二)地理空间距离权重

$$W_d = \begin{cases} 1/d^2 & i \neq j \\ 0 & i = j \end{cases} \tag{5-14}$$

其中,d 为两地区地理中心位置之间的距离。

(三)经济空间距离权重

以 GDP 代表城市经济发展水平,以地理距离权重矩阵代表区位因素,建立如下权重矩阵:

$$W_s = W_d diag(\bar{G}_1/\bar{G}, \bar{G}_2/\bar{G}, \cdots \bar{G}_n/\bar{G}) \tag{5-15}$$

其中,W_d 为地理距离权重矩阵,$\bar{G}_i = \dfrac{1}{t_1 - t_0 + 1}\sum_{t_0}^{t_1} G_{it}$ 为期内各城市

的 GDP 平均值,$\bar{G} = \dfrac{1}{n(t_1 - t_0 + 1)}\sum_{i=1}^{n}\sum_{t_0}^{t_1} G_{it}$ 为期内 GDP 平均值。

三、长三角创新空间溢出的实证分析

(一)数据来源

实证分析的样本为长三角城市体系所包含的 16 个地级以上城市,考虑到数据可得性,时间跨度为 2004 年至 2011 年。由于创新投入与产出之

间存在一定的滞后性,参考 Gurrero 和 Sero(1997)与苏方林(2006)的做法,将模型中所有解释变量滞后一期。数据主要来自《长江和珠江三角洲及港澳台统计年鉴》(2005—2009)、《江苏统计年鉴》(2005—2012)、《浙江统计年鉴》(2005—2012)、《上海统计年鉴》(2005—2012)和《中国城市统计年鉴》(2005—2012)。

(二)变量说明

借鉴国内外相关文献,考虑数据的可得性和完整性,选取专利申请授权量作为创新产出指标,并从创新投入、外商直接投资及城市产业特征、城市集中度等方面,选取影响长三角城市体系创新产出的因素作为解释变量。

1.创新投入。包括经费投入和人员投入,其中经费投入规模以地方财政一般预算支出的科学技术费用(K)来衡量,人员投入规模以各类专业技术人员数(L)来代表,由于 2009 年专业技术人员数统计口径发生变化,2009—2011 年的各类专业技术人员数由各城市的从事科技活动人员数指标换算得到。

2.外商直接投资(FDI)。以外商直接投资额占 GDP 比重来反映,根据当年汇率将外商直接投资额转化为人民币单位,同时用固定资产投资价格指数进行折算,消除价格影响。

3.城市产业特征。包括产业专业化特征与多样化特征,参考张宗庆和张寅(2012)专业化指数和多样化指数的计算方法,专业化指数为 $sp_i = max(s_{ij}/s_j)$,多样化指数为 $div_i = 1 - \sum_j s_{ij}^2$,其中 s_{ij} 表示城市 i 中部门 j 的从业人员数占城市总从业人员数的份额,s_j 为该部门 j 的从业人员占全国从业人员数的份额。

4.城市集中度(CS)。以市辖区人口数占全市人口总数的比重来反映,因为城市能够为创新的发生创造有利条件,通常创新主要集中于城市(市区),城市集中度越高,创新产出水平越强。

(三)空间自相关性检验

首先利用 2004、2008 和 2011 年长三角城市体系的专利授权量进行空间格局的四分位图描述,结果见图 5-3。

由图 5-3 可知,长三角城市体系的专利授权量在地理空间上呈现出非均衡分布状态。以 2011 年为例,上海、苏州、宁波、无锡是创新活动最为活

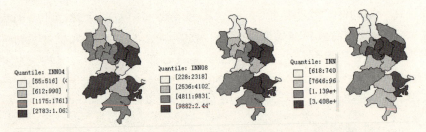

图 5-3　长三角城市体系专利授权量的空间分布四分位图

跃的城市;南京、杭州、常州、南通是创新活动较为活跃的城市,而创新产出水平较低的城市主要包括扬州、镇江、泰州、舟山等城市。比较三年的四分位图可以发现,从 2004 年以来,南通、无锡、湖州、嘉兴由于邻接上海、苏州等创新活动活跃城市,其创新活动也变得越发活跃。

　　接下来,以空间邻接权重矩阵为代表,计算 2004 年至 2011 年长三角城市体系创新活动的 Moran's I 指数,结果见表 5-7。

表 5-7　长三角城市群专利授权量的 Moran's I 指数

年　份	Moran's I	P 值
2004 年	0.0343	0.197
2005 年	0.0375	0.215
2006 年	0.0690	0.167
2007 年	0.1216	0.083
2008 年	0.2922	0.050
2009 年	0.3556	0.032
2010 年	0.3859	0.018
2011 年	0.3471	0.022

　　表 5-7 可看出,2004 年至 2011 年长三角城市体系创新产出呈现正的空间自相关,且空间自相关性不断增强,2007 年后的 Moran's I 均通过 5% 水平的显著性检验,说明长三角城市体系中的城市创新产出存在对邻近城市的正向溢出效应,且随着长三角一体化不断深入,创新活动的空间相关性也在不断提高。

　　为进一步反映长三角城市体系创新活动的局部空间特征,利用 Moran 散点图将各城市的创新产出数据点分成四个象限,分别对应四种不同的空间格局:处于第一、三象限的"高—高"和"低—低"表现为局部正相关,即空间集聚,处于第二、四象限的"低—高"和"高—低"表现为局部负相关,即空间离散。考虑分布于四个象限的具体城市,汇总得到表5-8。

表5-8　长三角各城市的象限分布及变动情况

年份	空间聚集		空间离散		跨象限
	HH	LL	LH	HL	
2004	苏州	南京、常州、嘉兴、扬州、泰州、湖州、南通、镇江	舟山、台州、无锡、绍兴	上海、杭州、宁波	
2008	上海、苏州、绍兴	南京、扬州、泰州、湖州、镇江、常州	舟山、嘉兴、南通、台州、无锡	宁波	杭州(Ⅰ,Ⅳ)
2011	苏州、上海、南通、无锡	南京、泰州、镇江、扬州	嘉兴、台州、绍兴、舟山、湖州	杭州、宁波	常州(Ⅱ,Ⅲ)

表5-8显示2004、2008、2011年长三角城市体系创新产出的空间分布情况,比较分析发现多数城市位于第一、三象限,呈现出正的空间相关性,且第一象限的城市逐年增加,第三象限的城市逐年减少,说明长三角城市体系高创新产出集聚现象逐步形成。杭州、宁波处于HL象限,表明其本身创新产出水平较高,但周边城市的创新产出水平相对较低,像嘉兴、绍兴、台州、湖州、舟山则处于LH象限,自身创新产出水平较低,但周边城市创新产出水平较高。

(四)模型选择

利用空间面板模型开展计量分析,首先需判断SAR和SEM哪个模型更适合来反映城市之间的创新溢出效应,Anselin和Florax(1995)提出了一个判断准则:通过两个拉格朗日乘数 *LMerr*、*LMsar* 和稳健的 *R-LMerr*、*R-LMsar* 等检验统计量来加以判断;如果 *LMsar* 较之 *LMerr* 在统计上更加显著,且 *R-LMsar* 显著而 *R-LMerr* 不显著,则可以断定适合的模型是空间滞后模型。相反,则断定空间误差模型较为合适。

首先利用OLS方法估计模型参数,然后计算拉格朗日乘数,得到结果见表5-9。

表 5-9　模型检验统计量及对应 p 值

检验统计量	W_q		W_d		W_s	
	检验值	p 值	检验值	p 值	检验值	p 值
LMsar	3.7296	0.0535	11.513	0.0007	9.927	0.000
R-LMsar	0.5475	0.4593	2.3361	0.1264	3.042	0.080
LMerr	3.8781	0.0489	9.7916	0.0002	7.288	0.000
R-LMerr	0.6960	0.4041	0.6143	0.4332	0.404	0.525

　　从 LMsar、LMerr 的检验结果看，W_d 和 W_s 两种空间权重矩阵下检验统计量的效果较好，LMsar 的检验值都大于 LMerr，且 R-LMsar 较 R-LMerr 更为显著，因此，总体来看选择空间面板滞后模型 SAR 更为合适。

　　此外，面板模型还需确定是采用个体固定效应模型还是个体随机效应模型，Hausman 检验能够判断采用固定效应模型和随机效应模型的概率，通常用以确定选择哪种模型。Hausman 检验结果如表 5-10 所示：

表 5-10　空间滞后模型下的 Hausman 检验结果

不同权重	W_q		W_d		W_s	
SAR	检验值	p 值	检验值	p 值	检验值	p 值
	−30.42	0.000	−24.98	00008	−23.4514	0.0014

　　由以上检验结果可知，采用个体固定效应模型更为合适。由于各个城市存在多方面的特征差异，这些差异必然会对创新产出产生影响，为了准确反映城市之间的创新溢出效应，采用消除城市之间特征差异的固定效应模型显然更为合适。

(五)模型估计结果与分析

　　下面以空间滞后模型为基础，分别估计空间邻接权重矩阵、地理空间距离权重矩阵和社会经济空间距离权重矩阵下的个体固定效应模型，估计结果见表 5-11 所示。

表 5-11　三种空间权重矩阵下 SAR 模型估计结果

不同权重	模型(1) W_q		模型(2) W_d		模型(3) W_s	
变量	系数	p 值	系数	p 值	系数	p 值
LnK	0.1576**	0.023	0.1906***	0.0074	0.193***	0.006

续　表

不同权重	模型(1) W_q		模型(2) W_d		模型(3) W_s	
变量	系数	p 值	系数	p 值	系数	p 值
LnL	0.4634**	0.018	0.549***	0.0064	0.542***	0.007
FDI	−1.489*	0.084	−1.424	0.1089	−1.389	0.116
SP	0.0012	0.842	−0.007	0.918	−0.0018	0.77
DIV	−0.086	0.857	0.183	0.707	0.061	0.901
CS	3.066***	0.000	2.866***	0.000	2.854***	0.000
ρ	0.41***	0.0000	0.43***	0.0000	0.52**	0.000
R^2	0.953	/	0.951	/	0.951	/
$Sigma^2$	0.0154	/	0.064	/	0.0162	/
$LogL$	71.49	/	69.46	/	69.91	/

注：* 表示 10% 水平显著，** 表示 5% 水平显著，*** 表示 1% 水平显著。

从上表中 R^2，$Sigma^2$，$LogL$ 等统计量来看，模型(1)到模型(3)均具有较好的拟合效果，且彼此之间相差不大，说明 SAR 模型能够较为准确地反映长三角城市群创新活动的空间溢出效应。从模型的效应估计结果看，空间相关系数 ρ 均为正且通过 1% 的显著性检验，充分说明以专利授权量为产出指标的区域创新活动存在显著的正向空间自相关，城市之间的创新产出具有明显的空间溢出效应。由于知识具有缄默性，难以编码，需要面对面的交流，从而地理邻近显得重要，这决定创新溢出具有地方化特征和地理衰减性特性。地理位置的邻近有利于地区间创新资源要素的共享和合理配置，进而促进区域创新活动的空间集聚，空间邻接权重矩阵下的模型(1)和地理空间距离权重矩阵下的模型(2)中空间相关系数均显著为正，表明地理邻近的确对创新产出产生显著的正向影响，邻近城市之间具有创新溢出效应。模型(3)中显著为正向的空间自相关系数表明经济条件相似的城市之间创新活动同样具有相互激发的正向影响，彼此产生溢出效应。

从模型中解释变量系数的估计结果来看，部分解释变量的系数未通过显著性检验，考虑到变量之间可能存在多重共线性，以最常用的空间邻接矩阵 W_q 为代表，对变量进行逐步回归，具体估计结果如表 5-12 所示。

表 5-12　长三角城市体系创新空间溢出模型的估计结果

变量和统计量	模型(4)	模型(5)	模型(6)	模型(7)	模型(8)	模型(9)
LnK	0.1968***	0.1954***	0.1789**	0.203***	0.189**	0.1576**
LnL	0.4792***	0.4081**	0.4189**	0.4416**	0.445**	0.4634**
FDI		−0.8934	−0.805	−0.991	−0.919	−1.489*
SP			0.0021		0.0015	0.0012
DIV				0.334	0.3236	−0.086
CS						3.066***
ρ	0.443***	0.446***	0.441***	0.431***	0.431***	0.41***
R^2	0.94	0.95	0.94	0.94	0.94	0.953
$Sigma^2$	0.018	0.018	0.018	0.018	0.018	0.0154
$LogL$	61.09	61.63	61.68	61.85	61.87	71.49

注：* 表示 10%显著性，** 表示 5%显著性，*** 表示 1%显著性。

　　综合比较各个模型发现：空间相关系数 ρ 在所有的模型中都为正值，均通过 1‰ 的显著性检验，再次证明长三角城市之间的创新产出存在显著的空间溢出效应；经费投入和人员投入对创新溢出的贡献均为正，符合预期判断；外商直接投资的弹性系数为负，说明长三角的外商投资并未对城市创新产出带来显著的正向促进效应，原因可能在于外商投资对国内企业的技术锁定等方面；专业化指数的系数为正，但没有通过显著性检验，说明长三角城市群的产业专业化集聚正在逐步形成 MAR 溢出，但多样化系数时正时负，说明产业多样化集聚未能带来 Jacobs 溢出，意味着考虑空间效应的条件下长三角城市产业专业化和产业多样化对创新产出的促进作用并不突出；城市集中度对创新产出的促进作用明显，说明城市人口集中度越高，越有利于创新产出。

(六)城市创新产出的空间收敛性

　　在技术、知识的非竞争性假设下，经济一体化使得技术落后地区的模仿成本远低于领先地区的创新成本，进而促使后发地区可能通过技术模仿和技术引进实现经济赶超。存在区域间知识溢出的条件下，落后区域通过模仿，生产成本下降，创新效率提高，往往使区域之间出现趋同。基于探索性空间数据分析和空间计量方法，对城市之间的空间交互作用进行探讨，以考察城市创新产出的空间收敛性。

　　从以上分析来看，长三角城市群的创新产出存在明显的空间集聚且已形成空间溢出效应,至于城市间的溢出效应在多大程度上促使不同城市的创新产出差距缩小、呈现出空间收敛性还需进一步深入探讨。经济学的收敛分析一般采用 δ 收敛或 β 收敛,前者较为直观,后者能够对收敛特征提供更为丰富的信息。β 收敛又分为绝对收敛和条件收敛,前者假设经济体初始禀赋仅存在资本水平差异,且收敛后具有相同的稳态条件;后者则认为经济体不仅初始禀赋不同而且社会经济特征也存在差异,收敛后的稳态条件也不同,各个经济体向各自的稳定状态收敛。新古典增长理论采用回归模型来检验绝对收敛,并通过引入诸如人均收入、产业结构等状态变量来检验条件收敛。

探讨创新溢出效应时,除经费投入和人员投入外,还要考虑到外商直接投资、产业专业化和多样化特征、城市集中度等因素是否有利于缩小城市间的创新产出差距,因此采用 β 条件收敛来分析创新空间收敛性较为恰当。在 SAR 模型的基础上,建立条件收敛模型。

$$\frac{1}{T}\ln(INN_{i,t+T}/INN_{it}) = \beta ln(INN_{it}) + \gamma_1 LnK_{it} + \gamma_2 LnL_{it} + \gamma_3 FDI_{it} +$$

$$\gamma_4 SP_{it} + \gamma_5 DIV_{it} + \gamma_6 CS_{it} + \rho W\ln(INN_{i,t+T}/INN_{it}) + \varepsilon_{it} \qquad (5\text{-}16)$$

其中,$\beta = e^{-rT}$ 表示向稳态收敛的情况,r 为收敛速度,如果 $\beta < 0$ 意味着存在条件收敛。

模型估计结果显示,空间相关系数 ρ 估计值为正,且均通过 1% 水平的显著性检验,同样显示长三角城市之间的创新产出增长率也具有明显的空间自相关性,形成空间溢出效应。$\beta < 0$ 意味着区域创新产出增长率与初始水平呈显著的负相关关系,表明区域创新产出存在 β 条件收敛。控制变量方面:(1)γ_1、γ_2 显著为正,可见研发经费投入和科技人员投入是影响创新产出增长的基本因素,研发经费投入和科技人员投入越高城市创新产出增长越快,提升区域创新能力需保持较高的研发经费投入和科技人员投入;(2)γ_3 值显著为负,说明长三角城市的外商直接投资并未有效地促进创新产出增长,一定程度上甚至起到抑制作用;(3)γ_4 为负、γ_5 为正但都未能通过显著性检验,说明长三角城市的专业化程度与多样性程度未对创新产出增长产生显著的影响;(4)γ_6 值为负但不显著,原因可能在于人口集中度越高的长三角城市,其创新产出水平本身较高,但增长速度相对较慢。总体来看,创新溢出作为空间交互的重要途径之一,局域化效应使得交互作用主要集中于相邻城市或区域之间,而相邻城市或区域的交互作用会对创新增长与收入水平产生影响,出现区域趋同现象。

表 5-13　长三角城市体系创新产出的空间收敛性估计结果

变量	模型(9)W_q		模型(10)W_d		模型(11)W_s	
	系数	p 值	系数	p 值	系数	p 值
β	-2.22^{***}	0.000	-2.19^{***}	0.000	-2.18^{***}	0.000
γ_1	0.55^{**}	0.033	0.59^{**}	0.018	0.58^{**}	0.022
γ_2	1.83^{***}	0.010	1.77^{**}	0.010	1.77^{**}	0.012
γ_3	-9.57^{**}	0.025	-10.24^{**}	0.014	-10.18^{**}	0.017
γ_4	-0.01	0.604	-0.02	0.510	-0.01	0.618
γ_5	2.47	0.168	1.85	0.288	2.15	0.220
γ_6	-5.05	0.103	-4.86	0.107	-4.89	0.108
ρ	0.219^{**}	0.028	0.032^{***}	0.000	0.29^{***}	0.003
R^2	0.7715	/	0.7833	/	0.779	/
$Sigma^2$	0.1643	/	0.1559	/	0.159	/

注：* 表示 10% 显著性，** 表示 5% 显著性，*** 表示 1% 显著性。

　　知识和技术的非竞争性和部分排他性使得创新具有明显的外部性，在不同主体之间产生溢出效应。基于知识生产函数，对 2004 至 2011 年长三角 16 个地级城市创新溢出效应的空间计量模型分析表明，长三角城市的创新产出存在着空间集聚特征，无论从地理距离还是经济距离考虑，城市之间存在显著的创新空间溢出效应，并出现空间 β 条件收敛现象。经费投入和人员投入作为创新能力提升的基础条件，对长三角城市的创新产出具有明显的正向促进作用；外商直接投资对创新产出作用显著为负，城市产业专业化和多样性特征对城市创新产出的促进作用不显著；城市人口集中为创新产生创造更有利条件，能够有效促进创新产出。

第六章　城市体系自组织演进机理

　　从不同视角对迅速发展的中国城市进行研究,挖掘城市系统特征,探析城市及城市体系演化机制,对于理性把握城市方向、促进城市良性发展、有序推进城市化进程,使之更好地为经济社会生活服务,必要而又紧迫。城市作为开放的复杂巨系统(周干峙,2002),将自组织理论引入城市研究,以解释城市发展中不断涌现的复杂现象,利用自组织模型对城市空间复杂性、作用机制及演化过程进行描述,探求日益突出的城市群、城市带现象中蕴含的自组织机制等,可加深对城市及子系统、城市演化自组织特征的认识,便于城市管理者有针对性地开展城市规划、管理,更为有效地推进城市化进程。

第一节　自组织理论与自组织城市

　　自20世纪60年代自组织理论被提出以来,不少国内外研究者将其应用于城市研究,以解释城市发展中不断涌现的复杂现象。

一、自组织理论

　　自组织理论是继系统论、信息论、控制论等之后逐步形成和发展起来的系统科学理论,其综合运用熵、信息熵、涨落等概念进行严密的科学抽象和科学推理,敲开人类探索宇宙复杂性的大门(郑锋,2002)。自组织理论是研究自组织现象、规律学说的一种集合,目前为止还未形成一种统一理论,不同的理论与学科对自组织给出了不同的定义。协同学的创始人哈肯(1988)指出:"如果系统在获得空间的、时间的或功能的结构过程中,没有外界的特定干预,我们便说系统是'自组织'的。"哈耶克(2000)认为,自组织是系统内部力量的互动创造出一种"自生自发的秩序",这种自发秩序源于内部或者自我生成。从"组织"的定义反观"自组织"的定义,可以说自组织系统是指无需外界特定指令而能自行组织、自行创生、自行演化,能够自主地从无序走向有序,形成有结构系统的系统(吴彤,2001)。孙志海(2004)认为自组织系统和他组织系统的差别在于这个组织是否是按外界的特定干预而形成。普里戈金和他的同事在建立耗散结构理论和概念时也使用了"自组织"的概念。

自组织作为一个理论群,包括普里戈金等创立的"耗散结构"理论、哈肯等创立的"协同学"、托姆创立的"突变论"、艾根等创立的"超循环"理论,以及曼德布罗特创立的分形理论和洛伦兹等创立的"混沌"理论(吴彤,2001)。传统科学追求简单性、必然性、决定性的目标,以分析为基本研究范式,而非平衡自组织理论则扬弃了传统科学的目标和范式,探索复杂性、偶然性、非决定性,强调综合性和整体性的研究范式(郑锋,2002)。师汉民(2001)认为自组织系统的行为模式具有信息共享、单元自律、短程通讯、微观决策、并行操作、整体协调、迭代趋优的突出特征;吴彤(2001)也对有关自组织的各种理论进行概括和比较,提出耗散结构理论是解决自组织出现的条件环境问题,协同学基本上是解决自组织的动力学问题,突变论则从数学抽象的角度研究自组织的途径问题,超循环论解决自组织的结合形式问题,至于分形和混沌理论,则是从时间与空间的角度研究自组织的复杂性图景问题。

自组织理论是解决社会管理、经济、政治和其他社会问题的重要方法论。随着克鲁格曼的经济学理论和观点被介绍到国内,其《自组织经济学》一书的有关内容为国内学者赞赏。杨开忠等(2000,2001)在多篇研究论文中对克鲁格曼的多中心城市空间自组织模型进行了详细的介绍。彼得斯(1999,2002)对资本市场进行分析,发现资本市场的演化遵循分形理论和混沌动力学;杨小凯(1999)运用序贯演化的方法分析了分工与经济演化问题;陈平对经济系统的复杂性、混沌理论及演化特征进行了大量的研究;王维国(2000)把自组织作为协调发展的方法论基础,对自组织理论特别是协同学的原理进行了阐述;吴彤(2001)创造性地将自组织的种种方法置于一个整体框架内,探讨各种方法的应用与意义,在国内自组织理论的研究方面具有阶段性意义;师汉民(2004)从耗散结构理论、协同学、元胞自动机、人工生命的角度阐述了自组织的机制;孙志海(2004)从社会的自组织性角度研究社会系统的历史生成和发展,为研究整个社会进化提供了一个全新的视角。

二、自组织城市的适用性①

城市是开放的复杂巨系统,内部各层次、子系统之间构成一个相互联系、相互包容的整体,具有一定的学习功能、自适应性和自组织性(周干峙,2002)。城市发展虽表现出多样性和复杂性,但演化过程有"自发秩序"的存在。城市演化的初始条件、内部诸要素具有随机性、偶然性特征,使城市发展受到不同外在条件的影响,发展过程表现迥异,形成不同的城市功能、形态、结构和城市文化。因此,没有也不可能有完全相同的城市,但多数城市又具有类似的本质和生成发展规律,存在着系统构成、功能、信息等方面的自相似性。总体上看,城市系统内部发展存在着自组织规律性,对外部环境形成自适应能力。

人口、能量、资金、信息等要素在空间上不断流动,通过分化和整合产生新秩序,构成城市系统的开放性、远离平衡性、非线性作用及涨落等自组织要素和条件,使城市具有典型的耗散结构特征。城市复合结构的形成,并非来自于系统外的特定干预,而是在人的参与下,受城市内、外环境变化的随机影响,在社会、经济变动和文化适应等多因素的综合作用下,内部要素非线性相互作用的结果,具有自组织机制。探讨城市系统及演化过程的机理和特征,对于解析城市、透视城市化本质,理性地把握城市发展方向,有序推进城市化进程,使城市更好地为人类经济、社会生活服务,在当前我国快速城市化的时代背景下尤为必要。

对城市系统自组织特征进行研究的代表性人物是特拉维夫大学地理系的波图戈里(Portugali)教授,所著《自组织与城市》是该领域的集大成之作。Portugali(1997)认为自组织是指一个系统自发地组织内部结构,而不依赖于外部原因(条件)的现象,是开放复杂系统基本属性,表现出非线性、不稳定、分形结构和混沌等特征。他将自组织理论运用于城市领域,讨论了自组织方法下的七种城市类型:耗散结构城市、协同城市、混沌城市、分形城市、元胞自动机城市、沙堆城市、FACS 和 IRN 城市。

(一)耗散结构城市(Dissipative cities)

Portugali 提到,艾伦及合作者在一系列的研究中借助耗散结构理论模拟生成了静态的克里斯塔勒和廖什中心地空间图式,并发展了若干模型以

---

①本小节内容以"城市自组织理论与模型研究新进展"为题发表于《经济地理》2009 年第 4 期。

处理中心地等级景观,包括城市内部标度和城市体系。即使在区域同质的前提下,企业生产和居民迁移的过程中,由于一些偶然性机会的不同,导致区域内人口出现非均衡分布,城市中心出现。整个过程具有自组织演化特征,城市中心逐步发展壮大,形成区域系统的中心地。

(二)协同城市(Synergetic cities)

协同城市的概念即来自协同学在城市地理学领域的应用。如果将城市和城市化过程分为快过程和慢过程,快过程代表局部城市微观尺度上的建筑场所、街道、地铁等,慢过程则代表宏观尺度的整个区域,一般表征为城市体系。在协同原理下,认知系统以自身可以识别的小尺度部分性特征为基础,形成对整个城市或区域认知全景图。小尺度的部分性环境特征提供了不同结构之间竞争的触发器及涌现的序参数,直至其中一个或几个获胜并支配整个系统。

(三)混沌城市(Chaotic cities)

混沌与自组织过程有关,许多经历自组织转变的系统也会经历混沌转变。邓德里诺等将混沌思想引入城市研究,提出城市就是混沌吸引子的思想,后继者精确地运用混沌思想来研究城市和城市化过程。作为一个自组织系统,城市演化表现出显著的例行化路径。长时间的稳定状态后伴随短暂的强波动和混乱,使城市由一种结构稳定态演化为另一种稳定态,从微观混沌达到宏观有序。当一个城市整体处于稳定状态时,局部可能存在着不稳定的混沌行为。混沌和秩序之间的交替不仅出现在长期演化过程中,也出现在日常事务当中。

(四)分形城市(Fractal cities)

分形的主要概念是自相似性和分形维,分形城市研究对直觉地理解自组织城市的序参量和定态图式具有重要意义。城市规模分布是分形城市非常关键的突破口,城市形态和结构表面看来没有规则,实则隐含着自相似规律。分形城市是自组织城市研究领域中最具活力的领域,近些年来城乡边缘带与旧城区改造研究已经成为城市研究的两大热点,分形理论则为这两大热点的研究提供了强有力的理论工具。分维与城市空间拓展和城市生长的历史进程相联系,通过分维研究可以捕捉到许多曾在城市发生过的历史事实。

（五）元胞自动机城市（Cellular Automata cities）

CA 城市也是研究城市的一种自组织方法，其建立在细胞这样的离散空间单元上，由四个基本要素构成，即用于模拟的细胞、细胞的状态、邻位的定义和状态转换规则。利用这四个要素，可以对城市结构和形态的演化进行模拟，借助一组简单的局域性规则生成复杂的全局性结构和行为。CA 模型本质上是一种离散动力系统，系统中细胞阵列的状态取决于邻位细胞的状态。城市中局部空间单元的性质在很大程度上与其周边邻居相关联，如同 CA 模型中的细胞属性，使得 CA 模型能够直观、定量而自然地模拟出城市演化过程。

（六）沙堆城市（Sandpile cities）

沙堆是自组织临界性的典型，具有两种互不协调的特征：系统在许多区位是不稳定的，但临界状态却绝对稳健。一方面沙堆局部面貌因沙崩而随时变化，另一方面沙崩规模分布的统计性质却基本保持不变。"位序—规模法则"指出城市规模分布在人口持续增长的条件下几乎保持不变的观点，过去一直缺乏有效的理论解释，如今自组织临界性可以提供洞察这种规律的全新视角。Batty 等通过 CA 模型，利用自组织临界性原理对城市化过程进行了卓有成效的模拟。

（七）FACS 和 IRN 城市

FACS 意为"细胞空间上的自由智能体"，是一种自组织城市模型的名称；IRN 意为"相互表示网络"，描述了 FACS 的动力学原理。两种不同层次上的两个自组织子系统共同形成具有内、外两种表示的单一网络，其行为反映出一种因果循环即反馈链条。在局部尺度上单个自由智能体表征城市的组成部分，其活动决定城市特征，而城市可视为智能体行动和行为的外部表示。另一方面，在整体尺度上，作为自组织系统的城市又反过来决定个体的内部表示即认知地图，并通过内部表示决定个体的行动和行为。借助上述模型和动力学，波图戈里及合作者模拟了城市人口迁移动力学，发现城市动力学必需一种新城市文化群体的突现，这种新文化群体则是后现代城市和超现代城市的典型现象。

（八）简评

Portugali(2001)对以往研究成果进行了系统综合和拓展，形成《自组织与城市》这部代表性著作,提出基于个体基础模型及元胞模型的自组织数理方法,对实现自组织的模型方法 FACS 做了详细介绍和实证分析,阐述了自组织规划及协同城市与城市革命中的自组织机制,表现出积极探讨城市演化、缩小区域研究中定性和定量研究框架和方法上鸿沟的巨大勇气。

自组织城市也是关于城市自然属性和生活世界的一种景象、认知图景和文化氛围。自组织城市理论能够对现实社会中的行动做出一定指导,告诉我们如何控制混沌自组织城市的复杂性,预测其行为,对未来做出规划。自组织作为定量的数理理论,能够重新复活城市地理和区域科学的数量研究,回应结构学派、人文学派和后现代主义者的强烈批评,也将帮助我们认清城市的控制参数、达到自组织临界性的途径、序参数下的结构稳定性和均衡状态的各种形式。但也要清醒地认识到,现实中城市的控制参数本身也是一个自组织系统,因而不可控。从这个视角看,对城市推行的新举措、城市规划的新理念目标往往不是控制,而是参与。

第二节　城市系统的自组织特征

自组织是一个系统通过与外界交换物质、能量和信息降低自身的熵含量,受内在机制驱动,自行从简单向复杂、从粗糙向细致方向发展演化,不断提高自身结构有序度和自适应、自发展功能的过程。城市系统中的物质流、能量流、信息流、人口流、资金流等相互作用、相互影响、相互制约,逐步培育起城市的自组织、自学习、自适应能力。

一、城市系统的自组织判定

城市是一个典型的开放系统,与外界环境存在着各种要素的交流。开放性使城市处于与周边环境不断发生相互作用的状态之中,有利于城市的成长和演化(Krugman,1996)。城市系统一定程度的开放,使得城市与外部环境之间有了交流的可能,而要真正形成作用"流",两者之间还必须存在一定的势差。这种非平衡特性还使城市系统的发展、演化成为可能,非平衡是有序之源,平衡系统容易变成一个静态的"死"系统。城市系统中各个要素或子系统并非简单的并置或叠加,存在着普遍的非线性相互作用。城市系统内部的非线性作用一方面使远离平衡态的城市容易形成新的有序结构，另一方面使城市演化具有多样性和不确定性。城市系统呈现出的状态不仅是系统中单一状态的总和，而且是一个综合平均的效应，内部存在着涨落现象，如人口的增减、经济的波动、建筑的拆建等。城市系统的涨落贯穿于城市发展的各个阶段及空间表现上，促使城市功能与结构的不断调适，推动城市演化、发展。城市系统具备开放性、不平衡性、非线性相互作用和内部涨落等自组织判据条件，可判定城市系统具有明显的自组织特征。城市系统的自组织性主要体现在以下几个方面（Portugali，2000；曾国屏，1996）。

（一）城市系统的开放性

城市是一个典型的开放系统，与外界环境存在着各种要素的交流。城市的开放性特征表现为两方面：第一，城市与自身腹地、周边区域保持着广泛联系，不断从系统外引入负熵流，维持自身结构的有序。从城市发展史来看，城市从低级到高级的发展过程中，开放度不断增强，聚集和扩散作用场不断拓宽，使系统内外有更多的能量交换，促使城市逐步向更高层次的有序结构发展。第二，城市的开放又是相对开放，开放度不可能一味扩大。完全开放意味着丧失自我，容易成为环境或其他系统的附庸，所以城市都有一定边界，用于界定和过滤外来的物质、能量和信息，使外部输入平化，便于城市处理、传输和加工。开放性使城市处于与周边环境不断发生相互作用的状态，有利于城市成长和演化。

（二）城市系统的非平衡性

城市系统一定程度的开放，使得城市与外部环境之间有了交流的可能，而要真正形成作用"流"，两者之间还必须存在一定的势差。城市与周边区域在生态、社会和经济系统等时空上的差异，即城市系统的非平衡性，正是形成"流"的重要原因。从区域范围看，区位条件和城市规模的不平衡，易于形成城市间优势互补，引发资本流动——资金流；城市与周围乡村在经济上的不平衡性，造成城乡之间的劳动力流动——人口流；在城市内部，由于空间区位、用地属性及人口密度等不均衡导致通勤流动——交通流等。此外，非平衡特性还使城市系统的发展、演化成为可能，非平衡是有序之源，平衡系统易于失去做功的能力，变成一个静态的"死"系统。

（三）城市系统内部的非线性作用

城市系统还是一个复杂非线性动力学系统，系统中各个要素或子系统并非简单的并置或叠加,存在着普遍的非线性相互作用。任何一个要素的变化不只受另外一个因素的单一影响,往往受到多种因素的综合作用。一些因素对该要素的变化起正反馈效应,另外一些因素则可能恰恰相反,同一因素也可能同时起到刺激和抑制的双向作用;而且,某一要素的变化有时会"牵一发动全身",引起一连串的连锁反应,产生"蝴蝶效应"。对外界刺激的响应上,城市系统往往表现出与外界刺激目的有本质区别的行为和结果,原因就在于系统内部的非线性作用。城市系统内部的非线性作用一方面使远离平衡态的城市容易形成新的有序结构,另一方面使城市演化具有多样性和不确定性。

(四)城市系统的涨落

城市系统呈现出的状态不仅是系统中单一状态的总和,而且是一个综合平均的效应,内部存在着涨落现象,如人口增减、经济波动、建筑拆建等。城市系统的涨落贯穿于城市发展的各个阶段及空间表现上,促使城市功能与结构不断调适,推动城市演化、发展。只要涨落保持在一定限度内,系统的内部组织就能继续维持,对于系统的较小破坏,可通过自组织性加以"治愈";如果涨落超过一定限度,系统失去稳定,可能逐步走向崩溃或转化为新的组织结构。城市从单一的聚落形态开始,通过涨落自行增强,自发地形成新结构,新的空间组织形式一次又一次在涨落中涌现。可以说,普遍存在的涨落是城市系统发展演化的必要条件。

城市系统具备开放性、不平衡性、非线性相互作用和内部涨落等自组织判据条件,可判定城市系统具有明显的自组织特征。

三、城市子系统的自组织性

城市通常被认为是"三大结构形态和四大功能效应的系统集合体"。在结构上,城市是空间结构、生产结构、文化结构的形态统一;在功能上,则是在"自然—社会—经济"的复杂巨系统中,通过集聚效应、规模效应、组织效应和辐射效应将城市提升为现代文明的中心(向清、杨家本,1991)。

(一)城市人口系统的自组织性

城市人口系统是城市综合系统中最为重要的一个子系统,充分认识城市人口子系统的演变规律是城市系统分析、调控和规划的重要基础。可以这么说,城市的一切问题都与人口问题有关,城市人口越多、规模越大,给城市经济社会发展带来的影响也就越大。一个城市究竟能发展到多大的合理规模，是多种不确定性因素相互作用的自然结果，但本质上却是内在的自组织机制使然（张帆，2003）。

人口和就业等状态参量的不断增长或减少是城市系统演变的突出特征，人口和就业在空间上的分布格局代表了城市系统稳定的耗散结构。王放（2000）指出，人口数量和就业状况是围绕着一定的平均值涨落的，其微观变化依靠内部的自组织机制来实现。苏小康等人（2003）根据耗散结构理论的自组织原理建模，充分考虑到区域人口的相互迁移作用，建立起城市区域人口动态演化自组织模型。因此，以人口和就业为主要状态参量的城市系统，可看作是一种朝着临界状态进化的自组织系统。

至于人口分布是否具有分形特征，不同学者往往会各执己见。高安秀树（1989）认为，城市人口分布遵循指数衰减法则，否认人口分布的自相似性质，而王放（1991）、刘式达等人（1993）根据自己的研究却提出人口分布的多分形假设。陈彦光和单伟东（1999）的研究则认为，区域人口分布按聚落若单元计算肯定是多分形的，按个体计算可能具有多分维特性，城市人口的空间分布应该具有多标度分形性质，而 Clark 模式可能是分形模型的半退化形式。陈彦光（1999）还从一般城市动力系统的微分方程出发，借助遍历性公理引出了城市人口密度衰减的分形模型，并据此构建起城市人口空间分布的 Weibull 模型，进而指出这种广义指数模型隐含的分数维性质，揭示了不同城市人口密度衰减模型之间的内在关系。

（二）城市交通系统的自组织性

交通系统是有人参与的复杂系统，但其间同样渗透着自组织现象。对交通系统的控制与管理是系统中的组织作用，但这种组织作用却是基于自组织基础之上的，所以从本质上讲是有人参与复杂系统自组织/组织的合作（黄必亮、杨家本，1997）。哈肯（1988）就曾经鲜明地指出，在拥挤的道路上，"车流起着序参量的作用，影响着整个交通系统，每一位驾驶员驾驶的车辆都置身于一个巨大的自组织系统中"。

1983 年，曼德布罗特给出了河道网络的分维图形和分维值公式，开启了城市交通系统自组织的研究先河。段汉明（2000）认为，城市交通网络与河道网络相似，在道路长度与道路所覆盖的总面积之间，可以建立一个如河道长度与流域面积之间类似的关系，求出交通网络的分维值，以此测量区域之间的通达度。蒂波特（1989）和马坎（1989）则对法国里昂市的道路系统进行更为具体的实地研究。他们的研究发现，城市道路网络是一种内部具有自相似性的等级结构,具有分形的性质。

段青(2004)在区域自适应协调控制模式的基础上,通过增加自学习和自组织功能,实现了一种人工智能化的交通控制模式。该模式根据历史流量和实时检测到的交通数据进行自我学习,并利用专家系统、数据挖掘技术、交通仿真分析和交通预测模型对未来交通流的发展进行预测,在此基础上得到更适合的子区域划分,自组织地实现周期、绿信比、相位差的自适应调节。该模式使用的时间越长,得到的信息也越多,分配的方案就越合理,具有良性化发展的特点。

(三)城市环境系统的自组织性

自组织方法已成为研究地理环境整体性并将其原理化、准则化的重要方法论(潘玉君,2003),地理环境的整体性本身就可以理解为一种演化过程与状态。从自组织的角度看,城市合理规模应该是城市耗散结构系统内部熵增加与负熵流保持动态平衡的状态,不仅与城市人口有关,而且与城市的环境容量、结构关系等环境因素密切相关。

用自组织理论来研究城市的环境问题,早期的应用性研究主要集中于论证自组织理论在环境系统中应用的实践合理性,并根据耗散结构出现的条件来检验环境系统的耗散结构性,定性分析解释环境系统中存在着一些自组织现象及其耗散结构(苏小康等,2002)。孙本经等(1989)在研究焦作市"人—环境"系统的同时,对自组织理论在城市"人—环境"系统中应用的合理性作了严格论证,并指出城市环境系统完全符合出现耗散结构的条件:开放系统、远离平衡、正反馈与突变、非线性作用及存在涨落,等等。对自组织理论中的熵,则可以采用热力学几率来定义。杨秀虹等人(2000)在用自组织理论研究环境承受阈时,就采用类热力学方法建立起熵的合理表达式。

随着对城市环境的日益重视,生态城市的理念日益普及,生态城市已经越来越被看作一个完整的自组织系统,它不再将自然环境作为外部因素来单一考虑,而是作为城市的基本构成部分;城市发展和建设的对象不仅仅是人,也包含非人性的生物和理化环境的发展和演进(郑锋,2002年)。

(四)城市经济系统的自组织性

有关经济系统的自组织理论,是整个城市综合系统研究中最重要,也是最为关键的一个部分,以克鲁格曼教授的"新经济理论学"和德国何梦笔教授的"演化经济学"最具代表性。克鲁格曼(1996)关注一个经济体作为复杂系统,存在着各种各样的互动和相扰作用,由此产生了各种混沌和随机现象,并通过一些空间经济的自组织模型描述了一种自发的秩序。何梦笔(1997)则更为注重经济系统转型、演化过程中的自组织特性,指出"人们越来越把转型(包括中国的转型)感受为一个过程,该过程从长期角度看是自组织的,而非外部组织的"。这个从"第三条道路"中走来的德国经济学家更加感受到文化、习俗对于整个经济转型发展的重要性,这一点是应该值得我们思考和借鉴学习的。

经济系统的自组织理论作为一种全新的研究方法论,还可能为解决区域经济问题、分工和产业分化问题、技术创新问题,为制度起源、社会自治、组织管理理论等领域提供解决问题的崭新入口(喻锫丹,1991)。它并不是要求在国家干预和自由放任之间做出非此即彼的选择,希望通过对经济系统自组织机制深入透彻地理解,进一步完善对经济的有效宏观调控(沈华嵩,1991)。自组织理论很有可能为我们的经济系统从无序到有序的过程阐述中,提供强有力的形式条件和规范研究能力。一旦有了经济系统的内在不可逆性和熵,就可能遇到远离平衡态的耗散结构,这种从混沌到有序的过程,正是从自组织原理引出宏观经济理论和国家政策的新舞台。自组织理论不仅仅注意经济系统可能出现的混沌现象和反常的突变行为,而且希望从混沌中洞察秩序、稳定性和新结构的产生,从而"避免混沌性"(沈华嵩,1991)。

饶会林(1999)在对城市经济的研究中指出,"又竞争,又合作,这才是现代经济的本质特征,也是现代经济'自组织'的两个方面,是经济发展的内在动力源"。自组织现象是经济领域的自动调节,其对城市发展的影响体现在城市经济的聚集与集中,导致大城市以它优越的生产条件和生活条件,不断地吸引着其他城市和农村人口(王明浩,2000)。区域经济的自组织机制使得经济活动在中心城市与中小城镇以及更为广阔的经济腹地之间不断进行物质与能量的交换,实现结构调整、功能转化和空间形态的变化(戴宾,2004)。区域和城市自组织功能的强弱,取决于一定区域内点、线、网络以及域面这些空间要素的发育程度及空间组合状态。

三、城市空间结构的自组织特征

城市系统及其运行总是以一定的空间结构表现出来,通过空间的集聚与扩散效应而不断发展、变化。城市空间结构的集中与分散是人为组织与自组织相互作用的过程,如果说集中主义与普遍主义所代表的是城市空间结构过程中人为的组织与干预调节手段的话，那么空间自组织的力量在其间时刻扮演着"看不见之手"的角色，而且在很大程度上影响着人为的组织过程（朱喜钢，2002）。

(一)城市区位空间的自组织特征

城市的区位择优和不平衡发展过程则恰恰反映着典型的自组织过程和结果。城市发展的空间结构，首先就在优势区位上得到发展，区位之间的这种差异产生了发展的不同位势，促使人类活动从低位势向高位势流动，形成城市系统从无序走向有序的一种负熵流，从而产生了一种城市发展的自组织现象（郑锋，2002）。由人口流、信息流、物资流等的共同作用形成了空间的聚集，这一聚集使得区位规模发生新的变化，从而又进一步产生新的自组织现象，使得城市的空间继续聚集和演化下去。另外，城市空间的演替，如商业替代居住、学校替代工厂、金融替代商业等等，看起来是非常偶然的一种现象。事实上，这中间也蕴含着隐藏的秩序玄机。朱喜钢（2002）认为，在城市的发展过程中，各种社会经济因素在不同场所对空间产生作用，改变了城市生态位势差，自组织地产生力的变异，从而形成新的生态位势差。城市空间集聚的结果使区位发生变化，在规模效应的作用下产生新的势和流，促使城市空间继续聚散和演替（郑锋，2002）。

(二)城市空间的自组织模型

克鲁格曼利用自组织原理，建立起多中心城市的空间自组织模型，以厂商之间的向心力和离心力及其相互作用，阐明了经由"一只看不见的手"则可形成大范围内有规则的经济空间格局合理发展的内在机理（刘安国、杨开忠，2001）。谭遂等（2003）则借鉴克鲁格曼的这一多中心城市模型，提出了一种城市与区域空间格局演变模型，并进行一定的数值模拟。他们的模拟结果表明，模型能够较好地抓住单一中心城市和多中心城市在不同给定条件下的演化路径，也能够体现出交通条件的改善对于中心城市郊区化现象的影响。谭遂、杨开忠和谭成文（2002）还比较了克鲁格曼与艾仑（Allen）的自组织模型，并指出它们从各自不同的角度出发，模拟了城市系统的不同形成与发展，有助于规划者理解他们所必须面对的复杂空间现象。空间自组织机制的形成，是对原有平衡系统从支持到否定的一个过程，也是空间的自构—自解的动态过程。

(三)城市网络的自组织特征

从城市和城市网络空间分布的直观逻辑来看,城市以及城市网络之间存在着有限层次与嵌套的结构形式,每个城市的生成环境、发展历史、现状形态是各不相同的,但在构成、功能、信息三个方面,具有自相似性和标度不变性(段汉明,2000)。这里的具体表现有:城市与城市之间自相似性的标度不变性;住宅的等级制;层圈带的自相似性;在同一政体下,城市的社会结构、经济结构和政治结构等具有自相似性;城市规划也存在着多种自相似性。张宇星(1995)认为,在城市和城市群形态为典型的自相似体系中,形态具有内在的自组织、自相似和分形生长能力,反映出城镇生态空间的普遍规律。他还归纳了城市和城市群形态的六种空间分形,即道路网络分形、空间等级分形、空间分布分形、空间边界分形、空间区位分形和空间密度分形。

四、城市系统演化的自组织机制

城市系统演化是一个动态、长期、不可逆的过程,不断受到系统内外两方面因素的影响,演化过程既遵循着必然性,又具有一定的偶然性,城市形态既有机统一又丰富多彩,各子系统之间形成一种非线性的耦合(段汉明,2000)。城市系统演化所达到的阶段和进程不同,对应着其不同的性质和规律,不同的结构和形态,使其在自组织机制下形成多样性和复杂性。

(一)城市系统演化的动力:竞争与协同

自组织系统演化的动力来自系统内部的两种相互作用力:竞争与协同。竞争是系统演化最活跃的动力,一方面形成系统远离平衡态的自组织演化条件,另一方面直接推动系统向有序的高级结构演化。子系统之间的协同使非平衡条件下子系统的运动趋势得以放大,形成序参量,逐渐占据优势地位,进而支配或伺服系统整体的演化。

形成耗散结构后,竞争与协同共同决定着城市系统的命运,承担着城市系统演化的任务。由于内部元素发展的不平衡性,城市系统众多子系统之间不可避免地存在着竞争与协同作用。竞争不仅体现在影响城市发展的技术因素选择上,还体现于技术与组织人员以及组织人员之间,人们在城市系统开发、设计、使用上的不同认识和观念,扮演角色和利益格局的差异,是产生竞争的直接原因(Businero,1994)。协同作用主要体现在技术系统与组织人员之间,人与技术系统之间的协作显得尤为突出。竞争导致城市系统内部新思想、新方法和新观念不断形成,防止系统进入平衡态,推动系统新质产生,促成系统的动态有序;协同则能够保证新质逐步稳定下来,防止过度竞争导致城市无序状态的产生,使城市系统演化的方向得以明确(王博涛等,2006)。因此,完善系统内部的竞争与协同机制是保证城市系统自组织演化顺利进行的关键。

(二)城市系统演化的路径:渐变与突变

城市系统演化受到系统内、外因素的共同作用,表现为继承和创新、遗传和进化的过程。系统内因素是指城市内部功能的变化,以及与之对应的各种调整,外部因素是指文化、技术、政治、经济等间接对城市产生影响的因素。在结构不变的情况下,城市能够自发地调整空间组织和发挥多种功能的潜能,取得与新功能相互适应的关系,这种调节体现出系统演化的有机性和整体性,但过程较为缓慢,表现为系统的渐变。当外部变化动因使城市发展只有进行结构调整后,才能适应新的功能要求时,城市系统就会发生质的变化,形成突变(陈彦光,2004);此时,城市结构对新功能做出适应,新功能本身也在此过程中做出配合,逐步建立起一种新的动态平衡。

当然,城市演化并不是一味扩张或收缩的单向过程,而是一个不断调整、不断跃迁的过程,这种调整和跃迁形成城市发展中短暂或持续的振荡。各个子系统相互关联、相互影响,使城市系统的演化呈现出一种复杂景象:渐变伴随着突变、继承中伴随着创新。

(三)城市系统演化的结构:分叉与选择

对初始状态的高度灵敏,所处环境各不相同,内部要素之间的相互作用存在差异,导致城市演化轨迹千差万别,演化结果存在着不确定性,具有多种可能性,即呈现分叉特征。分叉使城市系统的发展演化前途具有多种可能性,可能是新的进化,也可能走向崩溃和退化。城市系统究竟实现何种可能性,取决于发展过程中的选择(王富臣,2005)。面对分叉,一些偶然性因素可能促使城市对发展做出某种无意识的选择,没有任何他组织干预,属于自发选择;同时,作为城市的建设管理者,往往从自身意愿出发对城市发展做出一定的规划、设计,面临城市发展的分叉点而人为地做出选择,这种他组织安排也对城市发展产生影响,但必须以自组织为基础,否则易产生负面效应。

城市的形成与发展是从一个或多个分叉点(生长点)开始,最初的生长点往往符合最佳区位原则,如军事要地、商业中心、交通枢纽等,一旦形成这样的生长点,城市便开始其演化历程。城市演化过程中受到政治、经济、科技、文化等多种因素的影响,规模不断扩大、功能不断增强,形态上表现出分形特征。城市系统的自相似性和无标度性构造了自身的分形方式,形成嵌套在不同层次演化、出现和交替的自组织整体复杂形态,反映出城市系统复杂性中存在的规律性和自组织性(张勇强,2006)。

(四)城市系统演化的目标:混沌与有序

城市作为复杂系统,装满生活世界的多样与复杂、混乱与矛盾,各种因素的相互交织,建构着错综复杂的关系网络。城市系统通过混沌的随机涨落,诱发现有结构的解体,催化新结构的形成,实现城市的渐变及质的突变与跃升。城市发展包含着反应循环、催化循环和超循环三个等级的循环,其中非线性的混沌因素起主导作用。但作为一个整体,城市又是一种确定性系统,其所处的地域状况、社会文化结构等因素决定城市总体分布状况是确定的。因此,城市系统表现为确定性中具有不确定性,而不确定性行为又包容有确定性因素,系统发展进程既有混沌的一面,又具有有序特征。

城市发展的空间表现往往是有序的,而时间上却是混沌的。所谓空间有序是指城市体系分布和单个城市的空间发展不是随机、不可预测的,而是在一定自然和社会经济条件约束下,按特定的规律发展、演化(曹永卿、汤放华,2005)。城市发展速度快慢则与机遇有关,难以预测,在时间上表现出混沌性。

第三节　城市体系演进的自组织模型

城市发展并非孤立、单一的过程,而是与一定区域环境下的众多城镇组成一个有机的整体网络,相互作用,共同演化。城市及城市网络的演化过程可分为自下而上、自上而下两种不同的生成发展模式(吴彤,2001),"自下而上"是一个典型的自组织过程,从聚落到村镇、城镇,进一步发展为城市、城市群,系统依靠自身聚集和辐射能力的不断增强,自行地由低层次、小规模、单一的,向高层次、大规模和复合的城市功能和形态转化,逐步发展为一个有机整体(Allen,1997)。自然、社会、工程技术及人的认知能力等多种因素共同形成对城市发展的扰动,使城市发展呈现出一种非线性、不可逆的动态演化过程,具有自组织机制。

一、城市系统演化的状态参量模型[①]

自组织演化过程中,事物从无序、混乱朝有序结构方向发展,或从有序程度低向有序程度高的状态前进。城市系统的演化是人口和就业等状态参量在系统各组成部分间重新分布的结果,状态参量的变化是系统自组织的阶段产物(王放,2000)。建立城市系统演化的数学模型,对城市演化过程进行模拟,可以清晰地揭示出城市系统演化的自组织机制。

探究复杂系统必须找到系统演化的状态参量,人口不仅是衡量城市大小的重要指标,也是城市子系统相互作用过程中最活跃的因素,故可作为描述城市演化的状态参量。

建立城市演化模型,一般采用逻辑斯谛方程表示系统内部的非线性相互作用,用吸引力方程反映系统之间的迁移作用(唐恢一,2004)。若把区域分成 n 块,每块用一点表示,i 点的人口数记为 X_i,城市大小由该点人口 X_i 表示,城市占地面积由城市包含的点数表示(Allen,1997)。建立人口演化方程为

$$\frac{dX_i}{dt} = nX_i(E_i - X_i) - mX_i - \sum_j (X_i^2 - X_j^2)e^{-bd_{ij}} \tag{6-1}$$

式(6-1)中的 $(x_i^2 - x_j^2)e^{-bd_{ij}}$ 为吸引力方程,表示人口迁移。两点之间的吸引力与距离 d_{ij} 成负指数关系,系数反映 i、j 两点人口势差,i 地人口多则向 j 地迁移,反之,则由 j 地向 i 地迁移;b 为反映敏感性的正常数,与 i、j 两地的交通状况有关。逻辑斯谛方程中的 n 表示出生率,m 为人口迁移率,E_i 是 X_i 增长的环境承载能力,为该点各种经济作用所能提供的就业机会总和,即

$$E_i = \sum_k S_i^{(h)} \tag{6-2}$$

h 为行业编号上标,$S_i^{(h)}$ 表示区位 i 上的 h 类生产单位所能提供的就业数。行业经济发展提供就业机会的变化,又可采用逻辑斯谛方程的形式来表示:

$$\frac{dS_i^{(h)}}{dt} = aS_i^{(h)}(M_i^{(h)} - R_{(k)}S_i^{(h)}) \tag{6-3}$$

a 是工厂市场需求的反应速度,其数值需在计算机模拟时进行调节。

①本部分内容以"城市系统自组织演化机制与模型探析"为题发表于《现代城市研究》2007年第12期。

$M_i^{(h)}$ 表示 i 点第 h 种商品的市场规模,大小与 i 点人口、商品生产价格和运输价格有关,又同 i 点商品对 j 点居民吸引力大小有关。模型中把 i 点对 j 点居民的吸引力中对商品种类的依赖表示为城市功能的变化,城市功能越大表明商品种类越多,吸引力也越大。城市功能用人口的一系列临界值 $X_{tz}^{(h)}$ 表示,当人口数大于 $X_{tz}^{(h)}$ 时,认为该点具有 h 种功能,对其他地点的居民就有了这种功能的吸引力。市场 $M_i^{(h)}$ 和吸引力 $A_{ij}^{(h)}$ 的表达式分别为

$$M_i^{(h)} = \sum_j \frac{X_j \varepsilon^{(h)}}{(P_j^{(h)} + \varphi^{(h)} d_{ij})^e} \frac{A_{ij}^{(h)}}{\sum_j A_{ij}^{(h)}} \tag{6-4}$$

$$A_{ij}^{(h)} = ((\delta - \frac{1}{r + (X_i - X_{tz}^{(h)})})/P_j^{(h)} + \varphi^{(h)} d_{ij})^I \tag{6-5}$$

其中,$\varepsilon^{(h)}$ 是单位人口对 h 种商品的需求量,$P_i^{(h)}$ 反映 i 点生产 h 种商品的价格,$\varphi^{(h)}$ 是转移单位距离的费用和时间,e 与 h 种商品的灵活性有关,I 是居民对吸引力的灵敏度,δ 和 r 是参数。当 X_i 超过 $X_{tz}^{(h)}$ 越多,吸引力 $A_{ij}^{(h)}$ 越大。

方程涉及到人口、空间位置、距离、行业、商品价格、城市功能等一系列因素和概念,相应数据可以从 GIS 系统中取得。给出方程所需的参数值,把模拟区域分解成若干个离散的小区域,利用计算机模拟可得出区域城市体系自组织演化的结果。

二、城市系统演化特征方程[①]

借鉴叶金国(2006)研究技术创新系统时提出的系统演化方程,我们认为城市系统自组织演化的内在动因是系统内各要素、子系统的非线性作用,演化过程存在正负反馈的双向机制。记城市系统的变化率为 x,ax 表示城市演化的正反馈作用,$x(1-x)$ 表示外部动力等引发各因素耦合形成的正负反馈机制作用。城市系统的变化率所受到的非线性作用为以上二者之乘积 $ax \cdot x(1-x)$,即城市系统变化对于外部因素的作用来说,能够产生倍增作用。

演化过程也存在着阻碍城市变化发展的限制性因素,包括人们的认知能力、习惯思维、子系统间的不协调等,用 $-bx$ 表示这些因子阻碍城市系统变化的作用,称为阻尼项,b 称为阻尼系数。此外,城市系统演化还有随机

---

① 本小节内容以"城市系统自组织演化机制与模型探析"为题发表于《现代城市研究》2007 年第 12 期。

"涨落"的作用,用 $\Gamma_1(t)$ 表示。于是,城市系统的基本演化方程可表示为如下形式:

$$\dot{x} = ax^2(1-x) - bx + \Gamma_1(t) \tag{6-6}$$

对式(6-6)进行变换,令 $q = \sqrt{a}x - \dfrac{\sqrt{a}}{3}$,有

$$x = \frac{1}{\sqrt{a}}q + \frac{1}{3} \;,\; \frac{dx}{dt} = \frac{1}{\sqrt{a}}\frac{dq}{dt} \tag{6-7}$$

将式(6-7)代入式(6-6)整理得

$$\frac{dq}{dt} = -q^3 + \frac{a-3b}{3}q + \frac{3a-9b-1}{27}\sqrt{a} + \Gamma_1(t)/\sqrt{a} \tag{6-8}$$

令 $\alpha = \dfrac{a-3b}{3}$,$\beta = \dfrac{3a-9b-1}{27}\sqrt{a}$,则基本演化方程变换为

$$\dot{q} = -q^3 + \alpha q + \beta + \Gamma(t) \qquad (\Gamma(t) = \Gamma_1(t)/\sqrt{a}) \tag{6-9}$$

1. 演化过程的不稳定性与分叉。令式(6-9)中的 $\beta = 0$ 或 $\Gamma(t) = 0$,考虑单参数 α 的动力学方程 $\dot{q} = -q^3 + \alpha q$,由 $\dot{q} = 0$ 得到三个定态解:$q_1 = 0$,$q_{2,3} = \pm\sqrt{\alpha}$。

容易证明,当 $\alpha < 0$ 时,$q_1 = 0$ 为稳定的定态解;当 $\alpha > 0$ 时,$q_1 = 0$ 为不稳定的定态解,q_2、q_3 是稳定的定态解。表明 $\alpha = 0$ 为系统的分叉点,当 α 从负值增大并跨越这一点时,系统既有新稳定态的创生和稳定态数目的增加,又有稳定性的变换,系统稳定性发生显著改变。显然,城市系统演化是由旧结构稳定性的丧失到新结构确定这样一个有序的演化过程,而且演化路径不唯一,具有多样性。

2. 演化过程的突变。城市系统具有从一种状态趋向另一种状态的能力,即城市系统是有势系统。由式(6-9)可得到势函数为:$v(q) = -\displaystyle\int(-q^3 + \alpha q + \beta)dq$,即

$$v(q) = \frac{1}{4}q^4 + \frac{1}{2}\alpha q^2 + \beta q \tag{6-10}$$

式(6-10)正是突变论中的尖拐突变模型,说明城市系统演化过程中存在突变现象。

三、亨德森城市体系自组织模型

亨德森(Henderson)认为人口之所以集聚于城市,在于城市的技术规模经济。Henderson 和 Becker(2000)详细提出城市规模形成的自组织模

型,认为工人和企业主在最大化自身效用的过程中自发集聚形成不同规模的城市,均衡城市规模往往过大,若引入自治政府对土地租金收入进行分配,城市规模将达到有效的适度规模。

假设经济中存在两类自由主体:工人和企业主,生活于聚集中心且迁徙自由。企业具有正外部性,产出为:

$$y = Em^\varepsilon \tilde{n}^\delta, 0 < \delta < 1, 0 < \varepsilon \tag{6-11}$$

其中 $\tilde{n}$ 为企业雇佣的工人数,m 为企业总数,m^ε 代表企业集聚带来的外溢效应,ε 是企业产出对企业数的弹性,δ 小于 1 确保企业规模受到限制。

总产出为 $Y = my$,总人口为 $n = m \cdot \tilde{n}$。生产函数为:

$$Y = Em^\gamma n^\delta \lim_{x \to \infty} 0 < \gamma \equiv 1 + \varepsilon - \delta < 1 \tag{6-12}$$

给定 $\gamma + \delta > 1$ 使得人口的规模经济存在,为确保存在多个城市的可能性,要求 $\varepsilon < 1/2$。企业主的目标是利润最大化,支付给工人的报酬为工人边际产出(MP_n),自身获取剩余报酬(RR),社会边际产出(SMP_n)超过私人报酬(RR)并产生信息溢出的外部效应。关系如下:

$$MP_n = \delta y / \tilde{n} = \delta Y / n$$
$$SMP_n = \gamma Y / m \tag{6-13}$$
$$RR = (1-\delta)y = (1-\delta)Y / m$$

所有生产在城市中心(CBD)进行,企业主和工人居住单位面积土地,通勤单位成本为 t,城市边界与中心距离为 u_1,离城市中心 u 处的租金为 $R(u) = t(u_1 - u)$。

城市总人口由企业主和工人构成,即

$$pop = n + m \tag{6-14}$$

城市为圆形且由众多面积为 1 的单位构成,则 $n + m = \pi u_1^2$ 或 $u_1 = \pi^{-1/2}(n+m)^{1/2}$。于是

$$总通勤成本 = B(n+m)^{3/2} \tag{6-15}$$

$$土地总租金 = \frac{1}{2}B(n+m)^{3/2} \tag{6-16}$$

$$B = \frac{2}{3}\pi^{-1/2}t$$

自组织条件下,即不存在土地开发商的情况下,假设土地总租金为企业主分享。工人获取的报酬为边际产出 MP,支出租金及通勤成本;企业主获取剩余利润和土地租金红利,支付租金和通勤成本。工人总效用 V 和企业主总效用 R 分别为:

$$V = E\delta n^{\delta-1} m^{\gamma} - \frac{3}{2} B(n+m)^{1/2} \tag{6-17a}$$

$$R = E(1-\delta) n^{\delta} m^{\gamma-1} - \frac{3}{2} B(n+m)^{1/2} + \frac{1}{2} B(n+m)^{3/2} m^{-1} \tag{6-17b}$$

自组织均衡具有以下三方面的特征：

1. 给定 $m = An$，且 $V > 0$，$R > 0$，定义城市人口两个不同的最大值 $n_{\max}^V$ 和 $n_{\max}^R$，则均衡条件下城市最大规模必然小于两者，即

$$n_{\max} = \min[n_{\max}^V, n_{\max}^R] \tag{6-18}$$

在 $n_{\max}$ 的城市规模下，至少一个要素的聚集效益全部消失。

2. 均衡决定特定的纳什区位，任何小于 $n_{\max}$ 的城市规模都是纳什均衡。因为在 $0 < \gamma, \delta < 1$ 的条件下，式(6-17)中的 $\partial V / \partial n|_m < 0$ 且 $\partial R / \partial m|_n < 0$。

3. 为缩小潜在均衡的范围，需满足以下稳定性条件：

$$n \geqslant \{\varepsilon 2 B^{-1} E(1+A)^{-3/2} A^{\gamma}\}^{1/(1/2-\varepsilon)} = \overset{*}{n} \tag{6-19}$$

其中 $\overset{*}{n}$ 为有效城市规模。

式(6-18)与式(6-19)定义了均衡城市规模的上限与下限，即最小值为 $\overset{*}{n}$，最大值为 $n_{\max}$。由此得到命题1：在自组织经济中，均衡城市规模位于区间 $[\overset{*}{n}, n_{\max}]$ 范围内。

考虑典型参数值，设 $\delta = 0.80$，$A = 0.30$，$\gamma = 0.25, 0.35$，得到 $n_{\max}$ 是 $\overset{*}{n}$ 的 10—75 倍。显然，自组织条件下，均衡城市规模过大，并非最有效的城市规模。如果改变土地租金仅分配给企业主的条件，扩大分配范围，城市规模的下限将低于 $\overset{*}{n}$，但规模仍显过大。譬如，在阿罗－德布鲁股份共有条件下，城市规模下限将为 $\overset{*}{n}(2/3)^{1(12-\varepsilon)}$，小于 $\overset{*}{n}$。

如果考虑制度因素，向自组织模型中引入自治型地方政府，目标是实现本地企业主及工人的福利最大化。工人人数占大多数（$A < 1$），土地为企业主所有，则政府的目标函数及约束条件为：

$$\max_{n, m, T_m} E\delta n^{\delta-1} m^r - \frac{3}{2} B(n+m)^{1/2} - T_m m / n \tag{6-20}$$

$$s.t. \quad T_m + E(1-\delta) n^{\delta} m^{\gamma-1} - \frac{3}{2} B(n+m)^{1/2} + \frac{1}{2} B(n+m)^{3/2} m^{-1} - \overline{R} = 0$$

其中 T_m 为每个企业主获得的转移支付，每个工人得到 $-T_m m / n$，每个企业主获取 $B(n+m)^{3/2} m^{-1} / 2$ 份额的土地租金红利（若工人获取土地租金不会对均衡结果产生影响）。根据亨利－乔治定理，得到最优化结果：

$$V = E\delta n^{\delta-1} m^\gamma - \frac{3}{2} B(n+m)^{1/2} \tag{6-21}$$

如果自组织聚集为积极的地方政府所管治,所有自组织城市将具有同一的有效规模。

亨德森城市规模自组织模型表明,工人和企业主在市场机制下自组织聚集形成不同规模的城市。但模型仍属于新古典的范畴,其事先假设城市的存在,通过外部性说明城市规模的形成,并未真正从微观主体相互逐利的结果中揭示城市形成和增长的根本原因。模型与现实还有相当距离,现实中并非所有集聚体都形成积极主动且不受中央政府干涉的自治性地方政府,许多新城市自形成之日起便为一些大公司、企业或教会等主体控制,发展过程中不是受到开发商的影响,就是受到地方政府的制约。

四、艾伦的城市体系自组织演化模型

艾伦(Allen P. M.)于 20 世界 80 年代初期与桑格利尔(Sanglier M.)一道提出一种基于耗散结构理论的城市与区域空间系统自组织模型——A—S 自组织模型。A—S 模型以 logistic 人口增长方程为基础: $dx/dt = bx_i(N + \sum_k R_k S_i^k - x_i) - mx_i$,假设大城市的人口超过了一般的"承载能力",能够通过经济功能的增加来加强当地的承载能力,"承载能力"随着新的城市功能加入而改变。利用产品的生产单位数随时间变化为一个简单的动力学方程($dS_i^k/dt = \alpha S_i^k$)和个体价格弹性($Q = \varepsilon^k/(P_i^k)^e$),得到某地与所有其他区域相比的相对吸引力,这种相对吸引力的变动导致城市或区域空间结构逐步发生变化。

A—S 模型描述了各区位的人口变化及提供就业的演变,这种非线性机制被称为"城市倍增器"。艾伦等曾应用该模型对 1950 年至 1980 年美国的城市结构变化进行模拟,相当精确地再现了历史情况。他与同事一起还对塞内加尔、比利时、布鲁塞尔等地进行模拟分析,取得了令人鼓舞的结果。谭遂等结合 A—S 自组织模型和新经济地理学模型,针对中国珠江三角洲进行了实证研究,取得较好效果。

艾伦在该模型中还利用参数变化等技术手段对自组织系统中的他组织现象进行了讨论。例如在模型的演化过程中,艾伦先是将运输费用降低一点,然后在某一时刻将运输费用重新增加到原始值,把得到的结构"相对空间效率"与运输费用继续降低所产生的结构相对空间效率进行比较,发现前者的相对空间效率反而高于后者。不仅如此,艾伦模型还表明了一个重要理论:在一个区位上投资必须超过某个门槛,城市空间格局的自组织演变才能起作用。

五、NEG 的城市体系自组织演化模型

以 Fujita、Krugman 等人为代表的新经济地理学派(NEG)认为中心地理论及齐夫定律只能对城市体系分布进行描述,没有很强的解释力,他们对模型进行扩展,得到城市体系自组织演化模型。

假设经济体中有 K 个城市,第 k 个城市坐落于 $r_k(k=1,2,\cdots,K)$,城市 k 中的行业 h 雇用人数为 L_k^h。$P^A(r)$ 表示地区 r 处的农民收入,$|X^A|$ 表示农业区规模,地区 r 处的行业 h 所生产的产品价格指数为 $G^h(r)$,城市 k 的价格指数为 G_k^h。

在城市 k 中,收入为 $Y_k=\sum_h w_k^h L_k^h$,每个农业区收入都为 $P^A(r)$。据此,可得到地区 r 的行业 h 的工资方程及农业的实际工资。用 $\omega_k^h=\omega^h(k)$ 表示城市 k 中的实际工资,劳动力市场出清意味着:$\sum_k \sum_h L_k^h + c^A \mid X^A \mid = N$。

雇用水平为正的所有经济活动的实际工资必须相等,即对于所有的 h、k,都有 $\omega_k^h=\omega^A(r)=\omega^A$,从而 $L_k^h>0$。将位于地区 r 处行业 h 的市场潜力函数定义为:$\Omega^h(r)\equiv[\omega^h(r)]^{\sigma^h}/[\omega^A]^{\sigma^h}$,对于每一个行业 $h=1,2,\cdots,H$,在地区 r 处,若 $\Omega^h(r)\leqslant 1$,则出现稳定性均衡。

如果行业 h 在新地区 $r=\tilde{r}^h$ 处有 $\Omega^h(\tilde{r})=1$,那么新城市将会在 $\tilde{r}^h$ 处出现。随着时间推移,包含许多不同等级行业经济体的增长,自然形成城市等级体系。为了清楚地显示城市体系的演化过程,Fujita 和 Krugman 等选定参数的具体数值进行模拟分析,清晰地再现了城市体系演化的自组织过程。

Tabuchi 和 Thisse(2006)在上述模型的基础上进行改进,建立了一个垄断竞争结构下的一般均衡模型,得出了模型的解析解,而不仅仅是数值模拟。发现由 NEG 模型可以推导出城市等级体系基本原理,在假设城市为所有农业地区和其他次中心提供服务的前提下,前向和后向关联使企业和工人聚集于城市,在运输成本处于中等水平时,城市数量、规模和区位内生决定。

第四节 长三角城市体系的演化机制①

长三角城市体系形成目前的等级分布是区域政治、经济、文化、科技等因素综合、长期作用的结果,演化进程中既包含着必然规律,也受偶然性事件的影响。区域内城市最初往往处于无组织状态,分布结构没有严密的层次性,城市功能没有明确的分工,城市之间缺乏固定的必然联系,但随着社会经济发展及分工细化,城市群体逐渐步入有组织的城市体系状态。城市体系是城市群体发育到一定水平上的产物,具有明显的有序性和整体性。由单个城市演化为城市体系,进而具备一定的结构等级和功能联系,整体演化既是由市场机制引发的自发、自下而上的过程,又是一个人工控制、规划下的自上而下的过程。前一种过程通常称之为自组织机制,后一种过程则对应于他组织机制,两种机制的共同作用使城市体系逐步健全结构、强化功能,向着既定、高级化的目标演进。高度集中的计划经济体制下,城市化及城市体系形成属于典型的政府主导、自上而下的过程,而成熟的市场经济体制下,城市体系形成则属于典型的市场主导、自下而上的过程。当前,中国正处于经济转型期,政府(他组织)和市场(自组织)两种力量共同作用于城市化进程及长三角城市体系演化。

一、长三角城市体系演化的自组织机制

城市化过程实质上是一种自组织过程,城市系统不断地与外部环境进行物质和能量的交换,内部子系统又发生非线性相互作用,这种非线性相互作用就是系统内部的自组织,城市演化、人口的城乡迁移都受到某种自组织规律的支配(王放,2000)。区域城市从聚落→村镇→城镇→城市→城市体系的变迁演化过程中,依靠自身聚集和辐射能力的不断增强,各种城市要素自行地由低层次、单一的,向高层次、复合的城市功能和形态转化,结合成为一个有机的整体,这种自下而上的形态就是典型的自组织过程(段汉明,2000)。城市系统的演变是人口和就业等状态参量在城市系统各空间组成部分重新分布的结果,而这些状态参量的变化则是系统自组织的

①本小节内容以"长三角城市体系分布结构及演化机制探析"为题发表于《商业经济管理》2007年第8期。

产物(王放,2000)。只要城市能够得到足够的负熵流,城市系统能够维持耗散结构,城市就有扩大规模的能力,就会不断地朝着进化的方向发展;相反,如果城市系统内部的熵增加超过负熵流,城市规模与城市系统本身不相适应,城市就有可能萎缩,走向退化和混沌状态。自组织系统依靠内部的谐振、反馈和放大产生一种聚合效应,这是实现稳定有序状态的复杂机制的必要条件。城市系统的演化表现在物质形态上,还有一个从小城镇到大城市,再到城市群、城市带的扩张过程,形成相应的城市等级体系。城市群是一定区域内空间要素的特定组合形态,是由一个或数个中心城市和一定数量的城镇结点、交通道路及网络、经济腹地组成的地域单元,能够通过中心城市形成区域经济活动的自组织功能(戴宾,2004)。整体上看,我国城市已初步形成包括等级规模结构、空间分布结构和职能组织结构的城市体系,具有一定的自组织能力(薛东前、姚士谋,2000),特别是长三角和珠三角城市体系。

城市体系中具有较高中心潜势的城市,随着人口规模的扩大,其功能也趋向多样化;功能的增加提高了城市的就业水平,形成了吸引人口聚集的新的动力。城市之间的相互作用随空间距离和交流通畅程度的不同而变化,高级城市都有自己相对稳定的影响圈;城市对人口和资源的吸引力的不同导致空间竞争,竞争的结果形成非平衡态的相对稳定的城市等级体系。城市体系的反馈既有正反馈,也有负反馈。在体系处于非稳定状态时,大城市良好的基础设施和科技、经济实力等使其有明显的集聚效益,从而导致系统正反馈,人口与资源愈加集中。在体系转趋稳定状态时,大城市的人口、产业过于密集和环境污染等问题引起新的空间竞争,从而导致负反馈,人口与资源逐渐扩散。在城市体系谐振与反馈的过程中,中心城市起着对原始效应放大或加速的作用,并使整个聚合效应升华为一种综合动因。因此,中心城市是城市体系自组织机制的枢纽和关键。

藤田和克鲁格曼(1999)指出:一般来说,城市的形成和发展及城市化进程是在市场条件下企业和个人追求自身利益或效用最大化的结果,是市场经济主体相互之间发生作用的自我组织过程。市场经济主体的参与者主要是企业和个人,人口个体的不断集中和企业的持续集聚,才有城市的形成、发展和演变。因此,城市化进程和城市体系的演变,在本质上是市场经济主体经济行为的产物或结果。从江苏、浙江和上海三地城市化进程和城市体系的形成和演化来看,乡镇企业、民营企业发展带来的城镇化,在很大程度上影响了城市化进程和城市体系结构。在浙江省,随着民营经济的繁荣和扩散,逐渐形成了以低层次产业的区域专业化集聚为主要形式的经济发展格局,中小企业的超常规快速集聚,使浙江迅速兴起了一大批以专业化城镇为中心的城市,整个城市化进程明显加快,并十分鲜明地呈现出"民营化＋市场化"推动"工业化＋城市化"的发展特点。正是这种以乡镇企业和专业市场推动为主的城市化动力机制,使浙江的城市布局分散于乡镇企业所在的小城镇,城市规模偏小。而在江苏省,大量乡镇企业的兴起,使大量农村人口不断向城镇集中,直接影响了目前江苏城市体系的形成。

二、长三角城市体系演化的他组织机制

计划经济向市场经济体制转型的过渡时期,作为他组织机制的政府行为仍然较大程度地影响着区域城市体系的演化,突出地表现在行政区划调整、城市规划设计、更新,以及政府的城市化战略、投资倾向、区域开发政策等等方面。

政府在不同时期制定的城市建设、规划和发展战略,直接影响到整个城市化和城市体系的演化历程。政府在不同时期的城市化战略选择,决定着城市化道路的取向,是对城市未来发展的规划和引导。因此,不同时期政府实行的城市化政策,直接影响着城市体系的结构和模式。在长三角地区,1982 年到 2002 年的 21 年间,行政区划的变动达 30 多次,平均每年有多于 1.5 次的变动。将这些区划变动与长三角城市化水平及城市体系结构相对照,可以发现:行政区划的变动带来了城市化水平的波动,也直接影响着城市体系的结构与变化。可以说,改革开放以来不同阶段长三角城市体系的不同特征,是中央和当地政府城市化政策的一定反映。

城市规划作为为实现一定目标而预先安排行动步骤并不断付诸实践的过程,其最主要的特征是对城市发展的未来导向性。城市规划不仅在城市发展的目标确定,而且在目标实现过程中的所有选择和行为都是对未来进行研究的结果。城市规划通过规划引导和规划控制对城市空间的发展进行人为干预,以期达到既定目标和空间效果。这种情况在新城建设和旧城市改造中显得尤为突出。城市发展按照既定的内容、形式、时序和规模进行,表现出城市空间快速优化的特性,减少或避免不必要的损失。在新城建设中,通过城市规划能在较短时间内科学地利用地域空间,合理组织空间功能,迅速达到系统的整体优化。从整体上讲,城市规划作为一种他组织手段,与城市空间发展自组织共同作用而最终形成城市空间发展的现实过程,这其中自组织更为根本。"十一五"规划中把长三角作为一个与整体编制相应的发展规划,必将影响到"十一五"乃至今后更长时间内长三角

城市体系的发展、演化。

　　区域开发政策机制实际上是一种人工调控机制，目的是使城市体系的发展得以摆脱盲目性，进而纳入人工政策、规划和设计的"理性"轨道。区域开发政策是社会系统制约城市体系发展的重要机制，由于开发政策牵涉到体制观念、决策管理水平和时空差异等多方面的因素，该机制对城市体系的影响也是多方面的。各级行政部门通过有计划的市场调节，来保证国民经济按比例地协调发展。因此，行政机关所在地的政治中心必然具有多方面的综合性职能。其次，开发政策有很强的因时制宜性。改革开放前，国家的投资和经济发展战略明显倾向于内地与边远地区，客观上抑制了东部发达地区，尤其是城市地区的正常发展。80 年代以来的宽松政策给城市间的横向联系创造了条件，城市体系的演化趋于正常。区域发展往往以城市体系为依托，组织各种经济社会网络，推动整个城市—区域系统进入协调运行状态。1992 年后的浦东开发使上海的区域龙头地位日益突出，并对区域其他城市的发展产生强烈的辐射和带动作用。

　　政府实行城乡分割的"户籍政策"在一定程度上影响了城市的发展和城市化进程，从而影响城市体系的演化。政府的一些优惠政策、措施也会在一定程度上影响城市发展和城市体系的演化。例如，开发区、工业园区、高教园区等优惠政策，通过对投资主体实施不同程度的土地、税收、服务等优惠，引导企业或产业集聚，从而对城市的功能及空间结构产生影响，最终影响到一定地区的城市体系结构与形态。

　　长三角作为中国改革开放的前沿区域，城市化进程及城市体系演化不可避免地受到自组织和他组织双重机制的共同作用。综合分析长三角地区的城市化进程及城市体系演化过程，不难发现，微观市场主体的经济行为、城市化政策、行政区划的变动等因素，在很大程度上影响着长三角地区的城市化进程及城市体系的形成。

第七章　城市体系分布演化的 R/S 预测

城市体系规模分布具有一定的自相似特征,可以从分形的角度出发探究城市规模分布的演变,而分形理论中的 R/S 分析方法提供了一种用于探讨时间序列数据的非线性预测方法,可以将其运用于对长三角城市体系规模分布演变的时间序列分析中,从而对其规模分布的未来发展趋势做出预测。

第一节　R/S 分析法缺陷及其改进

Hurst 指数作为 R/S 分析法的重要参数,是衡量一个时间序列是否具有长期记忆性,并最终对该序列未来趋势做出预测的关键性指标,因而 R/S 分析法的重点便在于 Hurst 指数的求解。一个明显的缺陷限制了 R/S 分析的用途——传统的 R/S 分析法对长度较长的时间序列较为适用,而对长度较短的时间序列往往会由于 R/S 分析过程中数据的锐减造成 Hurst 指数估计值不可靠的后果。

一、传统 R/S 分析方法

基于重标极差(Rescaled Range Analysis,R/S)分析法的 Hurst 指数是由英国物理学家赫斯特(Hurst)在分析水流量与贮存量的分形特征时提出的。该指数可以识别一个系统的非随机特征,从而作为判断随机序列数据是随机游走还是遵从有偏的随机游走过程的一个合适指标。由于城市规模分布也具有一定的自相似分形特征,故而 R/S 分析法被借鉴到城市体系规模分布演变的分析中来,以判断城市规模分布变化是否存在某种长期趋势,并对其未来分布变化做出预测。需要注意的是,基于 R/S 分析法的 Hurst 指数并非城市规模分布的直接测度,通常情况下,它只是拿来分析城市体系规模分布特征是否具有随时间演变的长期依赖性的一个指标,通过对城市体系规模分布发展历史的分析,预测该城市系统规模分布的未来发展状况。

基于 R/S 分析法的 Hurst 指数的计算思路通常如下:若 $x_i = x_1, \cdots,$ x_{N+1} 是一个长度为 N+1 的连续时间序列,对其进行取对数并进行一次差分之后将得到的数据划分为 K 段长度为 n 的相邻子区间 γ_3 ,$k = 1, 2, \cdots,$ K。则有 $K*n = N$。若记 x_{kj} 为第 k 个子序列的第 j 个数据,则各个子区间的均值记为:

$$\overline{X}_k = (x_{k1} + x_{k2} + \cdots + x_{kn})/n \tag{7-1}$$

其标准差为:

$$S_k = \sqrt{\frac{1}{n}\sum_{i=1}^{n}(x_{ki} - \overline{X}_k)^2} \tag{7-2}$$

每个子序列的累积横距为:

$$y_{k,j} = \sum_{i=1}^{j}(x_{k,j} - \overline{X}_k), \qquad j = 1, 2, \cdots, n \tag{7-3}$$

子序列的极差为:

$$R_k = \max(y_{k,j}) - \min(y_{k,j}) \qquad j = 1, 2, \cdots, n \tag{7-4}$$

赫斯特通过计算所有区间序列"重标极差"(R_k/S_k)的均值,得到:

$$(R/S)_n = \frac{1}{K} \cdot \sum_{k=1}^{K}(R_k/S_k) \tag{7-5}$$

通过对长度 n 取不同的值,可推出关系式:

$$(R/S)_n = c \cdot n^H \tag{7-6}$$

上式中 c 为常数,n 是时间序列进行对数差分后的数据长度,H 即为 Hurst 指数,且 $0 \leqslant H \leqslant 1$。通常情况下 H 的计算是通过对式(7-6)进行对数变换,在坐标图上利用 $\ln(R/S)_n$ 和 $\ln(n)$ 进行描点逼近,即

$$\text{In}(R/S)_n = \text{In}c + H \cdot \text{In}(n) \tag{7-7}$$

对式(7-7)运用最小二乘回归解得到的斜率即为 Hurst 指数的 H 值。根据随机过程理论,当一个序列是随机游走的话,那么有 $H = 0.5$;当 $H \neq 0.5$ 的时候,表明观察不是独立的,说明每个序列数据都是带有对之前发生事件的"记忆",且这种"记忆"在理论上是长期的,近期事件的影响要比远期的影响要大。赫斯特对此提出了关联函数的概念,并对其给予了数理上的证明。表达式如下:

$$C(t) = 2^{2H-1} - 1 \tag{7-8}$$

此外,还有一个与 Hurst 指数相关的统计量 $V_n = (R/S)_n / \sqrt{n}$,该统计

量最初是赫斯特用来检验 R/S 值稳定性的,后来 Peters 用它来测量时间序列"记忆"的长度。他认为当一个时间序列是独立随机的话,那么 V_n 对 $\ln$ (n) 的图应该是平的;当统计量 V_n 呈现一种向上趋势的时候,说明此序列是具有长期的正向"记忆",反之亦然。若 V_n 对 $\ln(n)$ 的图中出现统计量的转折点时,则可以通过该转折点计算出对应时间序列的非周期循环长度,即"长期记忆"终结的长度。

二、R/S 分析法的缺陷

传统 R/S 分析中要求每次选取的子序列长度 n 要满足能够整除对数差分后的时间序列长度 N 的条件,即 n 必须是 N 的约数。对于一个确定的长度为 $N+1$ 的时间序列而言,其对数差分序列必然也是确定的。那么当长度 N 为已知时,能够整除 N 的所有正整数 n 也已经确定,其个数必定有限($\leqslant N/2$)。一般情况下,当 N 很大时,n 的个数也会随之增多;反之,则会相应减少。如果一个确定的 N 对应 n 的个数并不多的情况下,便会造成 $\ln(n)$ 和 $\ln((R/S)_n)$ 标绘图中的数据点不够充分,从而会对基于 OLS 估计的 Hurst 指数产生较大的影响。

三、R/S 分析方法改进

为避免上述情况的发生,使 R/S 分析法对短期的时间序列也能适用,本研究对其做出以下修正:对于一个长度为 $N+1$ 的时间序列,首先应对其进行对数差分以消除序列的趋势性及削弱数据波动性,将得到的长度为 N 的时间序列记为 $\{x_i\}_{i=1}^{N}$。若给定区间分划长度为 $n(n>1)$,使其满足下式:

$$K \cdot n + d = N, \qquad n, K, d \in N \text{ 且 } d < n \qquad (7\text{-}9)$$

那么,时间序列 $\{x_i\}_{i=1}^{N}$ 的 R/S 分析过程应该遵循如下步骤:

1.先从时间序列 $\{x_i\}_{i=1}^{N}$ 中依次选取 $d+1$ 个长度为 $N-d$ 的如下子列:

$$\{x_i\}_{i=h}^{N-d+h-1}, \qquad h = 1, 2, \cdots, d+1 \qquad (7\text{-}10)$$

式中 $d = N(\mathrm{mod} \quad n) = N - K \cdot n = N - \left[\dfrac{N}{n}\right] \times n$,其中 $\left[\dfrac{N}{n}\right]$ 表示 $\dfrac{N}{n}$ 的整数部分。

2.将每一个子列数据运用传统 R/S 分析法求出区间分划长度为 n(已确定)时的各子列的"重标极差"均值 $(R/S)_n^{(h)}$,即

$$(R/S)_n^{(h)} = \frac{1}{K} \sum_{k=1}^{K} (R_k^{(h)}/S_k^{(h)}), \qquad \text{其中} h = 1,2,\cdots,d+1$$

(7-11)

3. 将 $d+1$ 个子列的 $(R/S)_n^{(h)}$ 求平均，得到长度分划为 n 下的 $(R/S)_n$，即

$$(R/S)_n = \frac{1}{d+1} \sum_{h}^{d+1} (R/S)_n^h$$

(7-12)

4. 将 n 依次遍历 $2,3,\cdots,N$，并重复上面的步骤(1)~(3)，从而可以得到不同 n 值下的 $(R/S)_n$。将不同的 n 的值和其对应的 $(R/S)_n$ 带入如下经验式：

$$(R/S)_n = c \cdot n^H$$

(7-13)

对式(7-13)进行对数变换，得到

$$\ln(R/S)_n = \ln c + H \cdot \ln(n)$$

(7-14)

然后，运用 OLS 估计式(7-14)即可得到 Hurst 指数的 H 值。

显然，对于改进的 R/S 分析过程而言，当 n 为 N 的约数时，上面的过程即是传统 R/S 分析，因而改进的 R/S 分析法要比传统的 R/S 分析更具普遍的适用性。以一个长度较短的时间序列举例：传统的 R/S 分析中满足为 N 约数的 n 的个数毕竟有限，甚至很少，而改进的 R/S 分析法却使得可供选择的区间分划长度 n 大大增多（可选取 2~N 的任一整数），从而使得 $\ln(n)$ 和 $\ln[(R/S)_n]$ 的双对数坐标图中的数据点个数大大增加，提高了 Hurst 指数 OLS 估计结果的可靠性和有效性。

通常情况下，并不单独运用 Hurst 指数来分析一个时间序列的相关特性，而是将其与关联函数 $C(t)$ 结合使用。根据 Hurst 指数、关联函数 $C(t)$ 的不同取值可以将其对应的时间序列划分为以下类型：

1. 当 $H=0.5$，$C(t)=0$ 时，可以判断其对应的时间序列为随机序列，即该序列的过往和现在的状态并不会对其未来发展趋势产生影响；

2. 当 $0 \leqslant H < 0.5$，$-0.5 \leqslant C(t) < 0$ 时，表明该时间序列是一个反持久性的过程，即该序列所表示的系统前后发展状况是负相关的。若其前一个时期的状态具有向上趋势的话，后一时期则有很大可能是下降态势，反之亦然。正是由于序列具有反持久性的特征，结果便使得这样的时间序列比随机序列具有更剧烈的波动性。

3. 当 $0.5 < H \leqslant 1$，$0 < C(t) \leqslant 1$ 时，我们得到的便是一个持久性较强、波动平缓的时间序列。这样的序列由前后状态的正相关性所主导，前后两个时期的变动趋势往往趋于一致，而且这样的持久性的强度是随 H 值变动而变动的：H 值愈接近 0.5，表明序列噪声愈大，趋势也愈加难以判定；当

H 值愈远离 0.5 时,其对应的关联函数 $C(t)$ 值也越接近于 1,则这种正相关性就越强,此时对应的时间序列便是有偏的随机游动过程,序列的未来趋势可由其过往和现在的信息加以判断。

4.当 $H > 1$ 时,虽暗示该时间序列具有一定正向记忆效应,但因序列方差趋于无限(陈梦根,2003),尚需我们开拓新方法做进一步深入研究。

接下来,将采用改进的 R/S 分析方法对首位度指数、城市基尼系数和齐夫指数等衡量长三角城市体系规模分布的时间序列进行分析,以把握长三角城市体系规模分布演变的规律性,并对其未来规模分布发展趋势进行预测。

第二节　长三角首位度指数序列 R/S 分析

首位度指数反映城市体系中首位城市与其他城市的比例关系,是衡量城市体系规模分布是否遵循首位型分布的量化指标体系,常用于表征城市体系中位序较高的大城市、超大城市的发展状况。而大城市、超大城市作为城市体系的重要结点,是人流、物流、资金流等的重要集散地和经济活动的集聚中心,在城市体系中占据着重要地位。因此,预测首位度指数序列的未来变动,对于掌握长三角城市体系首位城市及其他高位序城市规模的发展趋势具有重要意义。

在此,基于第三章首位度指数的计算结果,利用 Matlab R2010a 软件,通过编写程序来完成改进的 R/S 分析计算(源程序代码详见附录),估计出长三角城市体系首位度指数(S_2、S_4 和 S_{11})序列的 R/S 值及据其稳定性衡量的 V_n 统计量,然后将上述计算结果通过以 $\ln(n)$ 为横轴的双对数坐标图表示出来,得到图 7-1 至图 7-4。进一步地,通过 OLS 估计得到基于以下计算公式的 R/S 值的拟合回归线:

$$\ln(R/S)_n = C_0 + H \cdot \ln(n) \tag{7-15}$$

式中,H 值即为 Hurst 指数值。

一、两城市指数序列的 R/S 分析

由两城市指数(S_2)的 R/S 分析的双坐标图 7-1 可以看出,$\ln(R/S)_n$ 和 V_n 统计量相对于 $\ln(n)$ 都具有向右上方倾斜的特征,而 V_n 统计量在 $\ln(n)$ $= 2.197$ 处存在明显突变点,故需要对 $\ln(R/S)_n$ 序列进行分段分析以考察不同时段的长期记忆性。

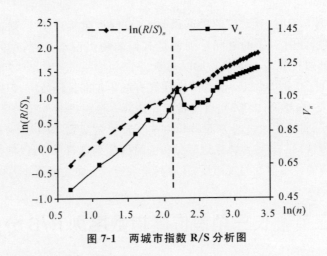

图 7-1　两城市指数 R/S 分析图

进行分段分析之前,首先运用 OLS 估计两城市指数序列(S_2)的全程记忆性状况,结果如下:

$$\ln(R/S)_n = -0.705 + 0.787 \cdot \ln(n)$$
$$(-16.07)\quad (46.84) \tag{7-16}$$

式中,括号内的 t 值均通过 1％ 水平下的显著性检验,且拟合优度达 0.989,说明该回归方程的拟合的效果较好。鉴于 V_n 统计量出现转折预示 S_2 序列非周期循环长度的终结,故有必要进一步分析不同分段情况下的 S_2 序列的记忆性,分析结果详见表 7-1 所示。

表 7-1　两城市指数序列 R/S 分析 OLS 估计结果

	全程记忆性分析	分段 R/S 分析	
	$2 \leqslant n \leqslant 28$	$2 \leqslant n \leqslant 9$	$10 \leqslant n \leqslant 28$
C_0	-0.705^{***} (-16.07)	-0.984^{***} (-22.1)	-0.555^{***} (-14.12)
H	0.787^{***} (46.84)	0.977^{***} (36.68)	0.732^{***} (54.33)
R^2	0.989	0.996	0.994
$C(t)$	0.489	0.937	0.379

注:表中 ***、** 和 * 分别代表在 1％、5％ 和 10％ 显著性水平下显著,括号内是 t 统计量,下同。

由表 7-1 所示结果可知:分段回归(图 7-2)与未分段回归的结果相比,分段后的拟合效果要优于全程记忆性的考查。从分段回归所得的 Hurst 指数可看出,当 $2 \leqslant n \leqslant 9$ 时,其对应的 Hurst 指数值为 0.977;而 $10 \leqslant n \leqslant 28$

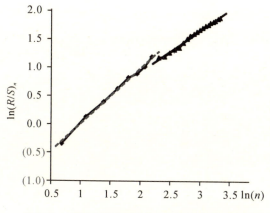

图 7-2　两城市指数序列 R/S 分析分段回归

时，Hurst 指数 $H = 0.732$，其值虽然略有下降，但仍要比随机序列对应的 $H = 0.5$ 大，而且两个分段内的 V_n 统计量都呈现上升的趋势表明该时间序列的确具有持久性记忆，是一个有偏的随机游走过程，其前后状态存在着正向相关性。结合第二章中两城市指数（S_2）的总体变动趋势可知：未来一段时间内，长三角城市体系的两城市指数仍将保持一定的下降趋势。

二、四城市指数序列的 R/S 分析

与两城市指数序列 R/S 分析类似，四城市指数序列 V_n 统计量亦存在转折情况（见图 7-3）。

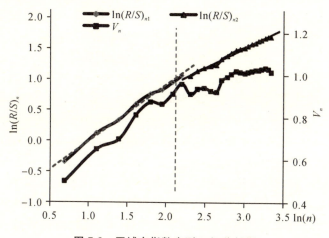

图 7-3　四城市指数序列 R/S 分析图

同样需要对其进行分段分析,具体分析结果如表 7-2 所示。

表 7-2　四城市指数序列分段 R/S 分析 OLS 估计结果

	全程记忆性分析	分段 R/S 分析	
	$2 \leqslant n \leqslant 28$	$2 \leqslant n \leqslant 9$	$10 \leqslant n \leqslant 28$
C_0	-0.631^{***} (-13.22)	-0.930^{***} (-17.28)	-0.380^{***} (-9.37)
H	0.717^{***} (39.17)	0.916^{***} (28.45)	0.628^{***} (45.06)
R^2	0.984	0.993	0.992
$C(t)$	0.351	0.780	0.193

结合表 7-2 和图 7-3 可以看出:根据 V_n 统计量的转折变动能够更好地区分序列在不同时段的长期记忆性,而且其 OLS 估计的拟合效果更好。当 $2 \leqslant n \leqslant 9$ 时,序列对应的 Hurst 指数值为 0.916,关联函数 $C(t) = 0.780$;而 $10 \leqslant n \leqslant 28$ 时,Hurst 指数 $H = 0.628$,对应的 $C(t) = 0.193$,可见前后两个时段里该时间序列均具有正向的持久性记忆,不过其正向相关性逐步减弱。由于四城市指数序列(S_4)在 2000 年至 2012 年间与两城市指数序列(S_2)一样都具有下降趋势,因而可以判断出四城市指数(S_4)序列在未来一段时间内也将呈现下降趋势,只不过相对于两城市指数序列(S_2)来说,四城市指数(S_4)序列的下降幅度要小一些,下降速度要慢。

三、十一城市指数序列的 R/S 分析

进一步分析十一城市指数序列(S_{11})的长期记忆性,首先绘制双对数坐标图(见图 7-4),以观察 R/S 对数值和的 V_n 统计量变动特征。

从图 7-4 中可明显看出 V_n 统计量在 $\ln(n) = 2.890$,即 $n = 18$ 时其变动趋势发生了变化,由曲折上升趋势转变为水平趋势。根据彼得斯(Peters)的观点"若 V_n 对 $\ln(n)$ 的图中出现统计量的转折点时,则可以通过该转折点计算出对应时间序列的非周期循环长度,即'长期记忆'终结的长度",因而可判定该序列存在非周期循环,其循环长度 $n = 18$。因此,需将 R/S 值的变动从拐点处划分为两段来分别求解其对应的 Hurst 指数,这样才能更加细致的分析不同阶段的十一城市指数序列(S_{11})的变动特点,分段回归结果如表 7-3 所示。

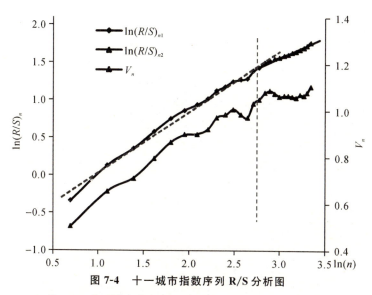

图 7-4　十一城市指数序列 R/S 分析图

表 7-3　十一城市指数序列分段 R/S 分析 OLS 估计结果

	$2 \leqslant n \leqslant 18$	$19 \leqslant n \leqslant 26$
C_0	-0.779^{***}	-0.087
	(-17.13)	(-0.92)
H	0.808^{***}	0.549^{***}
	(39.64)	(18.23)
R^2	0.991	0.977
$C(t)$	0.533	0.070

　　表 7-3 中分段回归所得 Hurst 指数显示：当 $2 \leqslant n \leqslant 18$ 时，Hurst 指数值为 0.808，其对应的关联函数 $C(t)$ 的值为 0.533，表明此时十一城市指数序列具有正向的长期记忆性；而 $19 \leqslant n \leqslant 28$ 时，Hurst 指数 H＝0.549，$C(t)$值为 0.070 接近于零，表明在 $19 \leqslant n \leqslant 28$ 时该序列几乎是随机序列，也即该序列的过往和现在的状态并不会对未来发展趋势产生影响。

　　若仅计算十一城市指数序列的全程相关性的话，将得到如下结果：

$$\ln(R/S)_n = -0.665 + 0.744 \cdot \ln(n)$$

$$(-14.72) \quad (42.98) \tag{7-17}$$

　　其中，拟合优度 $R^2 = 0.987$ 且括号内 t 值显示各估计参数均通过 1% 水平显著性检验，说明该回归方程拟合效果较好。因式（7-17）估计的 Hurst 指数值 0.744 大于 0.5，故未分段的情况下容易根据该回归结果做出十一城市指数序列具有全程正向记忆性的错误结论。

第三节　长三角城市规模基尼系数序列 R/S 分析

　　运用改进的 R/S 分析方法对长三角城市体系首位度指数序列的演变趋势进行预测,能够对系统中高位序城市规模的未来发展状况有大致的了解。接下来的部分将通过对城市规模基尼系数序列进行 R/S 分析,以预判未来长三角城市体系规模分布变动的均衡或极化趋势。

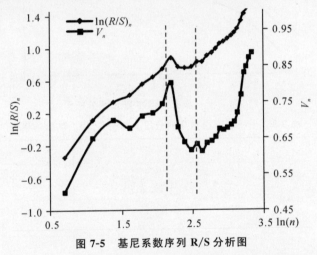

图 7-5　基尼系数序列 R/S 分析图

　　图 7-5 展示出基于改进 R/S 分析方法对长三角城市体系基尼系数序列的计算结果,从图中可以看出 $\ln(R/S)_n$ 的散点分布并非呈现一条直线,而是出现一定程度的弯折,即长三角城市体系基尼系数序列不是具有长期记忆的,而是存在非周期性的循环,这一点可以通过 V_n 统计量对 $\ln(n)$ 的曲线图中得到印证。当 $\ln(n)=2.197$,即 $n=9$ 时 V_n 统计量达到了局域的极大值点,而后 V_n 统计量由上升转变为下降;在 $\ln(n)=2.639$,即 $n=14$ 时 V_n 统计量又达到局域极小值点,随后又呈上升趋势,表明该序列先是由持续性的正向记忆过程转换为反持续的过程,然后又转变为正向记忆性的持续过程。为进一步分析这种持续性和反持续强度,通过 Hurst 指数和关联函数 $C(t)$ 值的量化计算予以说明。

　　根据 V_n 统计量极大值出现的位置,将区间长度 n 的取值划分为三段 $2 \leqslant n \leqslant 9$、$9 \leqslant n \leqslant 14$ 和 $15 \leqslant n \leqslant 28$ 分别进行 OLS 估计(见表 7-4)。结果表明:当 $2 \leqslant n \leqslant 9$ 时,Hurst 指数估计结果为 $H=0.751$,参数显著性 t 值通过 1% 水平上的检验,而且拟合优度达到 0.980,拟合效果非常好;当 $10 \leqslant n \leqslant$

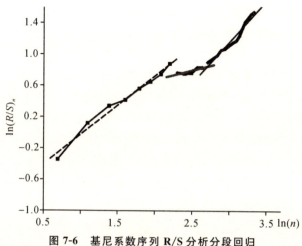

图 7-6　基尼系数序列 R/S 分析分段回归

14 时,Hurst 指数值只有 0.234,尽管通过 10% 水平下的显著性 t 检验,但方程拟合优度仅为 0.660,拟合效果较为一般;当 $15 \leqslant n \leqslant 28$ 时,虽然方程的拟合优度达到 0.961,但 Hurst 估计值为 1.055,明显大于 1,此时虽意味着该时间序列具有一定正向记忆效应,但因序列方差趋于无限,尚需开拓新方法以做进一步研究。图 7-6 为直观分析不同区段的长期记忆性提供了途径,图中三段拟合曲线发生明显偏折,将分段回归 Hurst 指数存在的巨大差异直观地表现出来,也预示着对长三角城市体系规模分布的基尼系数序列进行 R/S 分析时更适合采用分段处理。

表 7-4　城市规模基尼系数序列分段 R/S 分析 OLS 估计结果

	全程记忆性分析	改进 R/S 分析		
	$2 \leqslant n \leqslant 28$	$2 \leqslant n \leqslant 9$	$10 \leqslant n \leqslant 14$	$15 \leqslant n \leqslant 28$
C_0	-0.596*** (-7.77)	-0.783*** (-10.71)	0.208 (0.87)	-2.010*** (-10.66)
H	0.593*** (20.19)	0.751*** (17.16)	0.234* (2.41)	1.055*** (17.1)
R^2	0.942	0.980	0.660	0.961
$C(t)$	0.138	0.416	-0.309	—

就长三角城市规模基尼系数序列而言,V_n 统计量出现极大值点对应的 $n=9$ 即为该序列的平均循环长度;具体地,$2 \leqslant n \leqslant 9$ 时,H$=0.751>0.5$,$0<C(t)=0.416<1$,表明当区间分划长度不大于 9 时,该序列具有正向记忆性,记忆周期为 9 年;当 $10 \leqslant n \leqslant 14$ 时,Hurst 指数 H$=0.234<0.5$,C

$(t)=-0.309<0$，意味着长三角城市体系基尼系数序列经过 9 年之后，该序列先前的"记忆"将完全消失，转变为一个反持续的过程。结合第二章中的长三角城市规模基尼系数的变动趋势可知，在未来几年间城市规模基尼系数值将继续下降，即长三角城市体系规模分布将经历分散均衡的过程；而大约在 9 年之后，城市规模分布又将出现极化现象，城市规模基尼系数会有一定程度的上升。有一点需说明：由于 $15\leqslant n\leqslant28$ 所对应的 OLS 回归结果显示 Hurst 指数值大于 1，此时所分析数列的方差已处于发散状态，虽知该序列此时具有正向相关性，但需要一些新方法以确认其非周期循环长度。

第四节　长三角齐夫指数序列的 R/S 分析

如果说城市规模基尼系数序列的 R/S 分析让我们对未来长三角城市规模分布的均衡或极化趋势有了综合性的认识，那么对齐夫指数序列进行 R/S 分析可以透过城市人口规模与位序之间的关系更加细致地考察未来城市体系规模分布的集中或分散特征。

为分析衡量城市体系发育程度的齐夫指数未来变动趋势，选择各年份三个模型中的最优模型估计结果作为齐夫指数的最佳估计值。之所以这样做，是因为在进行空间计量模型分析时采用了 Anselin 所提出的关于最优模型的判别标准——"先进行 OLS 回归，对所得残差进行空间相关性检验，如果发现空间滞后模型中基于极大似然估计方法的拉格朗日乘子检验统计量 LM-lag 比空间误差模型中的拉格朗日乘子检验统计量 LM-error 更加显著，就选择空间滞后模型进行估计；否则，选取空间误差模型。如果两个统计量都不显著，则应选择传统的计量模型，即保留 OLS 回归结果"。通过判别筛选各年份齐夫指数序列最优值，然后进一步运用 R/S 分析技术以研判其未来变动趋向。

与城市规模基尼系数序列的 R/S 分析相一致，图 7-7 提供了齐夫指数序列 R/S 分析结果及 V_n 统计量变动的直观印象。从图中可以看出：V_n 统计量在 $\ln(n)=2.197$ 时出现转折点，说明齐夫指数序列具有非周期循环的特点，且其循环长度为 $n=9$。在此，仍需对 n 进行分段处理来考察不同取值范围的 n 所对应的 Hurst 指数值（结果见表 7-5）。

$$\ln(R/S)_n = -0.291 + 0.452 \cdot \ln(n)$$

$$(-3.41) \quad (13.78) \tag{7-18}$$

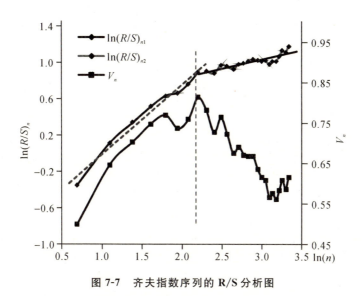

图 7-7　齐夫指数序列的 R/S 分析图

式(7-18)展示了全程 R/S 分析的 OLS 回归结果,括号中 t 值意味着各回归参数均在 1% 水平下显著,而方程拟合优度为 0.884,也意味拟合效果较好。但结合表 7-5 的分段回归结果来看,当 $2 \leqslant n \leqslant 9$ 时,H＝0.773＞0.5,0＜$C(t)$＝0.460＜1,说明在这一周期内齐夫指数序列存在正向相关性,前后状态变化往往是一致的;在下一个子周期,$10 \leqslant n \leqslant 28$ 时,对应 Hurst 指数值为 0.207,其关联函数 $C(t)$ 则变为－0.334,说明经过大约 9 年后这一过程转变为反持续过程。将不同的 n 取值范围所对应的 Hurst 指数值的差异在双对数标绘图中表示出来,便可以得到图 7-7 中的虚线和实线两条趋势线,可以看出两段拟合回归线的斜率发生了明显改变。

表 7-5　齐夫指数序列分段 R/S 分析 OLS 估计结果

	$2 \leqslant n \leqslant 9$	$10 \leqslant n \leqslant 28$
C_0	－0.790*** (－9.94)	0.411*** (4.78)
H	0.773*** (16.25)	0.207*** (7.03)
R^2	0.978	0.744
$C(t)$	0.460	－0.334

进一步结合长三角城市体系的齐夫指数序列的过往变化趋势来看,预计未来一段时期该城市体系的齐夫指数依然会保持极其微弱的下降趋势,

即规模较小的城市发展将进入快车道,缓慢地缩小城市之间的规模差距,使得人口在各个城市的分布更为均衡;当这个极其平缓的下降周期过后,齐夫指数序列将迎来新的微弱上升周期,届时城市规模又将趋于集中,城市规模之间的差异将有所扩大。

第八章　城市体系演化趋向：城市网络

描述城市间关系的经典模型是克里斯塔勒的中心地理论，过去相当一段时期中心地理论较好地阐释了不同规模城市之间的层级联系。随着全球化、区域一体化进程的加速推进，城市作为全球或地方活动最重要的载体呈现出一系列的新变化，譬如要素流动性加快、空间结构更为扁平、城市间的联系更为多样等。目前，采用等级体系理论和方法的中心地模式已无法全面解释由于现代交通、通信技术发展带来的要素快速流动和高度聚集，以及区域间界限淡化、经济组织日趋网络化导致的城市体系变化。随着时空距离对于经济活动空间位置的约束作用逐渐减弱，一种多中心、扁平化、网络型的城市关联模式应运而生。

第一节　从层级转向网络

当前，城市之间除了大量的垂直等级联系，也存在着因劳动地域分工不断深化、交通通信更为便捷等引发的水平联系，迫切需要一种新的理论模型来应对现实的挑战，Camagni 等（1993）提出城市网络范式，较好地解释了日益浮现的新区域空间结构形式。

一、城市网络的含义

信息技术的快速发展与世界城市影响力的增强催生了城市网络的概念。弗里德曼（Friedmann）、萨森（Sassan）和泰勒（Taylor）等在传统中心地理论框架下发展了早期的城市体系理论，提出"城市网络"理论，最初用意是强调世界城市在全球城市网络中的组织功能。

"城市网络"（Urban Network）通常被定义为一个水平的、非等级关系的系统，由互补/垂直整合的或协同/合作的专业化城市中心构成，由此而出现了互补网络(Complementarity Networks)和协同网络(Synergy Networks),前者由相同部门内产品互补的专业化中心构成,后者由具有相似产品或功能的专业化中心构成(Camagni, 1993)。Camagni 和 Capello(2004)进一步将城市网络定义为:在互补或相似的城市中心之间形成的主要是水平和非层次性的联系和流动的网络体系,可以提供专业化分工的经济性,以及协作、整合与创新的外部性。因此,与中心地城市体系不同的是,城市网络强调同一层级城市中心之间的联系,而且这种联系更多的是超越空间邻近特征的职能联系。

Castells(1996)认为网络社会是围绕着"流空间"来组织的,"流空间"由三个层次构成:网络的物质基础(如航空网络和因特网基础结构)、构成网络节点的地点和以工作、运动等方式在空间上组织起来的全球精英。信息通信网络的形成使交通运输不再是左右城市经济和社会发展的首要问题,城市之间的联系得以突破区域的行政界限,城市、区域、国家的概念开始模糊。网络缩小了城市与区域、城市与城市之间的时空距离,企业分布可以分散化、小型化,从而使城市发展分散化,形成开放式、网络型和多中心的城市体系。这种开放结构促进城市之间横向经济联系和城乡经济的共同增长,城市之间竞争互补、协同关系将代替传统的等级关系。城市网络化发展使城市区域的界线逐渐消失,城市区域结构在较高水平上达到新的平衡,形成功能上一体化的空间结构体系。

Taylor(2001,2004)遵循 Hymer(1972)开创的微观视角将城市网络概念化为一个"连锁网络(interlocking network)",认为城市虽然作为城市网络的节点,但城市本身无法创造与其他城市之间的联系,更无法创造财富。因而,城市之间的联系是由城市的"代理人"——布局于城市中的各种组织机构所创造的,这些机构之间的联系创造城市之间的联系。这些城市"代理人"在身份与组织性质上的不同,则导致城市之间的关系呈现出多种不同的性质和模式,譬如工商企业之间的联系创造了城市之间的经济联系,政府部门之间的联系则创造了城市之间的政治联系等。因此,通常情况下,城市连锁网络由网络层次(城市网络)、节点层次(城市)和次节点层次(城市中的各种组织)构成。其中,次节点是城市网络形成与发展的基础动力,它们关于办公地点的选址以及如何使用办公点的决定导致城市网络的形成和发展。在各种类型的组织中,工商企业显然扮演着最为重要的角色,虽然 Taylor 承认城市政府间可能做出安排,从而建立城市之间的联系,但这种政治联系和对经济全球化的形成有重要作用的经济联系相比显得次要得多。

全球化与世界城市小组（Globlization and World Cities Study Group，GaWC）认同 Sassen（2002）所关注的全球生产者服务公司，认为世界城市是彼此连接的网络体系中的"全球服务中心"，世界城市网络的构建内容是全球服务公司办公点内部以及办公点之间的那种很少面对面的接触，通过办公点间的各种信息、观念、知识和教育等物质流彼此连接。因此，在 GaWC 小组的实证研究中，世界城市网络的次节点层次是全球经营的生产者服务企业，由此世界城市网络也可定义为一个由全球服务企业连接而成的全球性服务中心网络（Taylor，2004）。

二、城市体系的结构转换

对城市间关系的研究，中心地理论认为最大城市位于城市层级体系的最顶端，顶端以下则由很多小型城市构成，小城市被嵌套在高等级中心地的市场区域中（Berry，1972）。中心地理论强调城市系统中大城市与小城市之间的层级体系，认为城市间互动限于层级上的单向联系，不同规模城市之间的横向关系被忽略（Pred，1977）。深受中心地理论影响的城市地理学者多将复杂的城市系统模型化为一个相对简化的城市层级体系，认为城市系统由处于中心的大都市所主导，呈现出一种阶梯状的层级结构（Bourne，1978）。

城市系统的层级组织并不能对现实世界中的很多现象做出有效解释。Pred（1975）发现与中心地理论不同，城市系统中的大型城市之间存在着非常广泛的互动；城市系统中广泛地存在着小型城市专注于生产具有比较优势的一种或几种产品并供应给大型城市的情形（Pred，1977）；城市系统中的小城市也可能与距离很远的城市进行商品和服务的贸易，尽管附近存在着大城市。这些现象的存在，原因在于信息技术与交通运输技术的进步，不仅改变了人们生产和生活的方式，而且改变着城市之间的关系形式。城市间关系不再是简单的层级结构，而是纵横交错的网络结构，这得到 Esparza 等（2000）的证实。可见，要深刻理解城市之间的关系，研究焦点必须从层级体系转向城市网络。

卡斯特尔（Castells，1996）的"流空间"理论为城市网络的建构提供坚实的理论基础。他认为网络社会是围绕着"流空间"来组织的，城市置于一个网络空间中，在此空间中传统的层级结构显得不再重要。Camagni 和 Salone（1993）认为，城市网络的含义可以概括为两个层面：一个层面是城市间基础设施系统，另一个层面是城市间通过经济活动和人进行的空间上互动。Smith 和 Timberlake(1995)认为城市之间的联系可从功能和形式两个维度来进行分类,促进了抽象层面的可操作性。以泰勒(Taylor)为首的全球化与世界城市研究小组(GaWC)以 Castells(1996)、Sassen(2002)等学者的研究为基础,不再将关注点集中于世界城市的等级体系,而是致力于探讨世界城市网络的形成与演化机制,及网络结构如何对城市发展带来影响等问题,有效地推动了城市网络理论发展。

泰勒(Taylor, 2004)分析了等级与网络的关系,他认为弗里德曼关于世界城市的研究基本上建立在国家城市等级体系之上,从而构成世界城市等级论,萨森(2002)的研究尽管透露出城市之间的相互关系,但基本上延续了上述传统。一般来说,等级联系靠的是指令,它是通过竞争形成的垂直联系,而网络联系靠的是水平联系,它是通过合作形成的。由于全球化过程中城市间的经济联系远超过政治联系,并通过联系超出城市的公司企业而体现,所以,泰勒认为世界城市网络是一个由全球服务企业连接而成的全球性服务中心网络。

(一)中心地层级体系

城市网络的相关研究源于城市体系理论,传统城市体系主要指具有等级性的中心地模式。该体系特征表现为:(1)位于等级体系最高端的是国家级的大城市,并具有广阔的腹地或服务范围;(2)每个大城市的腹地内都包含若干个位于等级体系中间层次的区域中心城市;(3)在每个区域中心腹地,又包含若干个位于等级体系最低层次的小城市,它们是周边地区的核心。城市体系是城市地理学研究的核心内容之一,相关文献集中于城市规模分布、城市职能分类和城市空间结构三个方面,研究方法上多运用量化分析手段,形成中心地理论。

"中心地理论"把城市看作是零售中心和服务中心,以此来探讨其在职能、规模和分布方面的规律性。服务职能一般要在城市服务区域的相对中心的位置来执行,因此也被称为中心职能。维持一个中心职能单元需要最起码的人口或购买力,这构成中心职能的门槛值;不同的职能具有不同的门槛值和服务范围,根据职能门槛值的高低和入门次序,可以对各种中心职能分出高低等级。同时,根据中心地所执行职能的数量,也可以把中心地分成高低不同的等级。

中心地层级体系一般具有以下特征(许学强等, 1997):(1)中心地等级越高,它提供的中心职能越多,人口也越多,城市规模越大;反之中心地等级越低,提供的中心职能越少,城市规模也越小。(2)高级中心地不仅有低级中心地所具有的职能,而且具有低级中心地所没有的较高级职能,这些新增的职能具有较高的门槛值和较大的服务范围。(3)中心地的级别越高,数量越少,彼此间距就越远,服务范围也越大;反之越是低级的中心地,数量越多,相距越近,服务范围也越小。

可见,中心地理论认为一个区域具有不同等级的中心城市,低等级的城市数量较多、职能较低、覆盖范围小,高等级的城市数量较少、职能较高,覆盖范围大;同一等级的城市职能相同,高等级城市具有低等级城市的职能;商品由高等级城市流向低等级城市。

然而,当前的区域城市体系已经明显不同于这种巢状的中心和市场层级体系。运输成本的减少和消费者对多样性的需求打破了原有对孤立的、引力型的、不重叠的市场区域的理论假设,企业通过横向和纵向分工联系导致专业化中心的出现。高等级的功能有时会出现在较小的中心地,而原有模型中这些小城市只有拥有低等级职能(Batten,1995)。由于中心城市的专业化发展,使得城市出现多个职能中心,对于不同的城市职能会有不同的中心地等级;而且城市增长的潜力及其中心地等级主要取决于该城市与其他城市的相互作用强度和协同作用程度,也并不完全取决于它自身的规模大小。这就打破了原有的等级体系,使城市空间组织层次变得更加扁平,城市之间的联系网络化。在网络化的空间组织模式下,各个节点城市之间的联系打破了原有科层式的特点,更有利于城市内部及城市之间的物质流动、能量转换、信息传递和资金周转,经济联系效率得到显著提高;任何两个城市之间都可以实现功能组织联系,双方可以实现交流互动;各种流通过网络实现同步性,信息可以在不同城市之间同步交流。由此可见,城市之间的联系已不再是严格的等级体系或单纯的线性支配关系,而是由各种功能密切的有机整体,由网络联系来维持整个城市体系的稳定与协调发展。

(二)网络型城市体系

在全球化、信息化和城市化的影响下,城市体系逐步由层级体系向网络体系转换。近 20 年来,城市网络成为城市空间结构研究中的一个新兴领域。随着信息技术的快速发展及全球化程度的加深,城市间的人流、物流、信息流,无论是规模、速度、方向,还是组织形式都发生了根本性的变化,对城市体系的等级结构也产生重要影响。Batten 等(1995)认为当前的城市网络体系与传统的中心地等级体系相比在很多方面显示出不同的特点。当然,城市网络体系并没有完全替代传统的中心地等级体系,现实中的城市体系仍然具有一定的传统等级特征,呈现出一种"双体系"形式(汪明峰,2007)。因为,一方面国家或区域仍然对各种"流"的空间指向具有约束性作用,现实世界仍受到各种传统因素的限制;另一方面规模经济和聚集经济效益也决定了城市规模是影响各种"流"汇集的重要因素,城市规模仍然是决定城市在网络体系中节点性的重要因素。

假设在一个城市体系里,有大、中、小三种规模等级的城市,分为基本的、中级的和高级的三种城市职能(汪明峰,2006)。在传统中心地体系里,大城市拥有全部三种职能,中等城市提供基本的和中级功能,小城市只能提供基本的职能。可见,城市职能与城市等级规模呈显著正相关性,同等级规模城市之间的横向交流较少,城市体系主要表现为纵向的等级联系。而在网络型城市体系中,因为连接弱化了物理邻近性,关系论更新了区位论,城市职能的空间分布及城市之间的联系发生了显著变化。中等城市可以拥有高级职能,小城市也可以拥有中级,甚至是高级职能;城市的区位、规模以及固有的城市等级已不能完全决定城市职能的空间分布及城市之间的相互联系。城市之间的交互作用变得复杂起来,城市之间出现了双向、跳跃中间层次的网络化流动,城市网络日益明显。

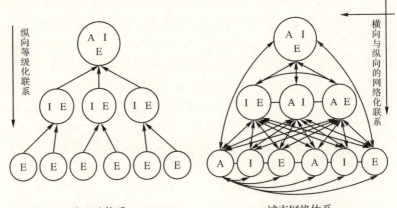

中心地体系　　　　　　　城市网络体系

A:高级城市智能;I:中间城市智能;E:基本城市职能

图 8-1　中心地体系与城市网络的职能及联系模型

资料来源:沈丽珍(2010)。

城市网络和传统的中心地体系之间,从空间分布到竞争机制都存在很大的差异。其中,两者首要的区别在于中心地体系强调中心,而城市网络强调节点。城市网络中以城市为载体的节点职能不再遵循相互替代的竞争机制,在生产协作体系中,更加注重城市之间的相互分工和补充。中心地体系的城市等级主要受城市规模的影响；网络体系中，节点把网络中的信息流聚集在一起，产生规模效应，获取增长机会（Konishi，2000），因此，节点的集聚能力决定了城市的等级。中心地体系的职能分配倾向首位度高的城市，城市间的职能体系替代竞争机制；而城市网络的职能分配倾向弹性机制，城市间的职能体现在区域一体化下的分工与协作。中心地体系在区域上形成多层级分布，导致生产的产品及服务之间同质竞争，城市网络体系因城市间的分工与协作，各个城市提供异质产品和服务。中心地体系城市之间主要是垂直等级联系，而城市网络中的城市在垂直联系的基础上，增加了横向联系，城市之间因互补性而产生双向流动。中心地体系中，城市的区位选择受运输成本的制约，而城市网络中城市的区位选择更多地受信息成本的制约，信息网络发达的城市拥有更强的竞争力。中心地体系的产品竞争依赖于成本的价格差异，而城市网络体系的产品竞争依赖于服务的品质差异。

表 8-1　中心地城市与网络化城市体系空间组织的比较

要　素	中心地城市体系	网络化城市体系
空间体系	空间组织具有向心性，具有自上而下的等级体系	空间组织强调节点性，强调节点间的互补性
组织特征	严格的层级体系	弹性的网络体系
城市规模	具有位序规模分布，规模与职能相联系	规模分布更均衡，各个城市具有专业化的地域职能及分工
空间联系	自上而下的单向垂直联系	垂直与水平联系共存，多向、网络化空间联系
影响因素	交易成本、空间邻近	交易成本、可达性
组织效率	来自于聚集经济和地域职能的高级化	来自于网络效应与聚集经济

资料来源：根据 D. F. Batten（1995）的研究成果整理。

　　城市网络则是与中心地模式相对的一种空间组织模式。支撑中心地模型的组织逻辑是一个地域逻辑，它强调市场区的引力控制。而在城市网络模型中，出现了另一种逻辑，涉及到长距离的竞争和合作，而不考虑距离的障碍。尽管交通成本和规模经济是塑造城市地区和功能的空间组织的主要动力，在网络逻辑中，其他类型的经济出现在前面：垂直或水平整合的经济和网络外部性，这类似于那些俱乐部产品的出现（Camagni，1993）。Batten（1995）详细总结了中心地与网络化城市体系在空间组织的不同，他认为中心地体系更加强调空间组织的向心性，而网络城市体系则强调节点性,中心地模式强调中心之间自上而下的单向垂直联系,但网络化城市体系强调水平联系和中心之间的多向联系。

第二节　城市网络的形成机理

城市网络是一个复合网络,Taylor(2004)认为城市网络的次节点层次(城市中的各种组织)是城市网络形成与发展的基础动力。

一、城市网络形成的基本要素

随着信息技术的发展,城市内部经营管理活动和城市之间的协同、合作所产生的城市组织结构在空间上的分化和城市交易结构在空间上的分布最终形成城市经营活动的空间组织,而多个城市经营活动在空间上的叠加与耦合则形成了复杂的城市网络。因此,可以说信息技术的发展和企业空间组织的变化是城市网络形成的基本要素。

(一)信息技术的发展

科学是第一生产力。技术的进步,使人类经历了农业、手工业和资本主义工商业时代,现在正进入信息时代。信息时代,给予了传统的空间结构以全新的内涵,新的发展模式拥有了新的基础,新的空间组合模式孕育而生。随着信息网络的广泛使用,信息时代的信息产业逐渐成为产业的主导,信息产业的时效性要求其不断创新,从而才能经久不衰。这种创新表面上看是产业链条的转变,实质上更是空间组织的对应转化。信息技术的发展促进城市的发展,其与城市的发展呈现一种协同并进的趋势,在空间上表现为信息空间的扩展与城市空间延伸的复合。作为人类聚集地的城市,在不断进步的技术的推动下,出现了新的空间结构和职能特征。

传统的城市功能体现着一切城市的共性,区分的是城市和乡村间的界限,其结构特征以土地成本、交通成本为约束,形成按区位分布的分区布局特征。然而进入信息社会以后,以往的不同区位城市的时滞性已经不再明显,城市之间不再局限于地理上的距离。网络同时性,使城市空间上的距离明显缩小,城市的区域职能、文化中心职能等得到强化,城市体系在信息网的影响下尽现网络格局(黄文波,2000)。置于网络中的城市显现出不同的职能特征,如:全球性的信息控制中心、管理服务中心、加工交换中心等等。于冬等（2005）也持有类似的论断："信息时代，生产的社会化分工加剧，城市组织形态以远程联系方式来组织社会生产和生活，空间结构集聚动力减弱，城市各种功能的分布可以不受地域空间的限制。"

信息技术的高度发达使产业空间组织跨出国界，形成全球范围的产业组织，与此相适应，城市体系逐步走向跨国网络化城市体系乃至世界网络化城市体系。该体系的主要物质基础是跨国高速道路、航空网络和发达的电子通信网络，城市之间的这种网络联系把城市体系中各城市带入更广阔、更密集的关系领域。随着信息技术的发展，产业组织变革的一个基本趋势是精干灵活的生产组织方式即网络组织，正逐步取代传统的标准化生产组织方式即等级森严的刚性生产方式。企业的组织机构正在发生着重要变化，为适应减少交易费用的需要，出现了水平分享和垂直分离的灵活组织形式，进而产生了网络型生产组织形式，即在一系列相互联系的公司控制下，一个特定的联合体中公司之间形成一种复杂的网络系统。在这种生产组织的影响下，以企业之间的联系为基础的城市之间的关系也日益网络化，城市空间结构及城市之间的联系向网络化结构演化。

总之，作为一种历史趋势，信息时代的支配性功能与过程日益以网络组织起来（Castells，1996）。一方面在城市当地信息网的影响下城市内部要素之间频繁互动，另一方面在高性能宽带信息网的影响下，城市与城市之间曾有的等级结构更趋于扁平化和网络化。互联网是一种"网络的网络"，由这种高效的信息技术支撑起的城市网络已在我们的视野当中（汪明峰，2004）。

（二）企业空间组织的变化

企业空间组织是城市研究的前沿命题，分工的不断细化导致了企业生产系统的空间变化，进而影响到城市空间组织。因此要研究企业空间组织的变化就要从分工入手。分工必须有交易和协作，没有交易和协作分工不可能产生。由于交易和协作需要成本，而经济空间地理上的集聚可以大大降低成本，为了提高城市生产效率，使分工和专业化水平得到提高，城市在地理和空间上的集聚成为必然。咸德宁（2004）将其中的循环演进关系表示为：第一个循环演进：劳动分工深化→生产效率提高→经济增长→收入增加→城市化发展→交易效率提高→劳动分工进一部深化；第二个循环演进：劳动分工深化→分工协作的需求增加→城市化发展→聚集经济效益→经济增长→促进资本积累和技术进步→劳动分工进一步加深。通过其中的循环演进关系，可以深刻地体会到企业空间组织的变化对城市乃至经济的积极作用。

张闳(2010)指出多区位企业组织对城市之间相互依赖关系的复杂性具有塑造能力,这种塑造能力来自企业内部劳动分工和企业间的劳动分工。企业内分工导致企业组织结构的空间分化,随着企业的成长,一个复杂的城市间流通网络由企业组织的空间结构联系而成。企业间分工导致企业交易结构的空间复杂性,企业内部组织结构在纵向与水平方向空间分化形成的组织网络与各层次上的企业间交易关系网络紧密交织从而构成复杂的城市间流通网络。

现代企业越来越多地将区位选择作为战略工具,通过提高全球范围的流动性,降低生产和分销成本,获取竞争优势。而城市不仅是企业区位选择的对象,同时也是各种经济主体组织的共同体,可以通过发展本地网络提高企业的根植性,吸引和驻留企业。城市网络的形成,可以增强地方的黏滞性,通过网络发展的群体优势聚集和驻留企业,可见企业的组织结构及其空间结构在很大程度上影响着城市体系的空间组织。现代企业复杂的组织结构和分工特征导致了企业的空间区位形态不再是单个点状区位,而是一种等级化、网络化主体型的多区位形式。现代多厂企业的区位过程和组织结构在宏观尺度上加深了劳动空间分工,一方面形成了"核心—边缘"空间系统,由于企业把总部和其他管理单元通常配置在大城市集聚区,而将生产单元布局在边缘地区,从事具体的资源开发、产品加工等生产活动,进一步加剧了区域经济的不平衡发展;另一方面,区域经济不同是杜能在分析中所假设的孤立国,而是相互依赖和相互联系。多厂企业的多区位、多分工特性在这种经济联系中具有关键性作用,并使得多厂企业组织中功能单元的层次级与城市等级层次性之间具有明显的一致性。

企业是社会经济活动的重要主体,一定意义上城市体系的网络结构就是企业网络在空间上的反映,企业网络化的发展状况决定着城市网络化水平。企业的复杂组织结构及外部环境的变化,使得市场和企业不再是相互对立的,而是相互联结、相互渗透的,并导致企业间复杂易变的网络结构和丰富多样的制度安排。现代企业的发展大都是以企业网络形式为主,因为企业网络能够有效率地获取专业人才和专门化供给,获取专门信息和知识外溢的好处,企业之间的互动行为提高了企业的效率,激励企业维持持续的创新活动,能够提高交流和协作的效率。企业网络的发展强化企业内部和企业之间的相互依赖性,增加了企业内部和企业之间的联系,相应地也增强了企业及其部门所在城市之间的空间联系,尤其是水平联系,推动城市网络的形成。因此,企业新的行为模式决定了新的城市系统模式,企业的网络化推动城市体系由等级体系向城市网络演进。城市网络是互补或相似中心之间的关系和流的系统总和,充满水平和非水平联系,形成基于分工基础上的合成网络体系。

Pred(1975)通过对美国城市系统在前工业化、工业化时期发展变化过程的研究认为在工业化过程中,大型多地点经营的企业组织塑造了城市系统中城市之间相互依赖的复杂性,而多地点经营企业组织的这种塑造能力主要来自两个方面:一是企业内部的劳动分工;二是企业之间的劳动分工。显然,企业内部的分工创造了企业内部的组织网络和层级体系;而企业之间的分工则会造就企业之间的水平交易关系。Camagni 和 Salone(1993)总结了企业空间行为的三种逻辑,并分析了与它们相应形成的城市网络类型及发展规律。第一种逻辑是地域的逻辑,主要针对地方性企业,其核心职能是生产职能,战略重点是控制市场,组织形式往往是单一部门企业,企业在市场区域内通过市场竞争形成自上而下层级性的中心地结构。第二种逻辑是竞争的逻辑,企业市场不再局限于本地,而是在区域、全国甚至全球范围内扩张,战略目标是尽量多地控制市场份额。企业的核心职能从生产转向营销,发展为多部门跨地域的全国性或全球性企业。企业在垂直解组过程中,通过分包、转包或代工,在产业链各环节展开分工与合作,由此形成区域生产网络。基于这种企业网络形成的城市网络是互补型网络,即城市中心由于自身特色、产业基础或历史偶然发展出专业化经济结构,作为生产网络的节点聚集产业链的特定环节,并与其他城市或节点形成垂直或水平的互补关系。第三种逻辑是网络的逻辑,主要针对创新型企业,其核心职能是创新,战略重点是控制创新资源和创新能力,企业组织往往是弹性的网络组织。在这种逻辑支配下,企业的空间组织具有集聚特征,集中于全球信息网络或生产网络的关键节点,利用本地的创新环境、密切的正式与非正式交流,形成水平整合的创新网络。而基于这种企业网络形成的城市网络是整合型网络,相比于互补型城市网络,它的空间组织与内在结构更为复杂,城市之间以水平和非层级性联系为主。如果说互补型城市网络的效率来源是由于专业化分工获取的外部规模经济,那么整合型城市的经济效率来源不仅包括外部规模经济,还包括外部范围经济。

表 8-2　企业空间组织与城市网络类型

		企业空间行为的逻辑		
		地域逻辑	竞争逻辑	网络逻辑
企业	核心职能 战略重点 企业组织	地方性企业 生产 控制市场地 单一部门企业	全球性企业 营销 控制市场份额 多部门企业	创新型企业 创新 控制创新资源和能力 网络型企业
企业网络	空间组织 组织驱动 组织目标	垂直一体	生产网络 垂直解组,全球分散 新国际劳动分工 降低生产、分销成本	创新网络 水平整合,空间聚集 创新环境、正式与非正式交流 获取核心竞争力
城市网络	空间结构 空间联系 经济效率 政策重点	中心地等级结构 垂直控制 规模经济	互补型城市网络 多中心空间结构 垂直与水平联系交错 专业化、外部规模经济 促进中心间的专业化分工	整合型城市网络 多中心网络化空间结构 以水平、非层级性联系为主 网络外部性、外部规模与范围经济促进中心之间的合作,创造中心之间交流的网络平台

资料来源:转引自李国平等(2009)。

　　20 世纪 90 年代后,受全球化和信息化的影响,企业发展战略出现新变化,企业组织趋向于扁平化、网络化和虚拟化,而企业界限也变得模糊,其中网络型的组织在当前较常见,它是指企业间的一种联盟方式,通过将具有不同经营优势的两个或多个企业组建成实体或虚拟企业(宁越敏、武前波,2011),多企业间通过相互之间的联系实现优势互补,互补的资源增进了企业的规模经济,促进新技术、新产业的诞生。总之,全球化和信息化带来社会分工的逐渐细化,提高了生产效率,城市之间的产业合作也日益增多,逐渐促成城市网络的形成。

二、城市网络的演化动力

　　城市网络得以形成并不断演化的根本动力在于城市之间的相互作用,以及这种相互作用的形式、大小的不断变化。美国学者厄尔曼(Ullman)认为空间相互作用产生的条件包括互补性、中介机会和可流动性三个方面。

（1）互补性。互补性构成了城市之间相互作用的基础，互补性越大，城市间的流动量就越大。（2）中介机会。城市间的互补性，引发了货物、人口和信息的移动与流通，但中介机会的存在能够改变原有空间相互作用的格局，因为中介机会能够节省运输费用和影响运输。（3）可流动性。尽管当代运输和通信工具十分发达，但距离因素仍然是影响货物和人口移动的重要因素，因为它们影响到货物、信息的可流动性。网络中城市节点之间互补性的强弱、中介机会的大小、可流动性的程度大小，直接决定城市彼此之间的相互作用强度，进而推动着城市网络的演化、发展。

从城市网络发展的外部环境看，城市要想在全球化背景下融入经济一体化，就必须建立与其他城市尤其是近域城市的联系，允许城市在更宽的框架里进行有效的功能重组，提高竞争力。而构建城市整合的网络组织是在一定区域内形成更牢固和平衡的空间结构、增强凝聚力的基本要求，城市作为地域经济系统的中心，往往就是节点、廊道、结节区域及所承载的商品流、人流、资金流、信息流的组织者和承担者。

网络中城市节点要素客观存在着运动变化的特点，空间表现包括以下三个方面：（1）当节点的成长发育所引起的极化和扩散效应不断增强时，节点的影响半径也会不断扩大，节点内外的要素流的强度和频率随之不断加大。（2）当节点呈衰落状态时，其经济要素势能减少，影响范围收缩，节点之间的要素流也随之减弱。（3）如果节点继续衰落，其经济要素将被新的节点中心吸引而外流，并可能出现节点的替代现象，即节点的空间位移。

按照城市与区域发展战略的一般原理，当区域通过增长极（城市）和点轴发展战略模式进入新的发展阶段以后，城市之间和廊道之间就会产生一系列新的经济技术合作，生产要素和资源开始跨行政区在更大范围的流动和重新配置。生产要素流动和资源配置过程客观要求对原有城市和廊道空间进行调整，以达到城市整合的地理空间系统的经济能量和生产能力向周围更大范围全面扩散，使城市间形成更广泛的专业化分工与协作关系，逐渐在空间上形成以线状基础设施为主骨架的城市网络空间体系。

在城市网络结构形成与发展中，宽幅带状延伸的城际交通运输网和河湖海岸线网、线形延伸的能源供应网和通信网，以及点缀其中的各种类型的节点，构成了网络空间的主体框架，而其所承载的社会、经济和生态环境等方面的内容体系则填充了由主体框架构建的网络空间，并使之膨胀发育，成为一个机体。在网络空间这一机体运行中，不同性质与规模的城市是网络上的节点；各种带状的通道，包括交通干线以及能源和水源通道是网络的边或轴。点轴系统由初期的线状,经过中期的树枝状形态,发展至成熟时期的网状结构。此网络中各系统通过非线性作用机制达到相互协调,通过能量转化、物质循环和信息传递,既相互协作,又相互干涉,引发城市间系统结构产生质变,实现客观尺度上各城市从混沌转为空间、时间和功能的有序即协同,推动城市网络演进。

第三节　城市网络的特征表现

一、城市空间网络联系的类型

城市体系网络化结构的本质在于通过空间关联而形成的一系列组织关系和相互作用,而且这种关系是动态的、非线性的。城市网络是一个包含各种要素在内的相互作用过程,其中经济、人口、政治、社会、技术及观念等构成了空间关联的主要方面,这也表明城市之间关联链条的多样性和架构的丰富性。Rondinelli(1985)将一个区域系统内的空间联系划分为 7 种具体的类型,包括政治、经济、社会、人口、技术、服务、物质等诸多联系,并对每一类型给出了作用范围。

表 8-3　空间网络联系的主要类型

关联类型	主要内容
物质关联网	公路网、河道和水运网、铁路网、航空网、生态相互联系
经济关联网	市场形式、原材料和中间产品流、资本流、生产的前后向关联、消费和购物形式、收入流、行业结构和区际商品流、交叉联系
人口迁徙网	人口迁徙、日常通勤
技术关联网	技术相互依赖、通信系统、创新扩散等
社会关系网	访问形式、亲戚关系、习俗、仪式、宗教行为、社会团体和相互作用
服务传递网	能量流和网络、信用和金融网络、教育、培训和函授联系、健康服务、职业、商业和技术服务形式、交通服务形式
政治、行政组织网	机构联系、政府预算流、组织相互依赖、权力—批准—监察形式、司法内部执行形式、非正式政治决策链

资料来源:马昂主.区域经济发展与城乡联系[J].城市问题,1993(5):6—13.

当然,城市之间的网络联系并不意味着均质化,而是具有多元化特征。每个城市在功能、内部构成、空间形态上都各不相同,而且网络也可能是多重网络,其中几个小的片段可能构成次级网络,并形成城市主网络的节点。

城市体系内不是单个的中心与一些单独的中心地等级相联系,城市间基于复杂互补联系的非常复杂的网络出现。从区域、城市以及公司三个不同的空间层面出发,将城市、产业、社会、空间、市场、各种流、基础设施以信息化的平台为基础,导致知识、技术、信息、资金等要素的流动与作用过程、机制出现新的变化。另外,城市与区域之间的技术和知识溢出、地方区域政府的公共政策选择以及网络所带来的外部性等问题都影响着区域城市网络化的过程。

二、城市之间网络联系特征

现代城市体系是一个网络系统,即在社会生产过程中,围绕不同层次的中心城市,通过城镇之间的联系所形成的网状有机整体。任何一个城市都不是孤立、封闭的,其发展变化离不开其他城市。城市之间的相互依赖形成城市网络体系,城市与邻近地区甚至全球各个国家的城市之间形成网络联系。不论在区域层次上,还是相互联系的空间上,区域性城市体系构成一种网络系统。从城市本质来看,它就是一个网状系统。

城市网络中各城市之间通过各种物质和非物质系统的关联作用而形成网络体系。网络不论是指抽象的事物,还是具体的事物,都具有关联的属性。因此,空间关联反映了城市网络系统运行中所形成的一系列组织关系和相互作用关系的总和,是城市网络化结构的本质特征。城市网络是一种有效率的空间发展模式,其效率来自于网络的整合效应。对于不同类型的城市网络,其整合机制也有所不同。

互补型城市网络强调垂直整合,效率来自于专业化分工,因此互补是关键的整合机制。在专业化发展过程中,资源和活动在网络节点间根据各自特色和优势进行分配,网络主体专注于自己的核心活动,避免将资源和精力投放在自己不擅长的环节中,来提高自身效率,并通过分工与协作实现网络整体效率的提升。城市网络节点间的互补关系是指城市中心之间在经济活动或城市职能上形成的地域分工。整合型城市网络则强调水平整合,效率性来自于相互合作带来的外部规模经济和范围经济,因此合作是关键的整合机制。合作带来的规模和范围经济体现为网络的正外部性,是一种群体优势,只有网络参与者才能获得。只有合作收益大于合作成本才具有这种外部性,城市网络的合作表现为各个中心之间的合作。首先通过合作可以实现规模与范围经济,从需求的角度表现为区域市场的整合,即形成统一的较大规模区域市场,来支撑更高层次需要较高市场规模阀值的地方经济活动;或从优化组合角度表现为共建和分享区域基础设施,分担建设和使用成本等。其次,通过合作可以区域共治,城市网络为城市中心之间合作、协商、共同决策提供制度框架,提高了城市和区域的组织与管治能力,促进区域整体协调发展。最后,城市网络可以通过相互合作帮助城市中心获取外部资源,因为网络内其他城市的技术、组织、管理的创新可以提供解决本地问题的创意,而这种类似创新网络的行为,通过信息共享、相互学习,会提高城市和区域解决问题的能力。

城市网络作为一种具有效率和竞争力的空间经济组织形式,相对于等级式城市体系能够享有更多的多样性创造力(胡彬,2003)。具体表现为以下几方面:(1)城市网络的空间结构使其在享有聚集经济的同时,避免单一中心所导致的聚集不经济。城市的聚集经济随着城市规模增长而增强,但城市规模扩大造成的聚集不经济也会降低城市效率,出现交通拥堵、环境恶化、地价高涨等问题。城市体系的网络化发展一定程度上避免单一中心的规模过大,有效降低聚集不经济,城市之间获取协同效应,实现城市网络的持续增长和竞争力提升。(2)城市网络通过多中心的整合,可以弥补单一中心城市发展的规模劣势,通过协同效应获取更大规模城市所享有的规模经济和竞争优势。城市网络将多个规模较小的城市整合为一个更大的空间实体,使多个中心之间能够产生网络效应,带来更大的聚集经济或外部规模经济效益,有利于多中心之间形成互补,通过专业化分工发挥不同区位的比较优势和竞争优势。(3)城市网络通过多中心分散化的空间组织,避免单一中心的城市蔓延,保持区域既有的生态格局,有助于构建和谐的人地关系和促进区域可持续发展。城市网络的空间结构可以避免人口和经济活动在单一中心的过度聚集及由此造成的城市蔓延问题,如对城市绿化带、农田、湿地的侵蚀等问题,有助于保持区域既有的生态格局,形成良好的人地关系,改善人居环境,促进区域可持续发展。

在城市网络中,各层级之间都会发生交互作用。各种要素不仅在城市层级之间发生自上而下的流动,同一层级之间也发生着大量的横向流动,而且低层级的网络也可向高层级的网络销售它们的某些专业化产品。多个职能中心或城市之间存在着紧密的空间联系,具体表现为多种形式,譬如分享劳动力市场、商品市场等,彼此间发生贸易联系或通勤联系等。而不论是何种形式,最重要的是网络化条件下城市之间的空间联系不局限于垂直联系,即由较大规模城市向较小规模城市的单向联系,不同规模的城市可能承担不同的职能,相互之间具有依赖性,彼此的职能联系是多向、网络化的。

城市网络中城市之间的联系具有广泛的空间网络结构特征,主要反映在各个城市规模的大小、城市网络的密度以及城市之间相互组合的形式上(谢永琴,2006)。城市体系的空间网络结构性,主要体现在以下三个方面:(1)城市网络的规模;(2)城市网络的密度;(3)城市网络的组合形式(姚士谋,1992)。以上三个要素反映了城市网络结构的基本特征,说明每一个城市在城市网络中具有特定的联系关系,城市网络的整体结构反映了各城市在一个区域城镇体系内的集合功能以及形成的千丝万缕的网状关系,其间既存在城市个体的发展,又产生相互作用的共性关系。

第四节 长三角城市网络的形成及趋势

一、长三角城市网络的浮现

作为中国最大的城市群,长三角城市体系地处中国参与经济全球化的最前沿,受外部经济的影响更加敏感和直接,服务功能提升最为明显,而且长三角城市体系具有"外通大洋、内联腹地"的得天独厚优势,对于服务全国大局具有重要的战略地位和带动作用,所以,经济全球化和信息技术的迅猛发展有力地推动了长三角城市网络的形成。

城市网络是复杂的巨系统,一个城市在网络中的地位,并非由城市自身决定,而是取决于网络中的城市联系。受多重因素的推动,长三角城市体系的网络化特征初步显现(胡彬,2003)。

(一)生产性服务业的快速发展增强长三角城市的网络联系

作为结构转型的主要动力和产品创新的重要源泉,生产性服务业的关键作用受到越来越多研究者的关注,而生产性服务业的发展有利于加强城市之间的联系,对于城市网络的形成具有积极的促进作用(王聪等,2014)。基于生产性服务业的城市网络扩张并不完全遵循已有的行政和规模等级体系,城市在网络中的地位受到社会经济发展水平、城市创新要素、信息技术条件等多种因素的共同影响。同时,城市间的网络连接也呈现出明显的位序关系,三大核心节点城市(上海、南京、杭州)之间的生产性服务业网络形成了长三角城市间的最主要网络联系。长三角核心区域开始由传统的上海、南京、杭州、宁波所围合的"Z"字形区域向北部的南通、扬州以及南部的绍兴等地区扩散,南部的温州、台州沿海地区和北部的徐州地区成为网络连接的次核心区域,江苏的连云港、盐城沿海区域以及浙江的金华、衢州、丽水地区也表现出了较好的发展势头。长三角各个中心城市的企业网络已不再局限于本地的地域服务,出现了向地区外扩散的相互交织趋势,区域内部的"水平联系"得以强化。从三大核心节点的影响范围来看,上海的网络指向性最强,涉及面也最广,南京和杭州的影响也不仅仅局限于自身所在区域和省份之内,扁平化发展的趋势日益显著。总体来看,基于生产性服务业的长三角城市网络具有扁平化和层级性共存的特征。

(二)长三角地区形成城市网络的诸多要件已然具备

长三角地区具备由铁路干线、高速公路、港口运输组成的交通运输网络和高于全国平均水平的信息化程度,为城市之间建立网络联系奠定了良好的设施基础(胡彬,2003)。随着长三角城市知识供给源的增加与科技创新速度的加快,通过知识生产与服务资源的整合利用,不仅使长三角各城市之间的联系趋于紧密,而且加快了长三角的科技企业与全球生产网络链接的步伐。上海浦东、杭州高新区、南京高新区、苏州科技园区、宁波科技园区等都已经成为长三角地区的主要创新源,旨在为创新提供知识服务的资源也开始进入跨区域整合的阶段。企业集团的发展和跨区域重组加强了城市之间的市场联系,并通过组织渗透和跨省投资活动试图突破市场不统一的束缚;越来越多的投资者把企业总部设到上海,专门从事融资、信息、销售和技术开发等职能,使上海的管理、控制、协调、决策和联络等服务功能得到强化。此外,推动城市网络形成的文化、权力与管制条件也逐步具备并开始发挥作用。

当然,长三角城市体系正处于由向心力驱动和充分发挥城市体系枢纽功能的局部网络集结的初期发展阶段。尽管长三角城市之间的信息与技术等非实物交流日趋活跃,但远未上升到由服务经济和信息经济主导的网络形成阶段,城市网络形成的基础还停留在硬件设施网络化等较低层次(胡彬,2003)。未来,各城市应结合自身的优势,找准自己在全球生产网络和产业链中的位置,通过导入、整合异质性要素和促使产业集聚,培育竞争优势,从而跨越基础设施网络化的初级发展阶段,向服务经济和内生联系主导的分散式网络化方向发展。

二、长三角城市网络的未来趋势

长三角城市体系是世界六大城市群之一,快速的经济增长和城市规模扩大使其成为政府及学术界关注的焦点地区。当前中国经济正处于结构转型升级阶段,工业化、城市化仍将快速推进,全球信息化浪潮又将我们推到信息时代的前沿。因特网、物联网、云计算等新兴信息技术的使用正快速改变着居住、工作、休闲、交通等活动,尤其是传统的交通网络向信息网络的转变,使得基于信息的新型空间及新城市现象不断出现并改变着区域景观。

伴随着全球化进程中产业的不断扩散,长三角地区作为经济全球化快速深入的区域,城市发展呈现出区域化发展趋势,逐步形成多核心城市扩展联合的地域结构。开放型的网络化模式不断增强,有助于塑造均衡、开放的区域空间(赵渺希,2011)。长三角城市群向心型、自成体系、核心—边缘型的中心地模式逐渐式微,而区域整体的多核心、多向性的网络化格局日益突出。

信息时代的一个本质追求是资本、劳动力、技术、信息乃至空间自身的高度流动性,基于高速信息网络,信息流、资金流、人才流、物流的复杂互动使区域空间结构处于一种聚合与分裂、均衡与非均衡的相对稳定状态,新的网络关系模式不断出现。随着社会经济活动网络化趋势的增强,作为社会经济载体和投影的城市之间的关系结构也将发生相应变化。由于长三角城市体系不同等级城市横向联系的增强,加之新的增长中心出现,长三角城市体系出现多中心、扁平化和网络化的趋势。随着长三角城市体系节点网络的建立,中心地模式下的等级空间联系将逐渐被网络模式下的多维空间联系所取代,为城市群空间结构的成长提供一种弹性的环境。

随着全球化影响的深入,城市功能的发挥更多体现为城市与外部空间的物质、能量和信息交换过程,而人口规模的大小并不能反映出城市对外联系的强弱,城市的对外服务功能主要由城市产业结构所决定。中心城市的产业结构不断向高级化与服务化发展,节点作用进一步突出。未来,上海的现代服务业包括房地产业、仓储物流、咨询、运输及电信增值业等服务业领域将继续深化,金融保险、要素市场和研发等区域服务功能不断完善,信息、融资与交易等市场化商业服务也将呈现快速发展(胡彬,2003)。现代服务企业的集聚、组织渗透,对整个城市网络体系的稳定与协同发展越来越重要。在"服务经济"时代,生产性服务业成为推动城市经济增长的重要力量,并对城市经济功能和服务功能的提升产生重要影响。同时,许多生产性服务公司逐步发展成为专业领域的跨国公司,相对于制造业企业其服务范围更广,影响也更深,生产性服务企业的微观行为将显著影响着长三角城市网络的发展趋势。

　　长三角城市体系将围绕全球城市建设,形成多中心、多层次、组团型、交叉式网络空间发展模式。整个城市体系将通过中心城——边缘城市——综合新城——产业新城建设,带动周边城市及小城镇的发展,形成众多定位互补、产业互撑的中心城市与中小城市及小城镇实现共同发展局面。随着劳动力、资本、技术等要素在空间中的流动性不断加强,全球化中的区域空间结构将发生本质性变化,可能由非均衡的核心——外围式格局向均衡的网络——节点式格局转变,各个城市在区域中成为网络型城市体系,并通过这种多中心都市区域以产生协同效应,从而形成城市体系的整体竞争优势。整个城市网络不再受某一个绝对中心支配,高级节点(全球城市)集中在知识和服务上,而制造等生产活动则转移到其他的低级节点,次级节点的服务性公司网络则促进各级节点(城市)间信息的共享和网络式互动发展。

第九章 结论与展望

以城市体系的相关理论为基础,借助测度指标和相关分析方法,规范分析与实证分析相结合,基于长三角视角对城市体系的规模分布、空间联系、创新溢出等特征进行测度,解析城市体系演化的自组织机制,预测其演进趋势及未来发展趋向,得到一些结论与启示。

第一节 主要结论

1.长三角城市体系整体呈首位型分布,但首位城市上海的地位受到挑战,伴随着各级城市规模持续扩大,骨干城市的地位不断强化。首位度指数及位序—规模法则显示,长三角城市体系呈首位分布型特征,但城市首位度、四城市指数和十一城市指数都呈下降态势,表明上海作为长三角的首位城市,其龙头地位已然受到挑战,而南京、杭州两个副中心城市的地位不断增强,城市规模对数 Kernel 密度曲线变动也显示中等规模的城市发展较快。

2.城市体系个体规模演变的 Markov 链分析显示,长三角城市体系内不同规模类型的城市具有随着整体规模演变而变化的惯性,城市规模类型之间的变动较为平稳,多数是城市类型相邻状态的转移,较少发生状态的跃迁现象。等级钟的分析结果表明,城市位序变动与城市规模大小有关,大城市和超大城市位序变动较小,活力较足,具有较强人口集聚力的中等规模城市位序变动普遍较大,而低位序城市位序跃迁能力较弱;高位序城市的位序等级变化距离较小,中间位序城市和新晋地级城市的位序变动距离相对较大。

3.城市体系规模分布的空间统计分析表明,长三角城市体系存在全局空间自相关性,但不同时段、不同地域的空间自相关存在较大差异;齐夫指数的空间计量分析显示,传统的位序—规模模型因忽略空间相互作用的存在,导致估计的齐夫指数出现偏差,引入空间效应的空间滞后模型的拟合效果比 OLS 估计要好;长三角城市体系规模分布相对分散,中低位序城市发育较快、数量较多,城市体系的位序—规模变动存在明显的阶段性差异。长三角城市体系的空间功能联系方面,上海的城市流强度远高于其他城市,上海与其他城市间的断裂点明显远离上海;区域逐步呈现以上海为中心向周边辐射的特征,上海与距离较近且人口、经济规模较大的江苏城市之间经济联系强度较为突出,而与浙江城市间的经济联系相对较弱。

4.技术创新的非竞争性和非排他性导致创新具有一定的外溢效应,这种溢出效应在空间上可从企业间、产业间、区域间及国际间四个尺度来考察,不同尺度下溢出效应的内在机理及表现形式有所不同。利用人均专利申请数的全局空间自相关系数和局部空间自相关系数的实证检验发现,我国典型省份的技术创新能力具有明显的全局和局部空间自相关性,说明区域内部创新溢出和区域外部创新溢出效应的确存在。

5.城市具有多方面的特性及优势,有利于创新的产生;城市体系提供的良好环境,能够加速创新扩散。长三角城市的创新流强度呈等级分布,与城市规模等级之间具有较强的一致性;国美电器连锁店在长三角城市间的扩张受城市规模、距离等因素的影响,主要呈等级扩散模式,兼具传染扩散特征。对 2004—2011 年长三角 16 个地级以上城市创新溢出效应的空间计量模型分析表明,长三角城市的创新产出存在着空间集聚特征,无论从地理距离还是经济距离角度看,城市之间存在着显著的创新空间溢出效应,出现空间条件收敛现象。

6.自组织理论适用于城市分析,现实中自组织城市表现为耗散结构城市、协同城市、混沌城市、分形城市、元胞自动机城市、沙堆城市、FACS 和IRN 城市等形式;城市自组织演化模型能够描述城市、城市体系在微观主体追求自身利益最大化的动机下自组织演化过程和特征;长三角城市体系在演化机制上受他组织与自组织两种机制的支配,具有自上而下和自下而上两条演化路径,随着市场体制不断完善,自组织演化机制日渐突出。

7.利用改进的 R/S 分析方法对长三角城市体系规模分布的变动趋势进行预测,预测显示,未来一段时期首位度指数和四城市指数序列仍将保持下降态势,南京、杭州等骨干城市发展将有所加快,城市规模得到较大的提升;而十一城市指数序列、城市规模基尼系数序列和齐夫指数序列都表现出分阶段非周期特性,城市规模基尼系数序列和齐夫指数序列未来经过一定年份的发展之后将转换为与目前发展趋势相反的过程。

8.随着信息技术的发展和企业空间组织的变化,时空距离对于经济活动的约束作用逐渐降低,城市体系的网络化趋向日益明显且表现出较高的空间效率。城市间的人流、物流、资金流、信息流,无论是规模、速度、方向,还是组织形式都发生了根本性的变化,城市之间相互作用构成一种网络,与中心地城市体系强调层级联系有所不同,城市网络更强调城市之间的水平联系。城市网络是一个包含各种要素在内的相互作用过程,其中经济、人口、政治、社会、技术及观念等构成空间关联的主要方面,各城市之间通过物质和非物质系统的关联作用而形成网络体系。

第二节　若干启示

为促进长三角城市体系有序、合理演化,推进区域协调发展,结合长三角城市的实际情况,上述结论不无以下方面的政策启示。

1.上海应清楚地认识到自身的首位城市地位,重点发展现代服务业,增强功能量级,逐步向国际城市迈进;其他城市一方面要接轨上海,接受上海的辐射带动效应,另一方面也要错位发展,充分发挥自身优势,形成自身特色;真正打通城市间功能联系的通道,实现交通一体化和立体化,缩短彼此交通时间,拉近空间距离,强化经济联系,促进长三角的综合发展、整体水平提升。

2.城市体系中广泛存在的空间依赖性使城市在谋划自身的发展过程中,不仅要注重自身主观的积极作为,还需考虑到周边城市的影响,使城市体系逐渐形成一个产业结构互补、职能各有分工的有序集合体,并充分利用城市间的空间联系来强化自身发展。政府部门开展城市体系的发展规划、布局及调控时,应充分尊重并利用城市间的空间关联性,加强城市交通和信息网络基础设施建设,强化城市对外的交通、通讯及网络联系,畅通城市之间的联系通道,促进生产要素的流动,以优化城市体系规模分布,提升整体竞争力。

3.地方政府应加强交通、信息网络建设,加速创新溢出或提高创新吸引能力。创新溢出须借助于一定的联系通道,通道质量好坏直接影响创新溢出的方向和速度,落后区域若能迅速改善自身交通、信息网络条件,增强创新接收能力,就有可能率先接受创新溢出,加快自身经济社会发展。创新能力较弱的城市应高度重视城市间的创新溢出,创造条件提高自身的吸收能力,以充分利用周边创新能力较强城市对自己的溢出效应,提升创新能力。

4.为充分发挥经济转型过程中的创新驱动效应,应加大研发投入力度,提高人力资本投入,通过增大研发投入强度和高素质人才培养力度,提升区域创新能力,改变粗放型增长模式。提高对国外先进技术的消化、吸收能力,充分吸收利用外商投资所带来的技术溢出;培育产业集群,提高产业专业化程度,同时吸引多样化企业入驻,培育产业多样性,促进企业间的合作与交流,有效利用创新溢出效应。

5.作为一种图景、感知地图和文化氛围,自组织城市与日常生活中的城市及城市化紧密相联,利用自组织理论和模型可以对快速发展的中国城市及城市体系进行有效的描述和解释。明确城市演化的自组织机制,建立城市自组织演化模型,有利于清晰地刻画出城市演化图景,使决策者、管理者在确定城市发展战略、进行大规模城市建设、快速推进城市化的过程中,按照主观意志对城市实施他组织机制干预的同时,遵从城市演化的自组织规律,重视自组织机制对城市演化的影响,避免出现规划失效、管理失当引起的城市建设浪费,甚至是城市无序发展。

6.注重网络视角下的城市体系规划与建设,推动区域协调发展。信息化时代的城市体系演进是一个日益网络化的过程,为发挥城市体系在区域经济与社会发中的最优效益,各级政府一般应通过城市体系发展规划来指导和优化城市系统的发展,而规划区域城市发展时,应从城市网络视角来审视城市在整个城市体系中的地位与功能,注重城市的外部联系,合理进行城市发展定位,设定城市产业发展方向与布局,避免区域内的资源浪费和重复建设;打破行政界限,大力发展城市经济区,不断扶持、培育和完善以中心城市为依托的城市经济区网络,通过中心城市的聚集和扩散作用而形成一定的城市网络结构。

第三节　未来展望

由于数据资料获取方面的限制,加上作者水平有限,研究中尚存一些不足。展望未来,后续的研究将进一步对以下几方面进行改进和完善。

1.检验更小空间尺度上城市规模的空间关联性。受数据搜集渠道的限制,对于长三角城市体系的特征测度与演进解析主要集中于长三角地级以上城市,故而城市人口规模在地级城市尺度上所表现出的空间相关性与更小尺度上(县级城市、中心镇等)的空间自相关性是否有所不同,尚需利用更细化尺度的资料进行分析、检验。

2.深入解析城市体系中城市个体规模—位序的演变规律。在分析城市个体规模—位序变动时,受限于地级以上城市的选取标准及较短的研究期,无法采用 Batty 所提出的城市"半衰期"理论来更为细致地刻画长三角城市体系的规模分布演变规律,未来将创造条件开展更深入的分析。

3.进一步检验 R/S 分析方法对估计 Hurst 指数的影响并加以改进。R/S 分析方法虽然能够进行城市规模分布演变趋势的预测,但双对数坐标图中 $\ln(n)$ 较大的那一端散点数总要比较小的那端多很多,故而较小的 $\ln(n)$ 值所对应的散点会对 OLS 回归得到的 Hurst 指数造成一定程度的影响。这种影响到底有多大,会不会影响 Hurst 指数的真实性,需不需要进一步对 R/S 分析方法进行改进以消除这种影响? 有待进一步深入探讨。

4.有待引入复杂网络方法,模拟长三角城市网络的类型、特征及机制。大多数现实生活中的网络都具备小世界特性,即表现为小世界网络或无标度网络。要进一步探究长三角城市网络的动态特征,反映网络结构的演化、网络结构与网络行为的互动规律,则需要利用复杂网络方法及模型进行探析,以充分体现出长三角城市网络的小世界网络特征及动态演化机制。

附　录

一、绘制位序等级钟的 Matlab 程序代码

```
z＝20 * ones(1,7);                    %控制等级钟的半径
x＝[0 : pi/3 : 2 * pi];
polar(x,z);
hold on
R;R1;R2;R3;R4;                %各时间结点上的城市位序数据
for i＝1 : 34
polar(x,R(i,:));                %绘制 R
hold on
end
for i＝1 : 2
polar(x(1 : 6),R1(i,:));        %绘制 R1
hold on
end
for i＝1 : 2
polar(x(1 : 5),R2(i,:));        %绘制 R2
hold on
end
for i＝1 : 4
polar(x(1 : 4),R3(i,:));        %绘制 R3
hold on
end
for i＝1 : 11
polar(x(1 : 3),R4(i,:));        %绘制 R4
hold on
end
hold off
```

二、绘制对数位序等级钟的 Matlab 程序代码

```
z＝2 * ones(1,7);              %控制对数等级钟的半径
x＝[0：pi/3：2 * pi];
polar(x,z);
hold on
LR;LR1;LR2;LR3;LR4;           %各时间结点城市位序对数值的数据
for i＝1：34
polar(x,LR(i,:));             %绘制 LR
hold on
end
for i＝1：2
polar(x(1：6),LR1(i,:));      %绘制 LR1
hold on
end
for i＝1：2
polar(x(1：5),LR2(i,:));      %绘制 LR2
hold on
end
for i＝1：4
polar(x(1：4),LR3(i,:));      %绘制 LR3
hold on
end
for i＝1：11
polar(x(1：3),LR4(i,:));      %绘制 LR4
hold on
end
hold off
```

三、绘制等级距离钟的 Matlab 程序代码

```
z＝36 * ones(1,7);            %控制对数等级钟的半径
x＝[0：pi/3：2 * pi];
polar(x,z);
hold on
```

```
AD;D;D1;D2;D3;D4;        %各时间结点上的平均等级距离及各城市的等级
                          距离数据
for i=1:34
polar(x(1:6),D(i,:));                %绘制 D
hold on
end
for i=1:2
polar(x(1:5),D1(i,:));               %绘制 D1
hold on
end
for i=1:2
polar(x(1:4),D2(i,:));               %绘制 D2
hold on
end
for i=1:4
polar(x(1:3),D3(i,:));               %绘制 D3
hold on
end
for i=1:11
polar(x(1:2),D4(i,:));               %绘制 D4
hold on
end
hold on
polar(x(1:6),AD,'r*-');
hold off
```

四、改进 R/S 分析方法的 Matlab 程序源代码

```
a=input('请输入 a= ');              %输入所分析的时间序列
lna=log(a);
N=length(a)-1;
for i=1:N
v(i)=lna(i+1)-lna(i);
end
v;                                   %对数差分后得到的序列
for n=2:N
```

```
d=mod(N,n);
k=(N-d)/n;
dd=d+1;
t=zeros(1,N-d);
for h=1:dd
t=v(h:N-d+h-1);
e=reshape(t,n,k);
meane=mean(e);
meanes=zeros(n,k);
for j=1:n
    meanes(j,:)=meane;
end
meanes;
licha=e-meanes;
lichajilei=cumsum(licha,1);        %按列累计求和
maxx=max(lichajilei);
minn=min(lichajilei);
r=maxx-minn;
st=std(licha);
rs=r./st;
one=ones(k,1);
sum=rs*one;
l=length(rs);
mrs(h)=sum/l;
mrs;
end
ll=length(mrs);
oneone=ones(ll,1);
sumsum=mrs*oneone;
RS(n-1)=sumsum/ll; V(n-1)=RS(n-1)/sqrt(n);
mrs=[];
end
RS                        %即改进 R/S 分析中的(R/S)ₙ 值
```

参考文献

[1] 曹跃群，刘培森. 中国城市规模分布及影响因素实证研究[J]. 西北人口，2011，32(4):47－52.

[2] 曹永卿，汤放华. 城市规划系统工程与信息技术[M]. 北京：中国铁道出版社，2005.

[3] 陈斐. 区域空间经济关联模式分析:理论与实证研究[M]. 北京：中国社会科学出版社，2008.

[4] 陈雪明. 美国城市化和郊区化回顾及对中国城市的展望[J]. 国外城市规划，2003(1):51－56.

[5] 陈彦光. 城市人口密度衰减的分形模型及其异化形式[J]. 信阳师范学院学报:自然科学版，1999(1):60－64.

[6] 陈彦光. 城市化、相变与自组织临界性[J]. 地理研究，2004(3):301－311.

[7] 陈彦光，刘继生. 城市系统的异速生长关系与位序－规模法则——对 Steindl 模型的修正与发展[J]. 地理科学，2001，21(5):412－416.

[8] 陈彦光，刘继生. Davis 二倍数规律与 Zipf 三参数模型的等价性证明——关于城市规模分布法则的一个理论探讨[J]. 地理科学进展，1999，18(3):255－262.

[9] 陈彦光，周一星. 豫北地区城镇体系空间结构的多分形研究[J]. 北京大学学报:自然科学版，2001，37(6)：810－818.

[10] 陈彦光，刘继生. 基于引力模型的城市空间互相关和功率谱分析[J]. 地理研究，2002，21 (6)：742－751.

[11] 陈彦光，单纬东. 区域城市人口分布的分形测度[J]. 地域研究与开发，1999(1):18－21.

[12] 陈昭，梁静溪. 赫斯特指数的分析与应用[J]. 中国软科学，2005(3):134－138.

[13] 成德宁. 城市化与经济发展——理论、模式与政策[M]. 北京：科学出版社，2004.

［14］程开明．长三角城市体系分布结构及演化机制探析［J］．商业经济与
　　　管理，2007(8)：56－61．

［15］程开明．当前中国城市化阶段性特征的再考察［J］．改革，2008(3)：
　　　79－85．

［16］程开明．当前我国城市化速度的论争与审视［J］．城市发展研究，
　　　2009(10)：1－6．

［17］程开明．城市自组织理论与模型研究新进展［J］．经济地理，2009
　　　(4)：540－544．

［18］程开明．城市化、技术创新与经济增长——基于创新中介效应的实证
　　　研究［J］．统计研究，2009(5)：40－46．

［19］程开明．城市体系中创新扩散的空间特征研究［J］．科学学研究，
　　　2010(5)：793－799．

［20］程开明．城市化促进技术创新的机制及证据［J］.科研管理，2010(2)：
　　　26－34．

［21］程开明．城市体系分布结构与功能联系——基于长三角的实证研究
　　　［J］．开发研究，2010(3)：11－15．

［22］程开明，陈宇峰．城市自组织性的研究进展及综述［J］．城市问题，
　　　2006(7)：21－27．

［23］程开明，李金昌．中国城市化与技术创新关联性的动态分析［J］．科
　　　学学研究，2008(3)：666－672．

［24］程开明，庄燕杰.城市体系位序——规模特征的空间计量分析［J］．地
　　　理科学，2012(8)：905－912．

［25］诸大建．中国城市化：转变模式还是放慢速度？［EB/OL］．解放日
　　　报，2006-08-08．

［26］崔振南，张慎峰，吴育华.上海综合指数的 R/S 分析［J］.数量经济技术
　　　经济研究，2003(10)：104－107．

［27］戴宾．城市群及其相关概念辨析［J］．财经科学，2004(6)：101－103．

［28］当代上海研究所．长江三角洲发展报告 2005［M］．上海：上海人民出
　　　版社，2005．

［29］都国雄，宁宣熙．上海证券市场的多重分析特性分析［J］．系统工程
　　　理论与实践，2007(10)：40－47．

［30］窦雪霞，程开明，窦志强．创新溢出的空间尺度与实证检验［J］．科研
　　　管理，2009(4)：51－56．

［31］段汉明．城市学基础［M］.西安：陕西科学技术出版社，2000．

[32] 段青. 具有自组织能力的道路交通信号灯控制系统[J]. 中南民族大学学报:自然科学版,2004(3):64—67.

[33] 范英,魏一鸣. 基于 R/S 分析的中国股票市场分形特征研究[J]. 系统工程,2004,22(11):46—51.

[34] 冯健. 杭州城市形态和土地利用结构的时空演化[J]. 地理学报,2003(3):343—353.

[35] [英]弗里德里希·冯·哈耶克. 经济、科学与政治[M]. 南京:江苏人民出版社,2000.

[36] 高鸿鹰,武康平. 我国城市规模分布 Pareto 指数测算及影响因素分析[J]. 数量经济技术经济研究,2007(4):43—52.

[37] [日]高安秀树. 分数维[M]. 北京:地震出版社,1989.

[38] 高强. 日本美国城市化模式比较[J]. 经济纵横,2003(3):42—46.

[39] [德]H.哈肯. 协同学——自然成功的奥秘[M]. 上海:上海科学普及出版社,1988.

[40] 胡彬. 长江三角洲区域的城市网络化发展内涵研究[J]. 中国工业经济,2003(10):35—42.

[41] 胡彬. 长三角城市集群:网络化组织的多重动因与治理模式[M]. 上海:上海财经大学出版社,2011.

[42] 黄必亮,杨家本. 交通系统自组织/组织合作的研究[J]. 系统工程理论与实践,1997(8):67—75.

[43] 纪晓岚. 英国城市化历史过程分析与启示[J]. 华东理工大学学报,2004(2):97—101.

[44] 姜磊,戈冬梅,季民河. 长三角区域创新差异和位序规模体系研究[J]. 经济地理,2011,31(7):1101—1106.

[45] 江曼琦,王振坡. 中国城市规模分布演进的实证研究及对城市发展方针的反思[J]. 上海经济研究,2006(6):29—35.

[46] 江田汉,邓莲堂. Hurst 指数估计中存在的若干问题——以在气候变化研究中的应用为例[J]. 地理科学,2004,24(2):177—182.

[47] 康凯. 技术创新扩散理论与模型[M]. 天津:天津大学出版社,2004.

[48] 李国平. 深圳与珠江三角洲区域经济联系的测度及分析[J]. 经济地理,2001,21(1):33—371.

[49] 李新运.山东省城市体系分形特征及规模结构预测[J]. 经济地理,1997,17(1):60—64.

[50] 李兴华,蓝海林. 高技术企业集群自组织机制与条件研究[M].北京:

经济科学出版社，2004.

[51] 梁进社. 逆序的 Beckmann 城镇等级—规模模式及其对位序—规模法则的解释力[J]. 北京师范大学学报：自然科学版，1999，35(1)：132—135.

[52] 刘丙章. 中部地区城市体系的规模等级结构研究与检验[J]. 长江大学学报 A：自然科学版，2008，5(1)：90—93.

[53] 刘安国，杨开忠. 克鲁格曼的多中心城市空间自组织模型评析[J]. 地理科学，2001(4)：315—322.

[54] 刘辰. 中国城市化速度之惑[EB/OL]. (2008-04-30)[2014-10-01]中国房地产报，http://www.crei.cn.

[55] 刘继生. 东北地区城市规模分布的分形特征[J]. 人文地理，1999，14(3)：6—11.

[56] 刘继生，陈彦光. Davis 规律与 Beckmann 模型的数理等价性——城市体系等级结构的宏观—微观对称性分析[J]. 经济地理，2001，21(2)：231—234.

[57] 刘继生，陈彦光. 城市地理分形研究的回顾与前瞻[J]. 地理科学，2000，20(2)：166—171.

[58] 刘妙龙，陈雨，陈鹏，等. 基于等级钟理论的中国城市规模等级体系演化特征[J]. 地理学报，2008，63(12)：1235—1245.

[59] 刘效龙，张世全，冯长春，等. 中原城市群城市规模等级的时空演变分析[J]. 地域研究与开发，2011，30(3)：29—34.

[60] 刘式达，刘式适. 分形和分维引论[M]. 北京：气象出版社，1993.

[61] 刘蜀祥，李方文. 应用 R/S 分析法研究金融时间序列[J]. 西南民族大学学报：自然科学版，2005，31(5)：693—696.

[62] 陆大道. 中国区域发展报告——城镇化进行及空间扩张[M]. 北京：商务印书馆，2007.

[63] 罗志刚. 对城市化速度及相关研究的讨论[J]. 城市规划学刊，2007(6)：60—66.

[64] 马晓东. 基于 ESDA 的城市化空间格局与过程比较研究[M]. 南京：东南大学出版社，2007.

[65] 马学广，李贵才. 世界城市网络研究方法论[J]. 地理科学进展，2012，31(2)：255—263.

[66] 毛广雄，曹蕾，丁金宏，等. 基于传统和五普口径的江苏省城市规模分布时空演变研究[J]. 经济地理，2009，29(11)：1833—1838.

[67] [美] A. E. 安德松,罗伯特·E. 屈恩. 区域经济动力学[C]//彼得·尼茨坎普. 区域和城市经济学手册(中文版第 1 卷). 北京:经济科学出版社,2001:205－212.

[68] [美]埃德加·E. 彼得斯. 资本市场的混沌与秩序[M]. 北京:经济科学出版社,1999.

[69] [美]保尔·贝洛克. 城市与经济发展(中文版)[M]. 南昌:江西人民出版社,1991.

[70] [美] K. 迈因策尔. 复杂性中的思维:物质、精神和人类的复杂动力学[M]. 北京:中央编译出版社,2000.

[71] [美]钱纳里,赛奎因. 发展型式(1950—1970)(中文版)[M]. 北京:经济科学出版社,1988.

[72] [美]威廉·鲍莫尔. 资本主义的增长奇迹——自由市场创新机器[M]. 北京:中信出版社,2004.

[73] 苗长虹,王海江. 河南省城市的经济联系方向与强度[J]. 地理研究,2006,25(2):222－232.

[74] 宁军明. 知识溢出与区域经济增长[M]. 北京:经济科学出版社,2008.

[75] 宁越敏,武前波. 企业空间组织与城市－区域发展[M]. 北京:科学出版社,2011.

[76] 牛凤瑞,潘家华. 中国城市发展报告(NO.1)[M]. 北京:社会科学文献出版社,2007.

[77] 潘鑫,宁越敏. 长江三角洲都市连绵区城市规模结构演变研究[J]. 人文地理,2008,23(3):17－21.

[78] 潘玉君. 地理环境整体性理论的初步探讨[J]. 地理科学,2003(3):271－276.

[79] 蒲英霞,马荣华,马晓冬,等. 长江三角洲地区城市规模分布的时空演变特征[J]. 地理研究,2009,28(1):161－172.

[80] 钱宏胜,梁留科,王发曾,等. 中部六省城市体系规模序列研究[J]. 地域研究与开发,2007,26(2):56－61.

[81] 仇保兴. 关于山东半岛城市群发展战略的几个问题[J]. 规划师,2004(4):6－9.

[82] 饶会林. 城市经济学[M]. 大连:东北财经大学出版社,1999.

[83] 沈华嵩. 经济系统的自组织理论[M]. 北京:中国社会科学出版社,1991.

[84] 师汉民. 从他组织走向自组织——关于制造哲理的沉思[EB/OL]. (2004-04-14)[2014-10-01]http://www. e-works. net. cn/ewkArti-

cles/Category90/article14_1.htm，2001.

[85] 苏宁，王旭. 金融危机后世界城市网络的变化与新趋势[J]. 南京社会科学，2011(8):60—66.

[86] 苏小康. 城市人口区域分布动态演化自组织模型初步研究[J]. 系统工程理论与实践，2003(10):115—120.

[87] 苏小康. 非平衡自组织理论在城市环境系统中的应用研究[J]. 环境科学与技术，2002(3):3—6.

[88] 孙本经. 焦作市人—环境系统的结构、发展与协调控制研究[J]. 环境科学学报，1989(9):1—10.

[89] 孙志海. 自组织的社会进化理论方法和模型[M]. 北京:中国社会科学出版社，2004.

[90] 谈明洪，范存会. Zipf维数和城市规模分布的分维值的关系探讨[J]. 地理研究，2004，23(2):243—248.

[91] 谭遂. 一种基于自组织理论的城市与区域空间格局演变模型研究[J]. 经济地理，2003，23(2):149—153.

[92] 谭遂，杨开忠，谭成文. 基于自组织理论的两种城市空间结构动态模型比较[J]. 经济地理，2002(3):323—326.

[93] 汤龙坤. 太阳黑子数时间序列的R/S分析[J]. 华侨大学学报:自然科学版，2008，29(4):627—629.

[94] 唐恢一. 城市学[M]. 哈尔滨:哈尔滨工业大学出版社，2004.

[95] 吴彤. 自组织方法论研究[M]. 北京:清华大学出版社，2001.

[96] 吴延兵. 创新、溢出效应与社会福利[J]. 产业经济研究，2005(3):23—33.

[97] 汪明峰. 城市网络空间的生产与消费[M]. 北京:科学出版社，2007.

[98] 汪明峰. 浮现中的网络城市的网络:互联网对全球城市体系的影响[J]. 城市规划，2004，28(8):26—32.

[99] 汪明峰，宁越敏. 城市的网络优势[J]. 地理研究，2006(2):193—202.

[100] 王博涛，舒华英. 基于自组织理论的信息系统演化研究[J]. 北京邮电大学学报:社会科学版，2006(1):43—47.

[101] 王聪，曹有挥，陈国伟. 基于生产性服务业的长江三角洲城市网络[J]. 地理研究，2014，33(2):323—335.

[102] 王放. 中国城市化与可持续发展[M]. 北京:科学出版社，2000.

[103] 王放，何承金. 分形人口学初探[J]. 大自然探索，1991(2):56—71.

[104] 王富臣. 形态完整——城市设计的意义[M]. 北京:中国建筑工业

出版社,2005.

[105] 王立平. 知识溢出及其对我国区域经济增长作用的实证研究[M].
合肥：合肥工业大学出版社,2008.

[106] 王卫华,赵冬梅. 小城镇发展的自组织机理分析[J]. 中国农业大学
学报：社会科学版,2000(4):42-45.

[107] 王维国. 协调发展的理论与方法研究[M]. 北京：中国财政经济出
版社,2000.

[108] 王秀芬,王发曾. 山东省城市规模结构及其分形特征[J]. 河南科学,
2009,27(10):1319-1324.

[109] 王颖,张婧,李诚固,等. 东北地区城市规模分布演变及其空间特征
[J]. 经济地理,2011,31(1):55-59.

[110] 王远飞,何洪林. 空间数据分析方法[M]. 北京：科学出版社,2007.

[111] 王铮. 空间相互作用与人口扩散的联系[J]. 地理研究,1991,10(1):
48-55.

[112] 王铮. 理论经济地理学[M]. 北京：科学出版社,2002.

[113] 王铮,马翠芳,王莹. 区域间知识溢出的空间认识[J]. 地理学报,
2003,58(5):773-780.

[114] 吴彤. 自组织方法论研究[M]. 北京：清华大学出版社,2001.

[115] 吴玉鸣. 中国区域研发、知识溢出与创新的空间计量经济研究[M].
北京：人民出版社,2007.

[116] 夏乐天. 梅雨强度的指数权马尔可夫链预测[J]. 水力学报,2005,
36(8):1-8.

[117] 向清,杨家本. 关于城市系统自组织现象及序参量的探讨[J]. 系统
工程理论与实践,1991(5):30-35.

[118] 薛东前,姚士谋. 我国城市系统的形成和演进机制[J]. 人文地理,
2000(1):35-38.

[119] 谢永琴. 城市外部空间结构理论与实践[M]. 北京：经济科学出版
社,2006.

[120] 熊剑平,刘承良,袁俊. 国外城市群经济联系空间研究进展[J]. 世
界地理研究,2006,15(1):63-70.

[121] 许学强. 我国城镇体系的演变和预测[J]. 中山大学学报：哲社版,
1982(3):40-49.

[122] 许学强,周一星. 城市地理学[M]. 北京：高等教育出版社,1997.

[123] 徐雪琪,程开明. 城市体系与创新扩散空间关联机理与实证分析[J].

科研管理，2008(5):9—15.

[124] 严重敏，宁越敏.我国城镇人口发展变化特征初探[C]//胡焕庸.人口研究论文集.上海：华东师范大学出版社，1980：20—37.

[125] 闫卫阳.城市断裂点理论的验证、扩展及应用[J].人文地理，2004，19(2):12—16.

[126] 杨小凯.发展经济学[M].北京：中国社会科学出版社，2003.

[127] 杨小凯，黄有光.专业化与经济组织[M].北京：经济科学出版社，2000.

[128] 姚士谋.中国城市群[M].合肥：中国科学技术大学出版社，1992.

[129] 叶金.技术创新自组织论[M].北京：中国社会科学出版社，2006.

[130] 叶裕民.中国城市化之路——经济支持与制度创新[M].北京：商务印书馆，2002.

[131] 叶玉瑶，张虹鸥.城市规模分布模型的应用——以珠江三角洲城市群为例[J].人文地理，2008，23(3):40—44.

[132] 叶玉瑶，张虹鸥.珠江三角洲城市群空间集聚与扩散[J].经济地理，2007，27(5):773—776.

[133] [英]保罗·切希尔，[美]埃德温·S.米尔斯.城市区域规模和结构变化趋势[C]//安虎森，朱妍，译.区域和城市经济学手册(第3卷)——应用城市经济学.北京：经济科学出版社，2003.

[134] 应龙根，宁越敏.空间数据:性质、影响和分析方法[J].地球科学进展，2005(1):49—56.

[135] 曾国屏.自组织的自然观[M].北京：北京大学出版社，1996.

[136] 张闯.中国城市间流通网络结构及其演化:理论与实证[M].北京：经济科学出版社，2010.

[137] 张闯，夏春玉.城市间流通网络及其形成与演化的微观动力机制研究[J].商业经济与管理，2009(10):5—11.

[138] 张帆.城市适度人口规模研究——以秦皇岛为例[EB/OL](2014-06-12)[2014-10-01].http://www.urbanstudy.com.cn/show.asp?id=115，2003.

[139] 张虹鸥，叶玉瑶，陈绍愿，等.珠江三角洲城市群城市规模分布变化及其空间特征[J].经济地理，2006，26(5):806—809.

[140] 张建华，欧阳轶雯.外商直接投资、技术外溢与经济增长[J].经济学(季刊)，2003，2(3):645—665.

[141] 张立.权威专家数次上书国务院直陈城市化"大跃进"隐忧[EB/OL].(2006-07-13)[2014-10-01]南方周末 http://www.nanfangdaily.

　　　　com. cn/zm/20060713/xw/tb/200607130003. asp.

[142] 张松林,张昆. 全局空间自相关 Moran 指数和 G 系数对比研究[J].
　　　中山大学学报:自然科学版,2007,46(4):93—97.

[143] 张宇星. 城市和城市群形态的空间分形特性[J]. 新建筑,1995(3):42
　　　—46.

[144] 张勇强. 城市空间发展自组织与城市规划[M].南京:东南大学出版
　　　社,2006.

[145] 张玉明,李凯. 中国创新产出的空间分布及空间相关性研究——基
　　　于 1996—2005 年省际专利统计数据的空间计量分析[J]. 中国软科
　　　学,2007(11):97—103.

[146] 中国市长协会. 中国城市发展报告 2002—2003[M]. 北京:商务印
　　　书馆,2004.

[147] 中央党校中青班城市化课题组. 全球化视野的我国城市化"病态"倾
　　　向与若干政策建议[J]. 改革,2007(7):5—20.

[148] 赵红军. 交易效率、城市化与经济增长[M]. 上海:上海人民出版
　　　社,2005.

[149] 赵红军. 从演进经济学视角解读城市形成原因[J]. 城市问题,2006
　　　(1):7—10.

[150] 赵渺希. 长三角区域的网络交互作用与空间结构演化[J]. 地理研
　　　究,2011,30(2):311—323.

[151] 赵玉林. 创新经济学[M]. 北京:中国经济出版社,2006.

[152] 郑伯红. 现代世界城市网络化模式研究[M]. 长沙:湖南人民出版
　　　社,2005.

[153] 郑锋. 自组织理论方法对城市地理学发展的启示[J]. 经济地理,2002
　　　(6):651—654.

[154] 周干峙. 城市及其区域——一个典型的开放的复杂巨系统[J]. 城市
　　　规划,2002,26(2):7—8.

[155] 周一星,于海波. 中国城市人口规模结构的重构(二)[J]. 城市规划,
　　　2004,28(8):33—42.

[156] 朱喜钢.城市空间集中与分散论[M]. 北京:中国建筑工业出版社,2002.

[157] 朱英明. 城市群经济空间分析[M]. 北京:科学出版社,2004.

[158] NURUDEEN A,DACEY M, DAVIS O,et al. Christaller central
　　　place structures:an introductory statement[M]. Evanston:Northwestern
　　　University Press,1977.

[159] ALLEN P M. Cities and regions as self-organizing systems: models of complexity[M]. Amsterdam: Gordon and Breach Science Pub, 1997.

[160] WILLAN R A,MORRILL R L. Diffusion theory and planning[J]. Economic Geography, 1975, 51(3):290—304.

[161] ANSELIN L. Spatial econometrics: Methods and models[M]. Dordrecht: Kluwer Academic Publishers, 1988.

[162] ANSELIN L. Thirty years of spatial econometrics. papers in regional science[J]. 2010, 89(1):3—26.

[163] ANSELIN L. Local indicators of spatial association—LISA [J]. Geographical Analysis, 1995(2):93—115.

[164] ARROW K J. The economic implication of learning by doing[J]. Review of Economic Studies, 1962, 29(6):155—173.

[165] BATTEN D F. Network Cities: Creative urban agglomerations for the 21st century[J]. Urban Studies, 1995, 32:313—327.

[166] BATTY M. Rank clocks[J]. Nature, 2006, 444: 592—596.

[167] BATTY M. The size, scale, and shape of cities[J]. Science, 2008, 319(8): 769—771.

[168] BECKMANN M J. City hierarchies and distribution of city sizes [J]. Economic Development and Cultural Change, 1958(6): 243—248.

[169] BERRY B J L. City size distributions and economic development [J]. Economic Development and Cultural Change, 1961(9): 573—587.

[170] BERRY B J L. Hierarchical diffusion: the basis of developmental filtering and spread in a system of growth centers[C]//HANSEN N M. Growth centers in regional economic development. New York: The Free Press,1972:108—138 .

[171] BRANSTETTER, LEE G. Do stronger patents induce more local innovation? [J]. Journal of International Economic Law, 2004, 7 (2): 359—270.

[172] BRETSCHGER L. Growth theory and sustainable development [M]. Cheltenham: Edward Elgar, 1999.

[173] BOURNE L S,SIMMONS J W. Systems of cities[M]. New York: Oxford University Press, 1978.

[174] BUSINARO, UGO L. Technology and the future of cities, an agenda for the European Union R&D[EB/OL]. (1994-01-01)[2014-10-01] http://users. libero. it/ulbusi/pdfeng/94ocittafi. PDF, 1994:41－45.

[175] CAMAGNI R. From city hierarchy to city networks: Reflections about an emerging paradigm[C]//LAKSHMANAN T R, NIJKAMP P. Structure and change in the Space Economy. Berlin: Springer Verlag, 1993.

[176] CAMAGNI R, CAPELLO R. The city network paradigm: Theory and empirical evidence[M]. Netherlands: Elsevier, 2004.

[177] CANIËLS M C J. Knowledge spillovers and economic growth: regional growth. differentials across Europe[M]. Edward Elgar: Cheltenham, 2000.

[178] CANIËLS M C J, VERSPAGEN B. Barriers to knowledge spillovers and regional convergence in an evolutionary model[J]. Journal of Evolutionary Economics, 2001,11(3):307－329.

[179] CARROLL G R. National city-size distribution: what do we know after 67 years of research? [J]. Progress in Human Geography, 1982, 6(1): 1－43.

[180] CASTELLS M. The rise of the Network society[M]. London: Blackwell, 1996.

[181] CLIFF A, ORD J. Spatial process: models and applications[M]. London: Pion, 1981.

[182] DAS S. Externalities and technology transfer through MNCs[J]. Journal of International Economics, 1987(22):171－182.

[183] SMITH D A, TIMBERLAKE M F. World city networks and hierarchies, 1977—1997: an empirical analysis of global air travel links[J]. American Behavioral Scientist, 2001, 44:1656－1678.

[184] EATON J, ECKSTEIN Z. Cities and growth: Theory and evidence from France and Japan[J]. Regional and Urban Economics, 1997, 27:443－474.

[185] ELHORST P J. Spatial Panel Data Models[C]//FISCHER M M, GETIS A. Handbook of applied spatial analysis. Berlin: Springer, 2009.

[186] ESPARZA X A, ANDREW J K. Large city interaction in the US urban system[J]. Urban Studies, 2000, 37(4):691－709.

[187] FISCHER M M, SCHERNGELL T, JANSENBERGER E. The geography

of knowledge spillovers between high-technology firms in Europe: Evidence from a spatial interaction modelling perspective[J]. Geographical Analysis, 2006, 38:288—309.

[188] FRANCISCO J,MARTINEZ C. Access: the transport-land use economic link[J]. Transport Research, 1995, 29(6):457—470.

[189] FUJITA M,KRUGMAN P,VENABLES A. The Spatial economy: cities, regions and international trade[M]. Cambridge: The MIT Press,1999.

[190] GABAIX X. Zipf's law for cities: an explanation[J]. Quarterly Journal of Economics, 1999, 114:739—767.

[191] GOULD P. Letting the data speak for themselves [J]. Annals Association of American Geographers, 1981, 71:166—176.

[192] DANIEL A G. Simplifying the normalizing factor in spatial auto-regressions for irregular lattices[J]. Papers in Regional Science, 1992(71) 1: 71—86.

[193] ZVI G. Patent statistics as economic indicators: a survey[J]. Journal of Economic Literature, 1990, 28:1661—1707.

[194] GROSSMAN G M,HELPMAN E. Innovation and growth in the global economy[M]. Cambridge: The MIT Press, 1991.

[195] GROSSMAN G M,HELPMAN E. Trade, knowledge spillovers and growth[J]. European Economic Review, 1991, 35:517—526.

[196] GARZA G. Global economy, metropolitan dynamics and urban policies in Mexico[J]. Cities, 1999,16 (3) :149—170.

[197] HÄGERSTRAND T. Innovation diffusion as a spatial process[M]. Chicago: University of Chicago Press, 1967.

[198] HENDERSON V, BECKER R. Political economy of city sizes and formation[J]. Journal of Urban Economics, 2000, 48:453—484.

[199] HUDSON J. Diffusion in a central place system[J]. Geographical Analysis, 1969(1):45—58.

[200] HYMER S. The multinational corporation and the law of uneven development[C]// BHAGWATI J. Economics and world order from the 1970s to the 1990s. London: Collier-Macmillan, 1974.

[201] JACOBS J. The economy of cities[M]. New York: Random House, 1969.

[202] JAFFE A, TRAJTENBERG M, HENDERSON R. Geographic

localization of knowledge spillovers as evidenced by patent citations [J]. Quarterly Journal of Economics，1993，108：577—598.

[203] JEFFERSON M. The law of the primate city[J]. Geographical Review，1939(29)：226—232.

[204] JULIE，GALLO L，CHASCO C. Spatial analysis of urban growth in Spain，1900—2001[J]. Empirical Economics，2008，34：59—80.

[205] MAX C K. Spatial knowledge spillovers and the dynamics of agglomeration and regional growth[M]. Heidelberg：Physica Verlag，2000.

[206] KELEJIAN H，PRUCHA I. A generalized moments estimator for the autoregressive parameter in a spatial model[J]. International Economic Review，1999(40)：509—533.

[207] KIYOSHI，KOBAYASHI，MAKOTO OKUMURA. The growth of city systems with high-speed railway systems[J]. Annals of Regional Science，1997，31(1)：39—56.

[208] KONISHI HIDEO. Formation of hub cities：transportation cost advantage and population agglomeration [J]. Journal of Urban Economics，2000，48：1—28.

[209] PAUL R K. The self-organizing economy[M]. Cambridge：Blackwell Publisher，1996.

[210] LEVIN R，KLEVORICK A，NELSON R，et al. Survey research on R&D appropriability and technological opportunity[M]. New Haven：Yale University Press，1986.

[211] LESAGE J，FISCHER M M，SCHERNGELL T. Knowledge spillovers across Europe：Evidence from a Poisson spatial interaction model with spatial effects[J]. Papers in Regional Science，2007，86：393—421.

[212] JAMES P L，PACE R K. Spatial econometric modeling of origin-destination flows[J]. Journal of Regional Science，2008，48(5)：941—967.

[213] JAMES P L ，PACE R K. Introduction to spatial econometrics[M]. BocaRaton：CRC Press，2009.

[214] LOTKA A J. The frequency distribution of scientific productivity [J]. Journal of Washington Academy of Science，1926，16 (12)：317—323.

[215] LUCAS R E. On the mechanics of economic development[J]. Journal of Monetary Economics, 1988, 22(1):3—22.

[216] MADDEN C J. Some indicators of stability in the growth of cities in the United States[J]. Economic Development and Cultural Change, 1956(4):236—452.

[217] MANDELBROT B B. The fractal geometry of nature[M]. San Francisco: Freeman, 1982.

[218] MANSFIELD E. Composition of R&D expenditures: relationship to size of firm, concentration, and innovative output[J]. Review of Economic and Statistics, 1981, 63:610—615.

[219] FUJITA M, KRUGMAN P, MORI T. On the evolution of hierarchical urban systems[J]. European Economic Review, 1999(43): 209 —251.

[220] RICHARD L M. Wave of spatial diffusion[J]. Journal of Regional Science, 1968(8):1—18.

[221] O'KELLY M E. A geographer's analysis of hub and spoke networks [J]. Journal of Transport Geography, 1998, 6(3):171—186.

[222] NORTHAM R M. Urban geography[M]. New York: John Wiley & Sons, 1975.

[223] PEDERSEN P O. Innovation diffusion within and between national urban system[J]. Geographical Analysis, 1970(2):203—254.

[224] POON J P H. Quantitative methods: Producing quantitative methods narratives[J]. Progress in Human Geography, 2003, 27(6):753 —762.

[225] PORTUGALI J. Self-organizing cities[J]. Futures, 1997, 29(4): 353—380.

[226] PORTUGALI J. Self-Organization and the city[M]. Berlin, Heidelberg: Springer-Verlag, 2000.

[227] PRED A R. Diffusion, organization spatial structure and city-system development[J]. Economic Geography, 1975, 51(3):252—268.

[228] PRED A R. City systems in advanced economics: past growth, present processes and future development options[M]. London: Hutchinson & Co. Ltd, 1977.

[229] RIPLEY B D. Spatial Statistics[M]. Cambridge: Cambridge University

Press，1981.

[230] ROMER P M. The origins of endogenous growth[J]. Journal of Economic Perspectives，1994，8(1)：3—22.

[231] RONDINELLI D A. Applied methods of regional analysis：the spatial dimensions of development policy[J]. Westview，1985，(4)：204—220.

[232] SASSEN S. Global networks，linked cities[M]. London：Routledge，2002.

[233] SE-ILMUN. Transport network and system of cities[J]. Journal of urban economics，1997，42(2)：205—221.

[234] ASHISH S. Maximum likelihood estimation of gravity model parameters [J]. Journal of Regional Science，1986，26(3)：461—474.

[235] SINGER H W. The "Courbe des populations"：a parallel to Pareto's law [J]. Economic Journal，1936(46)：254—263.

[236] SMITH D A，TIMERLAKE M. Conceptualising and mapping the structure of the world system's city system[J]. Urban Studies，1995，32(2)：287—302.

[237] TONG S K. Zipf's Law for cities：a cross-country investigation[J]. Regional Science and Urban Economics，2005(35)：239—263.

[238] TABUCHI TAKATOSHI，THISSE J. Self-organizing urban hierarchy [R]. F-Series from CIRJE，No. 414，University of Tokyo.

[239] TABUCHI TAKATOSHI，THISSE J F，ZENG D Z. On the number and size of cities[J]. Journal of Economic Geography，2005(4)：423—448.

[240] TAYLOR P J. Specification of the world city network[J]. Geographical Analysis，2001，33(2)：181—194.

[241] TAYLOR P J. World city network：a globalurban analysis[M]. New York：Routledge，2004.

[242] UNITED NATIONS POPULATION DIVISION. World urbanization prospects：the 2014 revision[M]. New York：2014.

[243] VERSPAGEN B. Uneven growth between interdependent economies [M]. Datawyse：Maastricht Press，1992.

[244] WANG Z. Spatial interaction：a statistical mechanicsm model[J]. Chinese Geography，2000，10(3)：279—284.

[245] WEBBER M J，JOSEPH A E. Spatial diffusion processes：A model

and an approximation method[J]. Environment and Planning,1978,10
(6):651—665.

[246] WILLIAMSON J. Coping with city growth[R]//STORPER M.
Industrialization, inequality and economic growth: from import
substitution to production. London,1991.

[247] WILSON A G. A statistical theory of spatial distribution models[J].
Transportation Research, 1967(1):253—267.

[248] EDWARD N W. Spillovers, linkages and technical change[J]. Economic
Systems Research, 1997, 19(1):9—23.

[249] ZIPF G K. Human Behavior and the principle of least effort [M].
MA: Addison-Wesley, 1949.

后　　记

　　对城市之间关系的探讨是城市地理学、城市规划研究的经典主题和现实热点，并产生了一系列经典理论，从克里斯塔勒的中心地理论到位序规模分布理论，再到当今的城市网络理论。本人的研究方向一直围绕"城市化"这一主题而展开，除分析城市化本身的特征外，对城市之间的关系解析也是一个重点领域，具体包括城市体系的规模分布特征、城市体系中的创新空间溢出、城市体系的演化机制、城市网络等，这构成本书的主要研究内容。本书以程开明公开发表的系列论文为基础，进一步整合、修订完成，其中第三、四、七章的主要内容则是在庄燕杰其硕士毕业论文的基础上修改而成。

　　书稿完成，首先感谢恩师浙江工商大学党委副书记、博士生导师李金昌教授的大力支持。其次，感谢统计与数学学院院长江涛教授、副院长陈振龙教授和洪兴建教授，以及其他诸位同事对本人研究工作给予的支持，也感谢浙江工商大学硕士研究生盛王萍为第五章第四节的实证分析所做出的贡献。

　　本书出版得到国家自然科学基金面上项目"城镇化进程中的能源消耗：影响机理、中国实证与管理策略"（71373240）、教育部人文社会科学研究规划基金项目"城市发展影响创新溢出的理论机理及应用研究"（13YJA630012）、国家自然科学基金面上项目"城市化进程中的非正规部门形成与动态演化"（71173190）、浙江省高校人文社科重点研究基地（浙江工商大学统计学）、浙江省哲学社会科学规划"之江青年课题"（13ZJQN005YB）、浙江工商大学现代商贸流通体系建设协同创新中心、教育部人文社会科学重点研究基地浙江工商大学现代商贸研究中心的联合资助。

　　本书能够顺利出版得到浙江工商大学出版社鲍观明社长的大力支持，也与吴岳婷、刘韵编辑严谨细致的工作分不开，特表谢意。还要感谢国家自然科学基金委员会、教育部社会科学司，以及浙江工商大学科研处的王雅芬副处长、陈宇峰副处长和胡玉和、王蓓、赵延敏等老师高效率的项目管理工作。

研究过程中借鉴了众多学者的已有成果,文中对于他人成果的引用、参考尽力进行了标注和说明,但仍可能存在一些遗漏的思想借用或观点转述,若未能注明,在此深表歉意。

城市体系是一个宏大的研究主题,由于我们的水平和学识有限,对这一领域的认识和研究仍显肤浅,书中难免存在一些不足或错误之处,敬请读者和学界同仁批评指正。

程开明

2014 年 10 月